Ullrich/Klante, Technik im Unterricht der Primarstufe

Heinz Ullrich und Dieter Klante

Technik im Unterricht der Primarstufe

Didaktische Grundlegung
Unterrichtsmodelle
Unterrichtsmaterialien

Otto Maier Verlag Ravensburg

© by Otto Maier Verlag Ravensburg 1973
Satz: IBV Lichtsatz KG, Berlin
Gesamtherstellung: Konkordia GmbH für Druck und Verlag,
Bühl/Baden
Printed in Germany

7 6 5   82 81 80

ISBN 3-473-61625-7

Vorwort

Dieses Buch bietet einen Beitrag zur Theorie und Praxis des Unterrichts über technische Sachverhalte in der Primarstufe. Der neue Lernbereich, der in zunehmendem Maße Eingang in die Richtlinien und Lehrpläne der Bundesländer findet, wird noch unterschiedlich bezeichnet: als Technisches Werken, Technische Elementarbildung, Technikunterricht, Sachunterricht unter technischem Aspekt u. a.

In der vorliegenden Konzeption stehen die Erziehung zum technischen Denken und Handeln und die Erziehung zum verantwortungsbewußten Umgang mit der Technik im Mittelpunkt. Als Lernziele werden Verhaltensweisen formuliert, die sich einerseits an grundlegenden Verfahren, Inhalten und gesellschaftlichen Bedingungen der Technik orientieren und andererseits die Lernbedürfnisse und Lernmöglichkeiten des Kindes berücksichtigen. Gegenüber diesen Verhaltensweisen ist die Vermittlung von Wissensstoff sekundär.

Der Hauptteil des Buches umfaßt über sechzig Unterrichtsbeispiele, die in Klassen der Eingangsstufe und der Grundschule erprobt wurden. Sie werden durch umfangreiches Bildmaterial dokumentiert.

Die grundlegenden Sachverhalte, die Gegenstand des Unterrichts sind, werden in fünf Themenkreise gegliedert: in Maschine, Bau, Gerät, Elektrotechnik und Polytechnik/Arbeitslehre. Dem letzten Themenkreis wird eine besondere Bedeutung zugemessen, weil er zukünftige Entwicklungen des Technikunterrichts aufzeigt und dem Schüler die gesellschaftliche Funktion der Technik an Themen wie Umweltschutz, Konsumwerbung, Fließbandarbeit erschließt.

Der vorliegende Beitrag will allen helfen, die Unterricht über technische Sachverhalte planen und durchführen; er will dazu anregen, sich mit diesem neuen Lernbereich auseinanderzusetzen und ihn für die Unterrichtsarbeit der Primarstufe fruchtbar zu machen.

Inhalt

Vorwort 5
Einleitung 9

Erster Themenkreis:
Technische Grundsachverhalte aus dem Bereich „Maschine" (M) 16

M 1 Einfache Maschinen mit Handkurbel, Welle und Arbeitsteil 19
M 1.1 Spiele mit Handkurbel, Welle und Drehscheibe 20
M 1.2 Konstruktion einer handbetriebenen Reibemaschine 21
M 1.3 Kurbelmaschinen mit selbsthergestellten Elementen 23

M 2 Förderung von Lasten durch das Seil 24
M 2.1 Konstruktionen von Seilwinden 26
M 2.2 Bau von Kränen 30
M 2.3 Konstruktion von Seilbahnen 32

M 3 Einfache Getriebe zum Weiterleiten von Drehbewegungen 36
M 3.1 Spiele mit dem Zahnradgetriebe 38
M 3.2 Versuche mit dem Zahnradgetriebe 39
M 3.3 Spiele mit dem Zugmittelgetriebe 42
M 3.4 Versuche mit dem Zugmittelgetriebe 44
M 3.5 Zahnradgetriebe mit unterschiedlicher Drehebene 46
M 3.6 Kettentrieb am Fahrrad 47
M 3.7 Maschinen mit Übersetzung ins Langsame und Schnelle 50
M 3.8 Zeichnerische Darstellung von Getriebefunktionen 52

M 4 Drehbar gelagerte Hebel 55
M 4.1 Spiele mit dem Hebel 56
M 4.2 Karussell und Schaukel 58

M 4.3 Wippe und Waage 60
M 4.4 Hebel mit Seilzug 62

M 5 Räderfahrzeuge 66
M 5.1 Konstruktion von Räderfahrzeugen 67
M 5.2 Versuche mit der Rollfähigkeit 70
M 5.3 Fahrzeuge mit einfacher Lenkung 73

M 6 Einfache Antriebsmechanismen für Maschinen 78
M 6.1 Bau von Wasserrädern 80
M 6.2 Konstruktion von Windrädern 82

M 7 Schwimmen – Schiffe 85
M 7.1 Schiffe aus Hartschaumstoff und Holz 86
M 7.2 Versuche mit dem Schwimmen 89

M 8 Fliegen – Gleitflugzeuge 92
M 8.1 Bau eines Wurfpfeils 93
M 8.2 Konstruktion eines Wurfgleiters 94

Zweiter Themenkreis:
Technische Grundsachverhalte aus dem Bereich „Bau" (B) 97

B 1 Standsicherheit und Gleichgewicht 99
B 1.1 Turmbauten 99
B 1.2 Spiele mit dem Gleichgewicht 102

B 2 Tragen und Lasten 104
B 2.1 Überbrückung mit Stütze und Träger 104
B 2.2 Überbrückung mit Kragbogen 106

B 3 Stabilität durch Materialumformung 109
B 3.1 Träger aus Papier 109
B 3.2 Stütze aus Papier 111
B 3.3 Bauwerke aus Papier 114

B 4 Gerüst- und Skelettbauweise 116
B 4.1 Türme und Brücken 116
B 4.2 Kugelbahnen 118

Dritter Themenkreis:
Technische Grundsachverhalte aus dem Bereich „Gerät" (G) 119

G 1 Geräte und Werkzeuge aus Holz 121
G 1.1 Ausprobieren und Erkunden der Raspel 121
G 1.2 Kleine Eßgeräte 122
G 1.3 Schraubenzieher für Spielzeugschrauben 125
G 1.4 Untersuchung von Raspel, Feile und Schleifpapier 128
G 1.5 Schraubenschlüssel für Spielzeugschrauben 129
G 1.6 Untersuchung von Eigenschaften des Holzes 132

G 2 Geräte und Werkzeuge aus Metall 134
G 2.1 Reibe aus Aluminiumblech 134
G 2.2 Geräte zum Schaben 136
G 2.3 Untersuchung von Eigenschaften des Metalls 137
G 2.4 Sandschaufel und Sandförmchen 139
G 2.5 Sägen 142
G 2.6 Gießformen für Gips 144
G 2.7 Scheren 146

G 3 Gefäße aus Ton 149
G 3.1 Spielendes Erkunden von Ton 149
G 3.2 Gefäße aus dem Tonklumpen 152
G 3.3 Gefäße aus der Platte 154
G 3.4 Untersuchung von Eigenschaften des Tons 156

Vierter Themenkreis:
Technische Grundsachverhalte aus dem Bereich „Elektrotechnik" (E) 158

E 1 Einfacher Stromkreis 159
E 1.1 Glühlampe und Batterie 159
E 1.2 Lichtanlage mit einer Glühlampe 160

E 2 Schalter und Fassungen 161
E 2.1 Konstruktion von Schaltern und Fassungen 161
E 2.2 Herstellen von Schaltungen 164

E 3 Stromkreis mit mehreren Glühlampen 166
E 3.1 Schaltungsversuche auf der Grundplatte 166
E 3.2 Bau elektrischer Anlagen 168

E 4 Strom erzeugt magnetische Kraft und Wärme 170
E 4.1 Bau eines Elektromagneten 170
E 4.2 Konstruktion eines Styroporschneiders 171

Fünfter Themenkreis:
Grundsachverhalte aus dem Bereich „Polytechnik/Arbeitslehre" (P) 173

P 1 Arbeitsplatz Haushalt 174
P 2 Arbeitsplatz Baustelle 176
P 3 Werbung durch Verpackung 177
P 4 Umweltschutz – Luftverschmutzung 179
P 5 Spielzeugautos in Fließbandarbeit 180

Anhang 181
Plan für die Zuordnung der Lerneinheiten zu den Jahrgangsklassen 181
Empfehlungen zur Grundausstattung 186
Bezugsquellennachweis 196
Literaturhinweise 197

Erklärung der Zeichen:
J = Junge
M = Mädchen
Die Zahlen geben das Alter an

Einleitung

1. Mit der Reform der Grundschule und der Neuorientierung des Sachunterrichts gewinnt auch die technische Bildung für die Primarstufe eine besondere Bedeutung. Eine Grundschule, die sich als wissenschaftsorientierte Elementarstufe versteht und den Lernerfordernissen unserer Gesellschaft gerecht werden will, kann nicht umhin, die Technik in ihre Lernangebote miteinzubeziehen.
2. Ein Unterricht über Technik hat allgemein das Ziel, den Schüler in die handelnde und reflektierende Auseinandersetzung mit seiner technischen Umwelt einzuführen und ihn zu einem verstehenden und kritischen Verhalten gegenüber der Technik zu erziehen. Technik muß vom Schüler als etwas Gemachtes, Durchschaubares und Veränderbares erfahren werden. Er muß einsehen, daß Technik nicht nur ein Mittel der Daseinsbewältigung und -erleichterung ist, sondern daß sie sich auch daseinsgefährdend auswirken kann.
3. Technikunterricht darf sich nicht nur auf die Auseinandersetzung mit der Struktur der Technik beschränken. Im Zusammenhang mit dem Sachunterricht sollte er erste Einsichten in die wechselseitigen Bedingtheiten und Abhängigkeiten von Technik und wirtschaftlichen und sozialen Verhältnissen vermitteln. Besonders deutlich werden solche Zusammenhänge im Bereich der modernen Arbeitswelt, deren elementare Erschließung der Sachunterricht der Grundschule zu leisten hat.
4. Technik ist neben dem naturwissenschaftlichen und gesellschaftlichen Bereich ein Lernbereich des Sachunterrichts der Grundschule. Wie zwischen gesellschaftlichem und technischem Bereich bestehen auch enge Zusammenhänge zwischen dem technischen und dem naturwissenschaftlichen Bereich. Technik und Naturwissenschaften haben jedoch unterschiedliche Grundstrukturen und sollten deshalb auch eigenständig behandelt werden.
5. Die moderne Lern- und Begabungsforschung hat nachgewiesen, daß die frühen Lernprozesse des Kindes für alle weiterführenden Lernvorgänge von grundlegender Bedeutung sind. Dies gilt auch für das Lernen im Bereich der Technik. Im Vor- und Grundschulalter werden Verhaltensweisen, Interessen, Begabung, Lernfähigkeit und Lernbereitschaft entscheidend geprägt. Technische Elementarbildung ist daher die Basis und die Voraussetzung für den Technik- bzw. Polytechnikunterricht der Sekundarstufe.
6. Neuere Beobachtungen und Ergebnisse von systematischen Lernprozessen scheinen dafür zu sprechen, daß das Interesse des Kindes an technischen Erscheinungen bereits zu Beginn der Schulzeit besonders ausgeprägt ist. Technik ist ein Lernfeld, das im Erlebnis- und Erfahrungsbereich des Kindes liegt und stark motivierend wirkt.
7. Die tradierte Auffassung, daß ,,Technik nur Jungensache" sei, kann im Hinblick auf zukünftige Aufgaben einer industriellen Gesellschaft nicht aufrecht erhalten werden. In einem Unterricht über Technik sollten Jungen und Mädchen gleichermaßen mit diesem Sachbereich konfrontiert werden.

Lernziele

Der Unterricht über Technik wird von einer Reihe allgemeiner Lernziele bestimmt, die die vorwegformulierten Richtziele spezifizieren und über die der folgende Katalog einen Überblick gibt. Die Anordnung ist dabei nicht als Reihenfolge aufeinander aufbauender Lernziele aufzufassen. Im Anfang sollten die Lernziele unter einfachen Bedingungen und geringen Lernforderungen verfolgt werden; mit zunehmender Lernreife lassen sich Umfang, Richtung und Anspruch steigern.

Als Lernziele werden definiert:
1. Ausprobieren, Erkunden, Finden, Entdecken und Gestalten einfacher technischer Erscheinungen in spielähnlicher Form
2. Selbständiges Lösen von technischen Problemen durch elementares Konstruieren, Nacherfinden, Experimentieren und Erforschen
3. Beobachten, Vergleichen, Analysieren und Verstehen technischer Elemente und ihrer Funktion
4. Erkennen technischer Wirkungszusammenhänge, technischer Prinzipien und technisch-physikalischer Gesetzmäßigkeiten
5. Planen, Überprüfen und Auswerten technischer Lösungen
6. Anwenden technischer Grundverfahren (Urformen, Umformen, Trennen, Verbinden); Kennenlernen von Materialien und ihren Eigenschaften; Handhabung von Werkzeugen und Bedienung von Geräten
7. Technisches Darstellen durch Skizzen und Sachzeichnungen, durch Tabellen und graphische Darstellungen
8. Verbalisieren technischer Sachverhalte und der Erwerb erster technischer Grundbegriffe
9. Messen, der Gebrauch von Zahlen und Raum-Zeit-Verhältnissen
10. Bewußtmachen der Zusammenhänge von Form und Funktion, der Abhängigkeit der Form von der Zwecksetzung, dem Material, der Herstellung
11. Erkennen und Durchschauen wirtschaftlicher und sozialer Beziehungen und Bedingungen im Zusammenhang mit einer elementaren Erschließung der modernen Arbeitswelt

Zu 1: Ausprobieren, Erkunden, Finden, Entdecken und Gestalten einfacher technischer Erscheinungen in spielähnlicher Form

In der Grundschule nimmt das spielende Lernen noch einen breiten Raum ein. Die Verhaltensweisen, die das Kind im vorschulischen Alter im Spiel erworben hat, sollten weiter entwickelt und ausgebildet werden. Sie bilden Voraussetzung und Grundlage für höhere Formen des technischen Verhaltens. Spielerischer Erfahrungserwerb sollte sich in einer gelockerten und entspannten Atmosphäre vollziehen, in der sich Aktivität und Spontaneität des Kindes entfalten können. Anbahnung und Entwicklung von technischem Interesse, Neugierverhalten und technischer Phantasie werden durch das freie ungelenke Tun, das spielerische Umgehen und Erproben entschieden gefördert.

Zu 2: Selbständiges Lösen von technischen Problemen durch elementares Konstruieren, Nacherfinden, Experimentieren und Erforschen

Diese Gruppe von Verhaltensweisen schließt einen Teil der nachfolgenden Verhaltensweisen mit ein. Sie baut auf den Erfahrungen auf, die das Kind im spielenden Lernen gewonnen hat, und zielt auf das Lösen bestimmter inhaltlicher Aufgaben. Das entdeckende und erforschende Lernen, die Ausbildung des produktiv-schöpferischen Denkens gehören zu den übergeordneten Lernzielen des Grundschul-Technikunterrichts. Im selbständigen Lösen von technischen Problemen werden Verhaltensweisen entwickelt, die es dem Schüler ermöglichen, auch in neuen Situationen erfolgreich zu lernen.

Zu 3: Beobachten, Vergleichen, Analysieren und Verstehen technischer Elemente und ihrer Funktion

Es geht hier um Fähigkeiten, elementare technische Formen in ihren Merkmalen zu erfassen und ihren Funktionswert zu verstehen. Die genannten Verhaltensweisen bilden wichtige Momente im Prozeß des konstruktiv-technischen Denkens. Jedes technische System setzt sich aus Bauteilen zusammen, die konstruktiv nicht mehr zerlegbar sind und deren Funktionsverständnis für den Bau komplexerer Funktionseinheiten notwendig ist.

Zu 4: Erkennen technischer Wirkungszusammenhänge, technischer Prinzipien und technisch-physikalischer Gesetzmäßigkeiten

Technische Erscheinungen bilden einen Wirkungszusammenhang. Verhaltensweisen, die auf das Erkennen dieser Zusammenhänge gerichtet sind, können als Formen des technisch-funktionalen Denkens bezeichnet werden. Während das technisch-konstruktive Denken auf das Verstehen der Einzelelemente abzielt, kommt es beim technisch-funktionalen Denken auf das Begreifen des Zusammenspiels der Elemente an. Wird nach den zugrundeliegenden physikalischen Gesetzmäßigkeiten gefragt, so geht es um technisch-physikalisches Denken. Hierbei ergibt sich eine enge Verbindung zum naturwissenschaftlichen Bereich des Sachunterrichts.

Zu 5: Planen, Überprüfen und Auswerten technischer Lösungen

In der elementaren Form des Konstruierens, die beim Grundschulkind in der Anfangsphase vorherrscht, fallen Planen und Ausführen noch zusammen. Das Denken, das die Lösung konkreter Aufgaben anstrebt, ist unmittelbar mit dem praktisch-manuellen Tun verbunden und wird von diesem begleitet und kontrolliert. Mit dem Aufbau und der Entwicklung technischer Operationen und technischen Wissens löst sich aber das Planen allmählich vom Ausführen und wird selbständig. Im Technikunterricht sollte das vorhergehende Denken, das Vorausplanen des Lösungsweges, in seinen Lehr- und Lernprozessen entschieden gefördert werden. Das gilt auch für das Prüfen und Auswerten technischer Lösungen unter dem Gesichtspunkt der Funktionstüchtigkeit und Zweckmäßigkeit.

Zu 6: Anwenden technischer Grundverfahren (Urformen, Umformen, Trennen, Verbinden); Kennenlernen von Materialien und ihren Eigenschaften; Handhabung von Werkzeugen und Bedienung von Geräten

Technik gliedert sich in ,,gegenständliche Technik'' und in ,,bewirkende Technik'' (Linke). Das technische Bewirken umfaßt die handwerklichen und industriellen Verfahrensweisen Verfahrenstechnik, Fertigungstechnik. Im Technikunterricht der Primarstufe sollte der Schüler elementare Grunderfahrungen in der Auseinandersetzung mit Werkzeugen, Geräten und Materialien machen können. Hierzu gehören auch das Montieren und Demontieren. Die auf dieser Stufe vorherrschenden handwerklichen Arbeitsweisen bilden die Vorstufe für das spätere Verständnis der Maschinenarbeit und der industriellen Produktion.

Zu 7: Technisches Darstellen durch Skizzen und Sachzeichnungen, durch Tabellen und graphische Darstellungen

Das technische Zeichnen ist die Sprache der Technik. Für den Schüler der Primarstufe ist das Übersetzen von praktischer Tätigkeit in Zeichen und Symbole von besonderer Bedeutung. Beim Zeichnen wird das konkrete Tun verinnerlicht (Piaget/Aebli), das heißt, eine konkrete Handlung wird in das Medium der Zeichensprache übersetzt. Dabei entwickeln sich technisches Denken und Vorstellen. Die Verwendung von Tabellen und graphischen Darstellungen ermöglicht es, technische Sachverhalte besser durchschaubar zu machen, sie unter bestimmten Gesichtspunkten zu ordnen und zu verallgemeinern. Das zeichnerische Darstellen hat als nicht-verbales Medium eine besondere Bedeutung für sprachlich benachteiligte Kinder.

Zu 8: Verbalisieren technischer Sachverhalte und der Erwerb erster technischer Grundbegriffe

Die Sprache bildet ein wichtiges Mittel zur Erschließung technischer Erscheinungen und zur Kommunikation. In der Primarstufe sollten die Schüler zunächst eigene sprachliche Begriffe für ihr Handeln und Denken finden und gebrauchen und allmählich in den Erwerb einer angemessenen Sach- und Fachsprache eingeführt werden. Dies geschieht in der Weise, daß sie grundlegende technische Elemente, Wirkungszusammenhänge und Vorgänge benennen und beschreiben lernen.

Zu 9: Messen, der Gebrauch von Zahlen und Raum-Zeit-Verhältnissen

Für das bewußtere Verständnis technischer Sachverhalte sind Verhaltensweisen notwendig, die auf das Erkennen von Beziehungen des Raumes, der Zeit und der Zahl gerichtet sind. Damit steht der Technikunterricht in Verbindung mit dem mathematisch-elementarlogischen Bereich der Grundschule. Es geht hierbei um das Erfassen einfacher technischer Formen und ihrer Anordnung im Raum, um das Beobachten von Bewegungsrichtungen und Geschwindigkeiten und um den Vergleich von Längen, Größen und Mengen.

Zu 10: Bewußtmachen der Zusammenhänge von Form und Funktion, der Abhängigkeit der Form von der Zwecksetzung, dem Material, der Herstellung

Die Anbahnung erster Einsichten in die Probleme der Form und des Form-Funktion-Zusammenhangs sollte bereits in der Grundschule in elementarer Weise erfolgen. Ausgangspunkt bildet hierfür die praktische Tätigkeit der Schüler. Im Vordergrund steht die Gewinnung erster Kategorien zur Beurteilung geformter technischer Gegenstände. Die Erschließung des Bereichs der industriellen Formgebung (Produktgestaltung, Design) wird damit vorbereitet.

Zu 11: Erkennen und Durchschauen wirtschaftlicher und sozialer Beziehungen und Bedingungen im Zusammenhang mit einer elementaren Erschließung der modernen Arbeitswelt

Der Aufbau dieser Fähigkeiten vollzieht sich in der Kooperation des Technikunterrichts mit dem gesellschaftswissenschaftlichen Bereich des Sachunterrichts. In fachübergreifenden Themenstellungen und projektartigen Einheiten werden technische, wirtschaftliche und soziale Aspekte integriert. Auf der Grundlage der praktischen Werkarbeit können erste Erkundungen der Arbeitswelt durchgeführt werden. Auch grundlegende Fragen, die sich mit der Funktion der Technik in unserer Gesellschaft beschäftigen wie Umweltschutz, Werbung u. a., sollten Gegenstand erster Auseinandersetzung sein.

Lerninhalte

Bei der Auswahl der Lerninhalte sind folgende Gesichtspunkte bestimmend:
1. Die Inhalte dienen der optimalen Ausbildung technischer Verhaltensweisen und werden diesen zugeordnet.
2. Sie fördern das problemlösende Denken und das entdeckende Lernen. Sie sind in ihrer Struktur durchschaubar.
3. Sie berücksichtigen die Lernbedürfnisse und Lernmöglichkeiten des Schülers und knüpfen an seine Erfahrungen an.
4. Sie orientieren sich in ihrer Sachstruktur an den technischen Wissenschaften und beziehen den gesellschaftlichen Gesamtzusammenhang mit ein. Sie erschließen allgemeine und elementare Sachverhalte.

Technische Erscheinungen, die gemeinsame oder verwandte Prinzipien und Gesetzmäßigkeiten aufweisen und sachstrukturell miteinander verbunden sind, werden zu Themenkreisen zusammengefaßt. Für den Technikunterricht der Primarstufe ergeben sich fünf Themenkreise: 1. Grundsachverhalte aus dem Bereich ,,Maschine'', 2. aus dem Bereich ,,Bau'', 3. aus dem Bereich ,,Gerät'', 4. aus dem Bereich ,,Elektrotechnik'' und 5. aus dem Bereich ,,Polytechnik/Arbeitslehre''.

Der Organisation und Anordnung des Lehrstoffs liegen folgende Gesichtspunkte zugrunde:
1. Der Unterricht von der Eingangsstufe bis zum 2. Schuljahr bezieht sich schwerpunktmäßig auf die Bereiche Maschine, Bau und Gerät. Im 3. und 4. Schuljahr treten die Be-

reiche Elektrotechnik und Polytechnik/Arbeitslehre hinzu.
2. Die allgemeinen Sachverhalte und Gesetzmäßigkeiten, die den einzelnen Gegenständen zugrunde liegen, werden an mehreren konkreten Beispielen erschlossen. Die Erschließung erfolgt unter den für die Technik wesentlichen Aspekten: unter funktionalen, konstruktiven, technologischen, materialen und sozioökonomischen Fragestellungen.
3. Innerhalb eines Schuljahres wechseln die Themenkreise, die auf bestimmte Einzelbereiche der Technik bezogen sind, miteinander ab. Dabei ist vorgesehen, daß die Arbeit in einem Themenkreis sich auf eine oder zwei Unterrichtseinheiten mit mehreren Einzelthemen erstreckt. Auf diese Weise ist den Schülern möglich, sich intensiver mit den Problemen eines jeweiligen Sachbereichs auseinanderzusetzen.
4. Die Grundsachverhalte und Grundprobleme werden in spiralförmiger Anordnung behandelt, so daß der Schüler in wiederholten Durchgängen seine Erfahrungen und Einsichten erweitern und vertiefen kann.
5. Die Einzelthemen haben die Aufgabe, die technischen Grundsachverhalte zu konkretisieren und an prägnanten Fällen einsichtig zu machen. Dem Unterrichtenden bleibt es überlassen, die Themen auszuwechseln und durch ähnlich strukturierte zu ersetzen.

Lehr- und Lernverfahren

Die Lehr- und Lernverfahren stehen im engen Zusammenhang mit den Lernzielen und Lerninhalten des Technikunterrichts.
Wenn das globale Ziel die Entwicklung und Ausbildung des technischen Denkens und Handelns ist, so darf sich der Unterricht nicht auf das praktische Tun beschränken, sondern muß die gedankliche Verarbeitung, das Beobachten, Analysieren, Beschreiben und Beurteilen mit einbeziehen. Machen und Reflektieren sind im Unterricht gleichwertige methodische Prinzipien, die sich wechselseitig durchdringen und ergänzen.
Folgende Lernverfahren sind dem Technikunterricht der Primarstufe angemessen und bilden die Voraussetzung für die optimale Ausbildung der Lern- und Leistungsfähigkeit:
1. Das Probieren, Suchen, Kombinieren und experimentelle Erkunden in Form des spielenden Lernens
2. Das selbständige Lösen von technischen Problemaufgaben durch elementares Konstruieren, Gestalten, Experimentieren, Entdecken und Erfinden, Nacherfinden und Erforschen
3. Das Reflektieren der eigenen Tätigkeit und der Arbeitsergebnisse in Form des Beschreibens, Vergleichens, Zeichnens, Messens und Erklärens
4. Das analysierende Betrachten, Beurteilen und Verstehen realer technischer Objekte und Prozesse

Bei der reflektierenden Auseinandersetzung mit technischen Erscheinungen werden solche Inhalte ausgewählt, die in einem analogen Verhältnis zum praktischen Tun des Schülers stehen. Auf diese Weise ist es möglich, daß die Schüler die Probleme aus ihrer eigenen Tätigkeit in strukturidentischen oder -verwandten Gegenständen wiedererkennen.
Umgekehrt kann auch die Betrachtung von technischen Objekten und Sachverhalten Anlaß für die konstruktive Tätigkeit bieten. Dabei wird das konkret-manuelle Handeln zum vertieften Verständnis der vorher angesprochenen technischen Probleme beitragen.

Zur Struktur des Lernprozesses

Der Lernprozeß gliedert sich bei einer Aufgabenstellung in verschiedene Phasen, die im technischen Handeln eine ähnliche Abfolge aufweisen wie bei der Betrachtung und Reflexion technischer Objekte. Das im folgenden dargestellte Phasenmodell gibt einen Überblick über die Verlaufsstruktur des Lernprozesses. Es ist nicht als starres Schema, sondern als flexibles Modell aufzufassen, das der Orientierung methodischer Entscheidungen dient.

Phase 1:
Technische Problemsituation, Lernausgangssituation, Heranführen an das Problem, Moti-

vation, Themenstellung, Aufgabenstellung, Problemstellung mit Zielangabe.

Phase 2:
Problemerkundung und -befragung. Analyse der Problemsituation und der Bedingungen. Erfassen des Problems. Erörterung möglicher Lösungswege. Aktualisierung früher erworbener Wissens- und Erfahrungsinhalte.

Phase 3:
Lösungsversuche, Probehandlungen, Realisation der Vorstellung, Vergegenständlichung und Objektivierung. Konstruieren, Herstellen, Probieren, Überprüfen, Korrigieren und Verbessern.

Phase 4:
Vergleich und Interpretation der Arbeitsergebnisse. Überprüfen der Funktionstüchtigkeit. Übertragen vom Modell auf die Wirklichkeit. Anwenden des Gelernten auf ähnliche und strukturverwandte Sachverhalte (Transfer). Verallgemeinerung gewonnener Erfahrungen und Erkenntnisse.

In der Eingangsstufe und im ersten Schuljahr sollten die Lernprozesse durch möglichst große Offenheit für den Schüler gekennzeichnet sein. Gegenüber den gelenkten Lernprozessen hat das selbständige individuelle Lernen des Schülers Vorrang. Voraussetzung ist, daß genügend Spiel- und Lernmaterial zur Verfügung steht und Anregungssituationen geschaffen werden.

Zur Kontrolle des Lernerfolgs

Der Lernerfolg kann im Technikunterricht unmittelbar an den konkreten Arbeitsergebnissen der Schüler abgelesen werden. Sie zeigen, in welcher Weise der Schüler das Problem gelöst hat und wie er technisch gedacht hat. Weitere Mittel und Verfahren zur Kontrolle des Lernerfolgs sind:
a) Übertragen des Gelernten in zeichnerische Darstellungen. Anfertigen einer Funktionsskizze (Schemazeichnung). Anfertigen einer Liste der verwendeten Teile (Stückliste).
b) Ergänzen und Vervollständigen von angebotenen Sachdarstellungen in Umrißform.
c) Fehlersuche und Korrektur bei nicht funktionierenden technischen Systemen. Verbesserung von technischen Sachdarstellungen mit eingebauten Fehlern.
d) Mündliche Beschreibung anhand von Bildmaterial.
e) Anwenden des Gelernten in neuen Situationen und in neuen Zusammenhängen.

Erläuterungen zu den Unterrichtsbeispielen

Die Unterrichtsbeispiele dieses Buches sollen Unterricht über technische bzw. polytechnische Sachverhalte modellhaft vorstellen. Keineswegs wird beabsichtigt, den Unterrichtenden in seiner Eigeninitiative einzuengen oder festzulegen. Die Einzelthemen haben Beispielcharakter und sollten daher nicht schematisch übernommen, sondern auf die jeweilige Situation umgedacht und entsprechend modifiziert werden. Wünschenswert wäre es, wenn sie dazu anregten, Alternativen zu entwickeln und zu erproben.

Für die Darstellung der Unterrichtsbeispiele wurde ein einheitliches Schema gewählt, das folgende Gliederungsgesichtspunkte enthält:

1. Thema
2. Zuordnung der Lernziele und -inhalte zu den Jahrgangsklassen
3. Lernvoraussetzungen
4. Lernziele
5. Grundbegriffe
6. Arbeitsmaterial
7. Unterrichtshinweise

Zu 1: Das Thema bezeichnet den technischen Sachverhalt, der Gegenstand des Unterrichts ist. Mehrere Einzelthemen sind jeweils zu Lerneinheiten zusammengefaßt und durch ein Gesamtthema gekennzeichnet.

Zu 2: Die Angaben über die Zuordnung der Lernziele und -inhalte zu Jahrgangsklassen bzw. Altersstufen haben Vorschlagscharakter; sie sollten in der jeweiligen Situation neu überprüft werden.

Zu 3: Die Lernvoraussetzungen verweisen auf die Fähigkeiten, Fertigkeiten und Kenntnisse, die in vorangegangenen Lernprozessen erworben wurden und die Voraussetzung für die jeweilige Lernaufgabe bilden.

Zu 4: Die Lernziele werden in operationalisierter Form beschrieben. Sie enthalten sowohl eine Verhaltens- als auch eine Inhaltskomponente.

Zu 5: Die Grundbegriffe sind nicht als verbindlicher Wortschatz für den Schüler gedacht, sondern in erster Linie als Informationshilfe für den Lehrer. Der Schüler sollte sich zunächst in der Umgangssprache ausdrücken können; erst allmählich und sehr behutsam sollte die Fachsprache hinzutreten.

Zu 6: Die Bezeichnung Arbeitsmaterial ist hier als Sammelbegriff zu verstehen; er umfaßt alle Materialien wie Baukästen, Werkstoffe, Werkzeuge, Demonstrations- und sonstige Hilfsmittel, die jeweils zur Erreichung der Unterrichtsziele notwendig sind.

Zu 7: Die Unterrichtshinweise machen u. a. Angaben über Verlauf und Organisation des Unterrichts, über Möglichkeiten der Differenzierung und Formen der Erfolgskontrolle.

Für die Dokumentation der Unterrichtsbeispiele wurden Wort und Bild eingesetzt, wobei das Bild als Informationsträger eine besondere Bedeutung erhält.

Den fünf Themenkreisen und den Lerneinheiten ist jeweils eine Einführung mit den notwendigen Sachinformationen und didaktischen Hinweisen vorangestellt. Die Sachinformationen sind in Umfang und Inhalt auf den Unterricht der Primarstufe abgestimmt. Sie stellen die technischen Grundsachverhalte und Grundprobleme in einfacher und verständlicher Form dar.

Im Anhang des Buches finden sich als weitere Unterrichtsmaterialien ein Plan mit der Zuordnung der Lerneinheiten zu Jahrgangsklassen, Empfehlungen zur Grundausstattung, ein Bezugsquellennachweis und Hinweise auf Fachliteratur.

Erster Themenkreis: ## Technische Grundsachverhalte aus dem Bereich „Maschine" (M)

Didaktische Hinweise

Der Themenkreis „Maschine" umfaßt acht Lerneinheiten, denen jeweils ein elementarer Sachverhalt der Maschine zugrunde liegt.
Die erste Einheit M 1 „Einfache Maschinen mit Handkurbel, Welle und Arbeitsteil" setzt sich mit Arbeitsmaschinen aus dem engeren Bereich des Haushalts (Situationsfeld Familie) auseinander. In der zweiten Einheit M 2 „Förderung von Lasten durch das Seil" werden mit Seilwinde und Kran Maschinen aus dem Bereich der Arbeitswelt zum Gegenstand des Unterrichts gemacht. Die dritte Einheit M 3 „Einfache Getriebe zum Weiterleiten von Drehbewegungen" vermittelt dem Schüler erste Einsichten in eine wichtige Baugruppe der Maschine: das Getriebe. Die vierte Einheit M 4 „Drehbar gelagerte Hebel" untersucht Hebelfunktionen an technischen Einrichtungen aus der Spielwelt des Kindes: Wippe, Schaukel, Karussell. In den Einheiten M 5 „Räderfahrzeuge", M 7 „Schwimmen, Schiffe" und M 8 „Fliegen, Gleitflugzeuge" werden elementare Probleme des Fahrens, Schwimmens und Fliegens erarbeitet. Die Einheit M 6 „Einfache Antriebsmechanismen" führt durch den Bau von Wind- und Wasserrad in den Bereich der Kraftmaschinen ein.
Die technischen Grundsachverhalte werden in mehreren Aufgabenstellungen unter verschiedenen Aspekten erschlossen, wodurch dem Schüler eine intensive Auseinandersetzung mit der Sache ermöglicht wird. Für die Behandlung der Lerneinheiten ist keine bestimmte Reihenfolge erforderlich. Die Teilaufgaben jeder Lerneinheit sind jedoch so angeordnet, daß der Lernprozeß vom Einfachen zum Schwierigeren fortschreitet. Am Anfang stehen jeweils Aufgaben, die den Schüler in spielerisch probierendem Tun an das technische Problem heranführen. Die folgenden Themenstellungen bauen darauf auf, erweitern und vertiefen die gewonnenen Erfahrungen. Für die Zuordnung der Lerninhalte zu den Jahrgangsklassen finden sich Angaben bei den einzelnen Unterrichtsbeispielen.
Bei der Organisation der Unterrichtsprozesse wird der Schwerpunkt auf das selbständige Lösen von technischen Problemaufgaben gelegt.
Als Lernmaterial für den Bereich „Maschine" kommen in erster Linie technische Lernbaukästen in Betracht, von denen sich der in den Unterrichtsbeispielen dieses Buches verwendete fischertechnik-Grundkasten als besonders lerneffektiv erwiesen hat. Der Kasten besitzt für den Schüler der Primarstufe starken Aufforderungscharakter, ist leicht zu handhaben und als Arbeitsmaterial geeignet, elementare Einsichten in Aufbau und Funktionsweise einfacher Maschinen zu vermitteln. Neben das Bauen mit den vorgefertigten funktionstüchtigen Baukastenelementen tritt die Arbeit mit

Werkstoffen und Werkzeugen; vor allem dort, wo der Schüler durch selbständiges Konstruieren technologische und konstruktive Erfahrungen machen soll, und in Bereichen wie Schwimmen und Fliegen, die als Baukastenaufgaben nicht zu lösen sind. Als Materialien werden leicht verformbare, mit einfachen Werkzeugen bearbeitbare Werkstoffe eingesetzt. Neben den herkömmlichen Werkstoffen Papier, Holz, Metall hat sich der Kunststoff Styropor als besonders geeignetes Material bewährt.

Lernziele (Grobziele)

Der Schüler soll
- Grundprobleme der Maschine durch technisches Gestalten und Konstruieren selbständig zu lösen lernen; dabei Grundfunktionen und Grundbestandteile einfacher Maschinen kennenlernen und erfassen;
- Einsichten in den konstruktiven und funktionalen Aufbau einfacher Maschinen gewinnen; erkennen, daß Maschinen aus Bauelementen und Baugruppen bestehen, die in gleicher oder ähnlicher Form in allen Maschinen vorkommen;
- Maschinen nach ihrem Verwendungszweck zu ordnen und zu gliedern lernen; zwischen Arbeitsmaschinen und Kraftmaschinen unterscheiden;
- grundlegende Erfahrungen mit der Kraft- und Bewegungsübertragung machen; Prinzipien und Gesetzmäßigkeiten von Getrieben kennenlernen;
- erste Einblicke in das Verhältnis von Mensch und Maschine gewinnen; erkennen, daß Maschinen dazu konstruiert sind, dem Menschen Kraft und Zeit zu sparen; den Unterschied zwischen Hand- und Maschinenarbeit erfassen; einsehen, daß der Mensch auf die Maschine angewiesen ist, aber auch der Gefahr unterliegt, in Abhängigkeit von ihr zu geraten.

Sachinformation

Unter einfachen Maschinen versteht man in der Physik: Hebel, Rolle, Wellrad, Keil, Schraube, Schiefe Ebene, Flaschenzug. In der Technik bezeichnet man als Maschinen mechanische Vorrichtungen zur Übertragung von Kräften, die nutzbare Arbeit leisten oder Energien in andere Energieformen umsetzen. Maschinen werden demnach in zwei Gruppen eingeteilt: in Arbeitsmaschinen und in Kraftmaschinen. Arbeitsmaschinen sind für bestimmte Arbeitsverrichtungen konstruiert (Bohrmaschine, Schleifmaschine, Seilwinde...); Kraft- oder Energiemaschinen haben die Aufgabe, Energien in die für den jeweiligen Zweck benötigte Nutzform umzuwandeln (Wasser-, Wind-, Wärmekraftmaschinen, Elektromotoren).

Funktionaler Aufbau: Im funktionalen Aufbau einer Maschine unterscheidet man vier Mechanismen:
den Antriebsmechanismus, der die erforderliche Antriebsenergie erzeugt;
den Übertragungsmechanismus, der die Antriebsbewegung aufnimmt, weiterleitet, nach Bedarf umwandelt und auf den Werkzeugteil überträgt;
den Werkzeug- oder Arbeitsmechanismus, der die eigentliche Arbeit verrichtet;
den Steuerungsmechanismus, der die Funktionsabläufe innerhalb der Maschine regelt.

Konstruktiver Aufbau: Maschinen bauen sich aus einfachsten Bauteilen auf, die konstruktiv nicht weiter zerlegbar sind. Die wichtigsten Maschinenelemente sind:
Elemente der drehenden Bewegung wie Zapfen, Welle, Achse, Lager.
Elemente der Drehmomentübertragung wie Zahnräder, Reibräder, Riementrieb, Kettentrieb, Kupplung.
Elemente der Bewegungsumwandlung wie Kurbeltrieb.
Verbindungselemente als unlösbare Verbindungen wie Niete, Schweiß-, Schrumpf-, Klebeverbindung; als lösbare Verbindungen wie Keil, Schraube, Bolzen, Gewinde.
Hinzu kommt eine Anzahl weiterer Maschinenelemente, die vornehmlich bei Kraftmaschinen Verwendung finden, wie Kolben, Zylinder, Kurbeln, Exzenter, Rohre, Ventile, Verbindungsstücke.
Als Träger der Maschinenelemente dienen Gestell und Gehäuse.

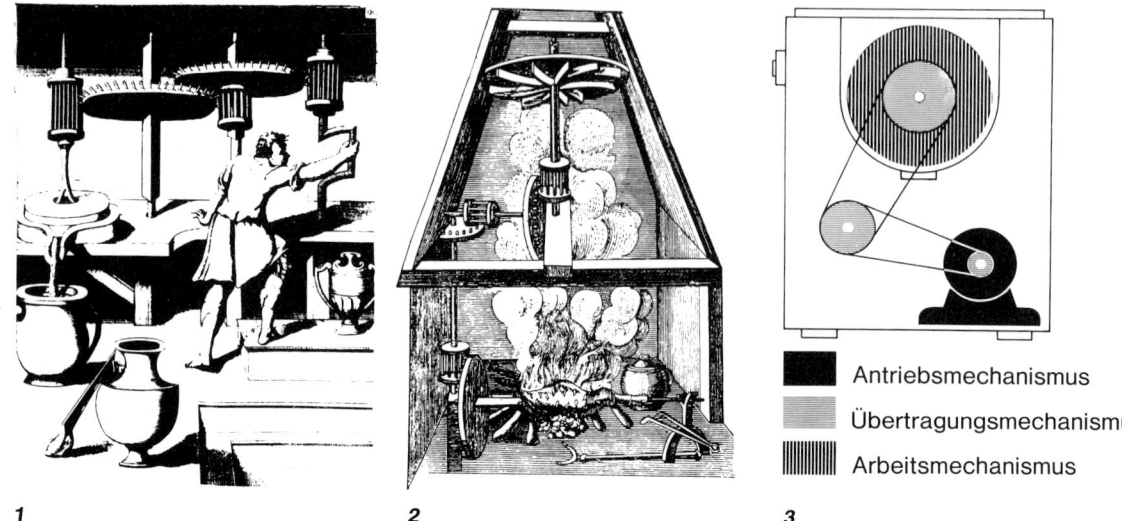

1: Mittelalterliche Farbenmühle. Antriebsenergie ist hier die Muskelkraft des Menschen. Die Antriebsenergie wird über den Antriebsmechanismus, die Kurbelwelle, als Drehenergie in die Maschine eingeführt. Der Übertragungsmechanismus, ein Zahnradgetriebe aus Stirnrädern und Käfigrädern, leitet die Drehbewegung weiter und übersetzt sie ins Langsame (Untersetzung). Der Werkzeugmechanismus, das Mahlwerk, zerreibt die Farbe und leistet damit die eigentliche Arbeit.

2: Bratspieß des Leonardo da Vinci. Ein Beispiel für eine sich selbst steuernde Maschine. Die aufsteigende Wärme treibt die Maschine an und regelt zugleich die Drehgeschwindigkeit des Bratspießes. Antriebsenergie ist hier die Warmluft, die den Antriebsmechanismus, das Warmluftrad, in Drehbewegung versetzt. Der Übertragungsmechanismus, ein Getriebe aus Käfigrad und Kammrad, überträgt die Drehbewegung auf den Werkzeugmechanismus, den Bratspieß.*)

3: Schema einer Waschmaschine. Auch die moderne Maschine enthält die gleichen Baugruppen. Antriebsenergie ist hier die Elektroenergie. Der Elektromotor als Antriebsmechanismus erzeugt die Drehbewegung, die vom Übertragungsmechanismus, einem Riemengetriebe, ins Langsame übersetzt und auf den Arbeitsmechanismus, die Waschtrommel, übertragen wird.

*) Fraglich bleibt allerdings, ob die Maschine funktioniert, d. h. die Antriebsenergie ausreicht, die erheblichen Reibungswiderstände im Getriebe zu überwinden.

M 1 Einfache Maschinen mit Handkurbel, Welle und Arbeitsteil

Didaktische Hinweise

Im Mittelpunkt der Lerneinheit M 1 steht die Auseinandersetzung mit einfachen handbetriebenen Maschinen ohne Getriebe. Als Unterrichtsgegenstände werden Küchenmaschinen gewählt, die dem Schüler aus seiner häuslichen Umwelt bekannt sind und die in ihrer einfachen Struktur erste Einsichten in den funktionalen und konstruktiven Aufbau von Arbeitsmaschinen ermöglichen.

M 1 gliedert sich in drei Teilaufgaben, die wechselseitig aufeinander bezogen sind und aufeinander aufbauen, so daß der Schüler den gleichen Sachverhalt unter verschiedenen Fragestellungen kennenlernt.

In der ersten Aufgabe M 1.1 kann er sich im spielerisch-probierenden Tun mit den Elementen und ihren Funktionen auseinandersetzen. In M 1.2 soll er eine Reibemaschine in Modellform nachkonstruieren. In M 1.3 macht er technologische, materiale und konstruktive Erfahrungen, indem er einzelne Elemente wie Handkurbel, Welle und Lager selbst herstellt.

Sachinformation

Küchenmaschinen gehören zur Gruppe der Arbeitsmaschinen. Ihr Antrieb kann entweder von Hand oder mit Elektromotor erfolgen. Eine handbetriebene Küchenmaschine ohne Getriebe besteht aus einem Antriebselement (Handkurbel), einer Welle mit Arbeitselement (Reibetrommel, Messer) und einem Gestell.

Die Handkurbel dient dazu, eine Welle anzutreiben. Sie hat als einseitiger Hebel eine kraftsparende Wirkung. Teile der Handkurbel sind Griff- und Kurbelarm.

Eine Welle dient zum Übertragen von drehenden Bewegungen, und sie kann Träger von Rädern, Zahnrädern und Riemenscheiben sein. Wellen werden auf Verbiegen und Verdrehen beansprucht.

Lager haben die Funktion, drehende Bauelemente abzustützen und zu führen. Es gibt Gleitlager und Wälzlager. Bei technischen Lernbaukästen werden sie durch einfache Bohrungen ersetzt.

In einem Funktionszusammenhang von Handkurbel, Welle und Arbeitselement wird die Bewegungsenergie über die Kurbel zur Welle und von dort zum Arbeitsteil weitergeleitet. Die Bewegung, die das Arbeitsteil ausführt, entspricht unmittelbar der Antriebsbewegung.

Fachübergreifende Aspekte

Die Anschaffung von Haushaltsgeräten und -maschinen; Kosten, Rentabilität, rationelles Arbeiten. Die Entwicklung vom einfachen Werkzeug zur elektrischen Küchenmaschine. Die Rollenverteilung im Haushalt; partnerschaftliche Aufteilung der Hausarbeit bei Berufstätigkeit der Frau.

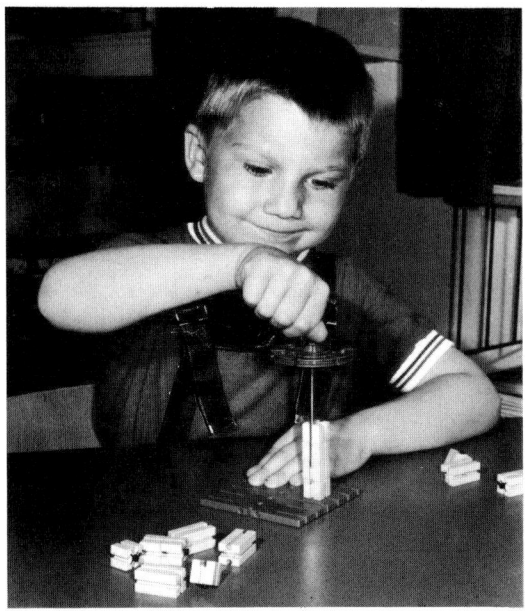

5 M 4   6 J 4

4 J 5

7

M 1.1 Spiele mit Handkurbel, Welle und Drehscheibe

(ab Eingangsstufe)

Lernziele: Die Schüler sollen
- sich im freien ungeleiteten Tun mit den Bauelementen Handkurbel, Achse/Welle, Drehscheibe, Baustein und Grundplatte auseinandersetzen;
- im Spiel die Form und Funktion der Elemente kennenlernen und ihren Wirkungszusammenhang erfassen;
- sich zu den entstandenen Arbeiten sprachlich äußern und sie zeichnerisch darstellen.

Grundbegriffe: Handkurbel, Achse/Welle, Drehscheibe/Rad, Grundplatte, Baustein, bewegen, kurbeln, drehen, linksherum, rechtsherum, schnell, langsam

Arbeitsmaterial: fischertechnik u-t 1 Grundbaukasten; Bauteile: Achse/Welle, Handkurbel, Bausteine, Grundplatte, Drehscheibe

Unterrichtshinweise: Phase 1: Austeilen des Materials; Organisatorisches. – Phase 2: Wir probieren aus, was wir mit den Bauteilen machen können. Das Material soll durch seinen Aufforderungscharakter die Kinder zum freien Experimentieren und zu ersten Gestaltungsversuchen motivieren. Die Kinder bauen. – Phase 3: Wir stellen unsere fertigen Arbeiten zusammen und betrachten sie. Einzelne Arbeiten werden vorgeführt und beschrieben. Die Maschinen bekommen einen Namen. Wir benennen die Einzelteile.

Wird mit den Elementen des Lernbaukastens u-t 1 zum ersten Mal gebaut, so sollten zunächst die Verbindungsmöglichkeiten in spielerischer Form geübt werden. Es geht dabei

4: Im freien Spiel ist eine Drehmaschine entstanden. Interesse und Neugier des Kindes sind der Ansatzpunkt für eine technische Elementarbildung.
5, 6: Arbeiten von Vierjährigen. Wie beim Turmbauen mit Bauklötzen werden die Elemente übereinander geschichtet. 5: „Schleudermaschine".
7: Sortierkasten mit Bauteilen.
8: Kinder der Eingangsstufe führen ihre „Maschi-

nen" vor. Jede Maschine bekommt einen Namen: Windmacher, Kurbelmaschine, Drehmaschine. Das Gebaute bietet Anlaß für sprachliche Kommunikation.
9: Trotz weniger Bauteile konstruktiv unterschiedliche Lösungen. Die Wellen werden sowohl in der waagerechten als auch in der senkrechten Ebene gelagert, unterschiedlich geführt und abgestützt.

8 J, M 5–6

9 J, M 5–6

10 M 6

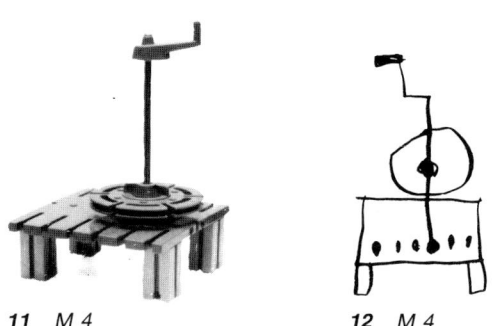

11 M 4   *12 M 4*

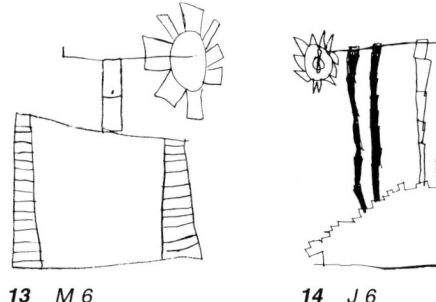

13 M 6   *14 J 6*

um folgende Verbindungen: Baustein mit Baustein, Drehscheibe mit Radnabe, Welle mit Nabe und Handkurbel, Baustein mit Grundplatte. Kindern der Eingangsstufe sollte keineswegs der ganze Baukasten in die Hand gegeben werden. Die Vielzahl der Teile verwirrt. Das Kind erhält nur die für die Aufgabe benötigten Bauelemente (s. Abb. 7).

10: „Meine Maschine kann ich sogar mit zwei Kurbeln bewegen".
11, 12: „Kaffeemühle" einer Vierjährigen. Die nachträglich aus der Vorstellung angefertigte Zeichnung zeigt, daß der Funktionszusammenhang der Teile klar erkannt wurde.
13, 14: Zeichnungen von Schulanfängern.

M 1.2 Konstruktion einer handbetriebenen Reibemaschine

(ab 1. Schuljahr)

Lernvoraussetzungen: M 1.1
Lernziele: Die Schüler sollen
– eine Reibemaschine betrachten und die Erkenntnisse, die sie bei der Spielaufgabe M 1.1 gewonnen haben, auf die Wirklichkeit übertragen;
– die Reibemaschine mit Baukastenelementen modellhaft nachkonstruieren und dabei den Funktionszusammenhang aus Handkurbel, Welle, Arbeitsteil und Gestell erfassen;

15 J, M 5

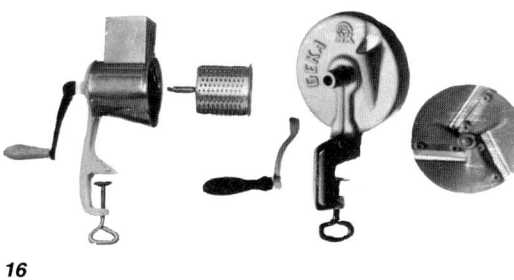

16

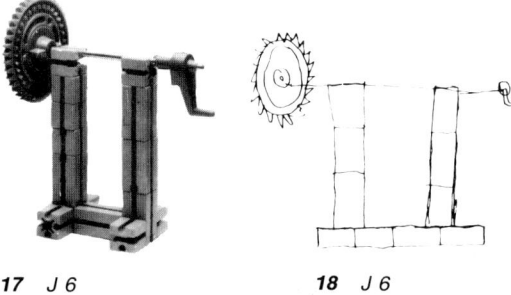

17 J 6   **18** J 6

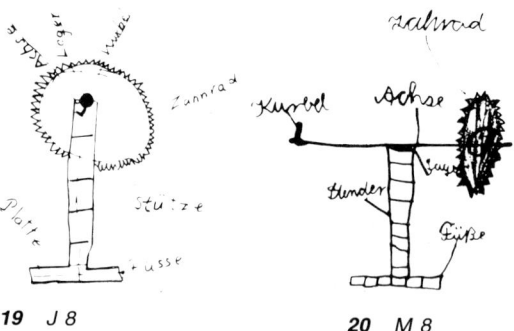

19 J 8   **20** M 8

15: Die selbst konstruierte Reibemaschine wird in ihrer Funktionstüchtigkeit überprüft: ein Zwieback

– zwischen drehenden und stützenden Teilen unterscheiden und dies in eine Tabelle eintragen (ab 2. Schuljahr);
– ihr Modell aus der Vorstellung zeichnen und die gewonnenen Einsichten auf andere handbetriebene Maschinen übertragen.

Grundbegriffe: Reibemaschine, Bohnenschneidemaschine, Reibe, Reibetrommel, drehende Teile, stützende Teile; siehe auch M 1.1

Arbeitsmaterial: fischertechnik u-t 1 Grundbaukasten; Reibemaschine mit Handkurbel

Unterrichtshinweise: Phase 1: Motivation und Aufgabenstellung. Die vom Lehrer mitgebrachte Reibemaschine bildet den Anstoß zum Betrachten und Beschreiben der Funktion. Die einzelnen Teile und Bewegungszusammenhänge, die bei der vorangegangenen Spielaufgabe erprobt und erfaßt wurden, werden an der Reibemaschine wiederentdeckt und erkannt: Die Schüler werden aufgefordert, eine solche Kurbelmaschine zu bauen. – Phase 2: Praktische Lösungsversuche, Konstruktionstätigkeit. Die Schüler arbeiten einzeln und versuchen ihre Vorstellungen zu realisieren. Einzelgespräche mit den Schülern und Zwischenbesprechungen in der Gruppe fördern die Reflexion über die eigene Tätigkeit. – Phase 3: Prüfung und Auswertung der Arbeitsergebnisse. Die fertigen Modelle werden gemeinsam besprochen. Die Funktionstüchtigkeit wird überprüft und die Wirkungsweise beschrieben. – Phase 4: Verallgemeinerung der gewonnenen Einsichten und Transfer. An Hand einer Tabelle werden die Teile in drehende und stützende Teile gegliedert. Die Einsichten werden auf verwandte Maschinen wie Bohnenschneidemaschine, Kaffeemühle, Fleischwolf übertragen.

wird zerrieben. Als Reibewerkzeug dient ein Zahnrad.

16: Demontierte Reibemaschine und Bohnenschneidemaschine. Das Gelernte wird auf die Wirklichkeit übertragen.

17, 18: Die modellhafte Konstruktion der Reibemaschine weist in elementarisierter Form die gleichen Baugruppen (Antriebsteil, Arbeitsteil und Gestell) auf wie das wirkliche Objekt.

19, 20: Die Maschine wird gezeichnet; ihre Elemente werden benannt.

M 1.3 Kurbelmaschinen mit selbsthergestellten Elementen

(ab 2. Schuljahr)

Lernvoraussetzungen: M 1.1, M 1.2
Lernziele: Die Schüler sollen
- eine einfache Maschine bauen, die die gleichen Elemente und Aufbauprinzipien aufweist wie die Reibemaschine (M 1.2);
- die Bauteile aus Draht, Kunststoffbechern und anderen leicht verformbaren Materialien selbst herstellen;
- elementare technologische Erfahrungen in der Verformung von Draht und Kunststoff machen;
- ihre Maschinen zeichnen, die Teile benennen und die Funktionen beschreiben.

Arbeitsmaterial: weicher, mit der Hand verformbarer Draht, Kunststoffbecher, Knetwachs, Kerze, Beißzange
Grundbegriffe: Kunststoff, Becher, Draht, biegen, erhitzen
Unterrichtshinweise: Die Aufgabe macht es erforderlich, die Kinder zunächst mit den Materialien und ihren Bearbeitungsmöglichkeiten hinlänglich vertraut zu machen. Wir probieren aus, wie sich Draht biegen läßt. Der Lehrer zeigt, wie mit einem erhitzten Draht Löcher in den Becher gebrannt werden. Zweckmäßigerweise wird damit begonnen, einen Draht als Welle im Gestell (Becher) drehbar zu lagern und dann zur Kurbel zu biegen. In Zwischenbesprechungen werden Fragen der Formgebung, wie z. B. Länge des Kurbelarms, des Griffs, der Welle, geklärt. Bei dieser Aufgabe sollte den Kindern weitgehend Freiheit gewährt werden, eigene Form- und Konstruktionsvorstellungen zu verwirklichen.

21   M 8

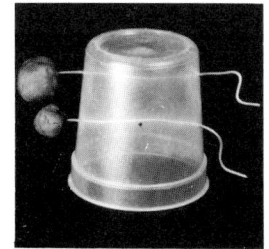

22   M 8

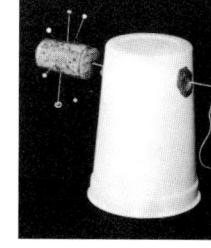

23   J 8

24   J 7

25   M 8

21: Mit einem über der Kerze erhitzten Draht wird in den Becher ein Loch für die Lagerung der Welle gebohrt.
22–27: „Kurbelmaschinen", bei denen die Bauelemente selbst geformt wurden. Aufgaben dieser Art stellen das Kind vor eine Reihe technischer Detailprobleme. Hier wird technisch-konstruktives Denken angesprochen und entwickelt.

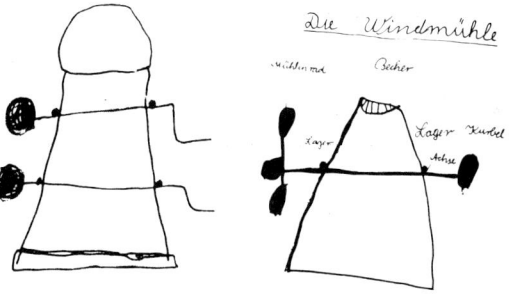

26   M 8   27   J 8

M 2 Förderung von Lasten durch das Seil

Didaktische Hinweise

Der technische Grundsachverhalt „Fördern von Lasten durch das Seil" wird an drei unterschiedlichen Beispielen der Fördertechnik erschlossen: an der Seilwinde, am Kran und an der Seilbahn.

Die drei Themen ermöglichen eine Differenzierung sowohl unter sachstrukturellen als auch unter lern- und entwicklungspsychologischen Gesichtspunkten. Anhand von Bildbeispielen wird gezeigt, wie innerhalb eines Themas ein gestufter Aufbau von einfachen zu komplexeren Leistungsformen möglich ist, der der Lernfähigkeit der Schüler verschiedener Altersstufen Rechnung trägt. Lernziele und Teillernziele werden entsprechend formuliert.

Als Arbeitsmittel sind im allgemeinen vorgeformte Baukastenelemente vorgesehen. Verformbare Materialien werden dort eingesetzt, wo es notwendig erschien, die Thematik unter technologischen und konstruktiven Aspekten zu erweitern oder vorgegebene Lösungen zu problematisieren (z. B. das Baukastenelement Seiltrommel unter dem Gesichtspunkt des unterschiedlichen Durchmessers).

Die Einheit M 2 ist in Zusammenhang mit der Einheit M 1 zu sehen. Dort gewonnene Erfahrungen im Herstellen stabiler Konstruktionen und im Lagern beweglicher Teile werden hier erweitert und vertieft. Waren in M 1 einfache Maschinen aus dem engeren Bereich des Haushalts Gegenstand von Lernhandlungen, so stehen in M 2 Maschinen aus dem Bereich der Arbeitswelt im Mittelpunkt. Hier bietet sich eine erste Erkundung der Arbeitswelt an. Ein Beispiel für einen Unterrichtsgang zu einer Baustelle wird im letzten Themenkreis näher ausgeführt.

Sachinformation

Seilwinden, Kräne und Seilbahnen gehören zur Gruppe der Fördermittel, die Güter und Personen innerhalb eines begrenzten Bereichs transportieren.

Seilwinde: Sie dient zum senkrechten Heben und Senken von Lasten oder zum horizontalen Heranholen von Fahrzeugen wie Eisenbahnwagen und Schiffen. Bekannt ist auch die Startwinde für Segelflugzeuge. Teile der Seilwinde sind: Antrieb (von Hand oder durch Motor), Seil, Seiltrommel, Unter- bzw. Übersetzungsgetriebe (Stirnradgetriebe als Vorgelege), Sperrvorrichtung bzw. Bremse und das Gestell. Das Seil, ein Element zur Übertragung von Zugkräften, ist das eigentliche Förderelement. Die Seiltrommel dient zum Speichern von Seilen. Das Untersetzungsgetriebe hat die Aufgabe, die Kraftwirkung zu erhöhen. Die Sperre hält die Last fest und ermöglicht es, die Bewegung in einer Richtung zu sperren.

Kran: Bei der Vielzahl der Kräne unterscheidet man vier Haupttypen: den Auslegerkran, den Portalkran, den Brückenkran und den Kabelkran. Am bekanntesten ist wohl der Auslegerkran. Er besitzt als charakteristisches Merkmal den Ausleger, einen über die Unterstützung hinausragenden Träger, der starr oder beweglich konstruiert sein kann. In der Bautechnik wird im allgemeinen der Turmdrehkran verwendet. Außer dem Heben und Senken von Lasten kann er noch Schwenk- und Fahrbewegungen ausführen und die Last auf jeder beliebigen Stelle des Schwenkbereichs absetzen. Der Turmdrehkran ist meist schienenfahrbar. Seine wichtigsten Funktionsteile sind: Turm, Ausleger, Halteseil für Ausleger, Gegengewicht, Hubseil zum Heben der Lasten, Winde mit Seiltrommel, Drehbühne, Bremswerk und Unterwagen.

Brücken- und Portalkran sind mit speziellen Seilwinden, sogenannten Laufkatzen, ausgerüstet. Der Kabelkran besitzt eine Seillaufkatze, die am Kabel entlangläuft.

Seilbahn: Sie ist ein Fördermittel zum horizontalen oder geneigten Transport von Lasten oder Personen. Eine Sonderbauart der Seilbahn sind die Skischlepplifte und Sesselbahnen. Sie besitzen Schleppbügel oder Sessel, die am Tragseil befestigt sind. Das Tragseil dient gleichzeitig als endloses Förderseil. Das Seil wird durch eine Seilscheibe in der Talstation angetrieben und in der Bergstation von Rollen umgelenkt.

Personenseilbahnen, die hauptsächlich als Bergbahnen eingesetzt werden, sind in der Regel als Zweiseilumlaufbahnen ausgeführt. Die Kabine läuft mit dem Laufwerk auf dem Tragseil und wird mit Hilfe des Zugseils fortbewegt. In den Stationen können die Kabinen vom Zugseil ausgeklinkt werden.

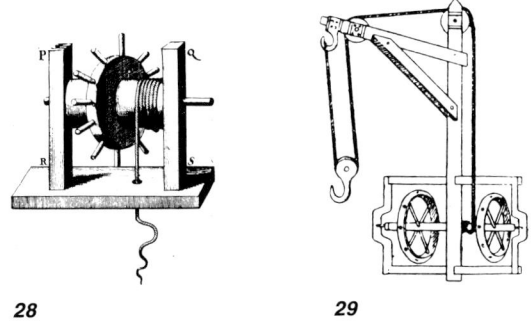

28   *29*

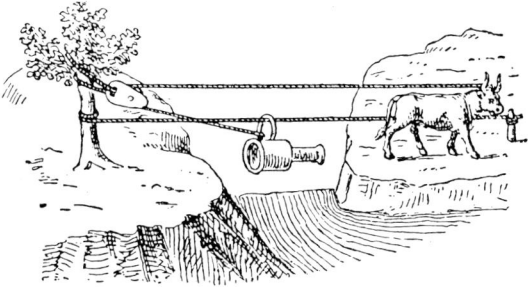

30

28: „Haspelzug", eine der „sechs mechanischen Potenzen", 1577.

29: Schwenkbarer Kran, nach Taccola. Kräne dieser und ähnlicher Bauart wurden im Mittelalter vielfach als Baukräne eingesetzt.

30: Seilbahn zur Beförderung eines Geschützrohres. Marianus Jacobus, der eine Vielzahl technischer Vorrichtungen aufgezeichnet hat, will 1438 eine solche Fördereinrichtung gesehen haben. Zwischen Baum und Pfahl ist ein Tragseil gespannt. Das Zugtier zieht die Last mit einem umgelenkten Zugseil über die Schlucht. Eine Umkehrung der Förderrichtung ist nicht möglich.

31: Seilschwebebahn des Faustus Verantius, um 1595. Eine technisch bemerkenswert durchgebildete Pendelbahn für Personenverkehr. Der Förderwagen läuft hier bereits mit Rollen auf dem Tragseil. Das Zugseil ist am Laufwerk befestigt, wodurch ein Schiefziehen des Wagens vermieden wird. Die Führung des Tragseils über Rollen am Fußpunkt der Pfosten läßt auf eine Spannvorrichtung schließen.

32: Seilbahn zu Danzig 1644; nach Jacob Leupold. Diese Bahn ist wahrscheinlich die erste Seilbahn, bei der durch ein endloses Förderseil eine stetige Förderung ermöglicht wurde. Die Bahn, die vom Bischofsberg in die Festung Danzig hinabführte, diente zum Transport großer Sand- und Erdmassen, die man für Wallanlagen benötigte. Das Förderseil, zugleich Zugseil, läuft um waagerecht gelagerte Seilscheiben, wodurch ein gleichzeitiger Transport in beiden Richtungen ermöglicht wird. Die große Entfernung machte zahlreiche Zwischenstützen erforderlich (von denen in der verkürzten Darstellung nur zwei wiedergegeben sind). Da frei überrollbare Seilauflager noch nicht erfunden waren, mußten die Fördereimer an jeder Stütze über die Führungsrolle gehoben werden.

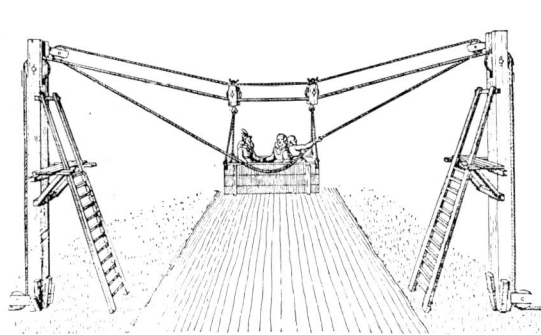

31

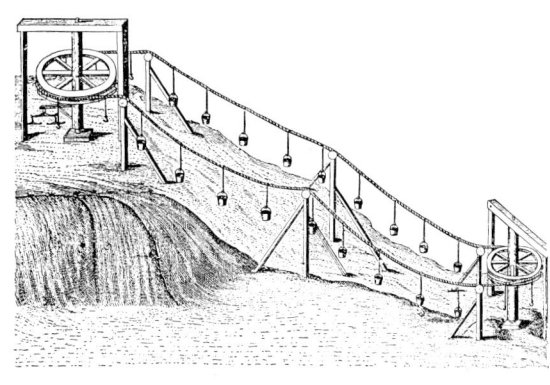

32

33   34 M 7   35 J 7

M 2.1 Konstruktion von Seilwinden

(ab Eingangsstufe)

Lernvoraussetzungen: Umgang mit Baukastenelementen.
Die Lernziele werden differenziert nach Jahrgangsklassen dargestellt.
Lernziel 1 (Spiel mit dem Seil; ab Vorklasse): Die Schüler sollen
- das Seil als technisches Mittel kennenlernen, mit dem man Lasten heranziehen, heben und senken kann;
- aus Baukastenteilen einfache Vorrichtungen zum Aufwickeln bauen.

Lernziel 2 (Einfache Seilwinde; ab 1. Schuljahr): Die Schüler sollen
- mit Baukastenelementen einfache Seilwinden bauen;
- die Funktionen der einzelnen Bauteile wie Seil, Seiltrommel, Welle, Kurbel, Gestell erfassen;
- ihre Konstruktionen beschreiben, die Bauteile benennen; ihr Modell zeichnen.

Lernziel 3 (Große und kleine Seiltrommel; ab 3. Schuljahr): Die Schüler sollen
- Seilwinden mit unterschiedlich großen Seiltrommeln bauen;
- in Versuchen feststellen, daß ein Seil von einer Seiltrommel mit großem Durchmesser schneller aufgewickelt wird als von einer Trommel mit kleinem Durchmesser.

Zusatzaufgabe: Seilwinden aus Werkstoffen.

Lernziel 4 (Seilwinde mit Getriebe, ab 4. Schuljahr): Die Schüler sollen
- aus Baukastenteilen eine Seilwinde mit Zahnradgetriebe konstruieren;
- in Versuchen erkennen, daß durch Übersetzung ins Langsame Kraft gespart wird.

33: Mittelalterlicher „Aufzug". Miniatur aus der Heidelberger Liederhandschrift, um 1300. Haspel mit Speichenrad und Umlenkrolle. Historische Darstellungen von Maschinen sind durch ihre sachliche Klarheit als Anschauungsmaterial besonders instruktiv, vor allem, wenn der Mensch wie hier in so humorvoller Weise ins Handlungsgeschehen einbezogen wird.

34–36: Bau einer Seilwinde aus verformbaren Materialien. *34:* Im Vorversuch werden die konstruktiven Bedingungen geklärt. Beim Aufwickeln des Seils werden drei technische Probleme deutlich, die konstruktiv zu lösen sind: Befestigung des Seils an der Welle, Lagerung der Welle im Gestell, Konstruktion der Drehvorrichtung.
35: Die Aufgabe ist mit einfachsten Mitteln gelöst.

36 M 8 *37 J 9* *38 M, J 5, 6*

Erweiterung: Konstruktion einer Sperrvorrichtung zum Arretieren des Lastseils.
Grundbegriffe: Seilwinde, Handkurbel, Welle, Seiltrommel, Gestell, Getriebe, Untersetzung, Übersetzung; heben, senken, heranziehen
Arbeitsmaterial: fischertechnik-Bauteile; Holz, Styropor, Schachteln, Dosen, Draht, Nägel, Schrauben, Bindfäden, Knetwachs; Schere, Hammer, Zange, Säge, Vorstecher
Unterrichtshinweise: Ein beliebtes Spiel der Kinder besteht darin, einen Gegenstand an einem Bindfaden anzubinden und aus dem Fenster hinunterzulassen und wieder hinaufzuziehen. Hierbei wird in elementarer Form das Prinzip der Seilwinde und des Krans verwirklicht. Das „Spiel mit dem Seil" knüpft an diese Vorlernerfahrungen an. Mit einem Bindfaden und einem Holzklötzchen können die Förderfunktionen des Seils, das Heben, Senken und Heranziehen, geklärt und die Möglichkeit des Umlenkens (Ziehen um ein Stuhlbein, Ziehen über die Tischkante) erfahren und veranschaulicht werden. – Erste konstruktive Aufgabe ist der Bau einer Vorrichtung zum Aufwickeln.
Zu Lernziel 2: Mit der „Aufwickelmaschine" ist das Prinzip der Winde geklärt, so daß hier die Aufgabe im wesentlichen nur um die Konstruktion des Gestells und die Lagerung im Gestell erweitert wird. – Problemsituation: Ein Holzklötzchen soll vom Fußboden auf den Tisch gehoben werden. Mögliche Themen: Ein Schiff wird an Land gezogen. – An einer Baustelle wird Sand zur Mischmaschine transportiert. – Der Abschleppwagen zieht ein Auto aus dem Graben.

Der Junge hat auf einem Holzklotz ein Stück Alu-Draht als Welle mit zwei Krampen drehbar gelagert und zu einem großen Kurbelarm abgewinkelt. Zur Befestigung des Fadens ist der Draht zu einer engen Schlinge gebogen.
36: Die konstruktiv fertige Winde wird im kindlichen Sinne vervollständigt. Das Mädchen baut ein Häuschen, „damit der Mann bei Regen nicht naß wird". Hierbei macht das Kind elementare Umgangserfahrungen im Verbinden von Holzteilen mit Hammer und Nagel.
37: Winde mit einfachem Getriebe. Eine kraftändernde Übersetzung erfolgt nicht, da die Antriebsbewegung durch gleichgroße Zahnräder übertragen wird.
38: Sechsjährige zeichnen sich und ihre selbstgebauten Seilwinden.

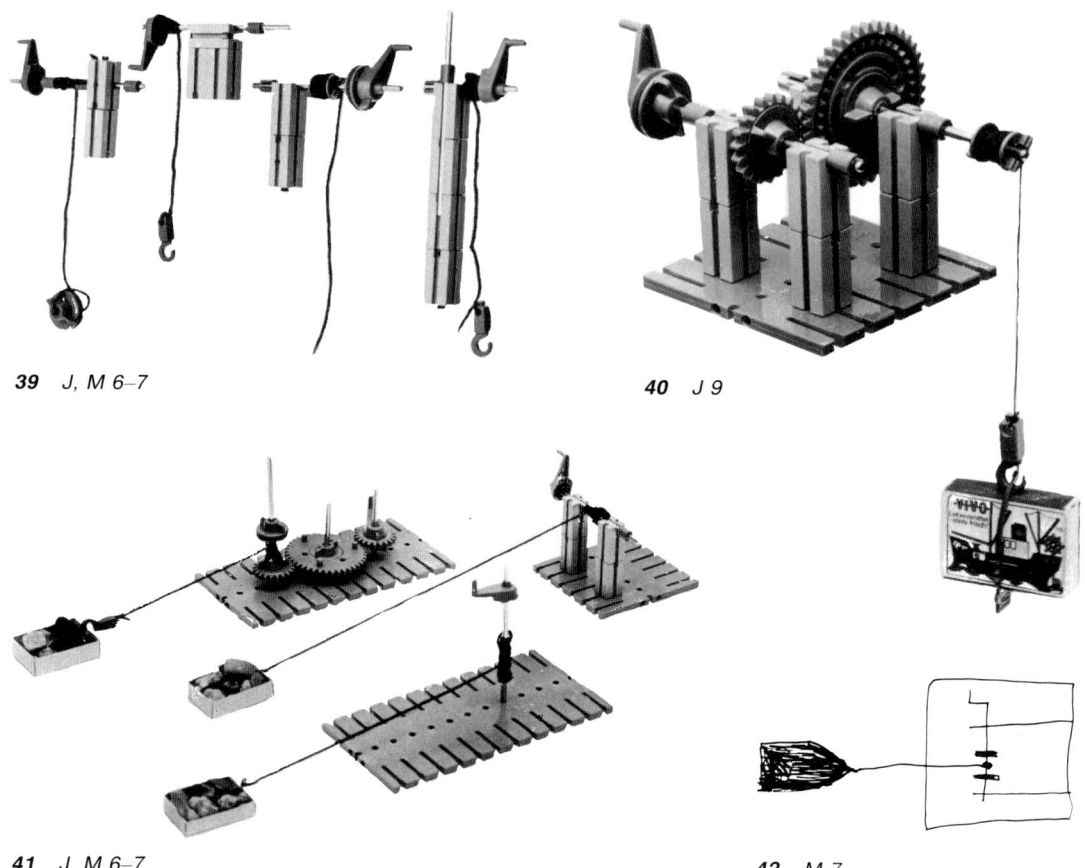

39 J, M 6–7

40 J 9

41 J, M 6–7

42 M 7

Zu Lernziel 3: Die Untersuchung der Wirkungsweise unterschiedlich großer Seiltrommeln beschränkt sich auf ein Auszählen und Vergleichen der jeweils erforderlichen Umdrehungen, um eine Last über eine bestimmte Strecke zu ziehen. Eine rechnerische Durchdringung sowie eine Untersuchung der Kräfteverhältnisse bei Trommeln unterschiedlichen Durchmessers (Kurbelarm : Trommelradius : Last) bleibt der Sekundarstufe 1 vorbehalten.
Eine kleine Seiltrommel ist im Baukasten enthalten, als große läßt sich eine Zwirnrolle verwenden, die mit einem Holzspan auf der Welle verkeilt wird. Trommeln können auch aus Knetwachs modelliert werden. (Hierbei empfiehlt es sich, das Wachs an eine auf die Welle geklemmte Radnabe anzudrücken oder um eine Nabe als Kern zu modellieren.)
Zu Lernziel 4: Der Bau einer Seilwinde mit Getriebe sollte in Verbindung mit M 3.1 und M 3.2 (Zahnradgetriebe) durchgeführt werden. Für ein einfaches Untersetzungsgetriebe werden zwei Wellen und zwei unterschiedlich große

39: Einfache „Aufwickelmaschinen" als erste Aufgabe. Bezeichnungen der Kinder: „Seilkurbelmaschine", „Maschine zum Aufwickeln von Drachenseil", „Zwirnrollenmaschine", „Angel".
41: Seilwinden zum horizontalen Heranziehen von Lasten. Die Modelle zeigen, wie unterschiedlich technisches Denken bei fast gleichaltrigen Kindern entwickelt sein kann.

40: Seilwinde mit Untersetzungsgetriebe. Mit einer Streichholzschachtel als Förderlast kann zwar die Verlangsamung der Hubbewegung, jedoch nicht die kraftsparende Wirkung des Untersetzungsgetriebes erfahren werden. Erst bei einer Last von ca. 200 g wird das Hochwinden spürbar leichter als ein Hochziehen von Hand. Die Winde ist so stabil, daß mit ihr ein 500 g-Gewicht gehoben werden kann.

43 J 8   **45** J 8   **46** M 8

44 J 9

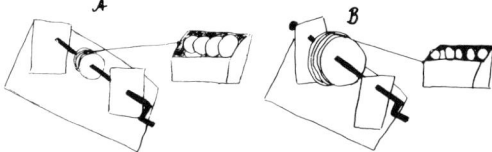

Die Seilwinde A hat eine kleine Seiltrommel. Ich muß an der Kurbel 26
mal drehen. Dann habe ich die Schachtel
1 m weit gezogen.
Die Seilwinde B brauche ich blos 14 mal
zu drehen. Weil die Seiltrommel größer ist

47 J 9

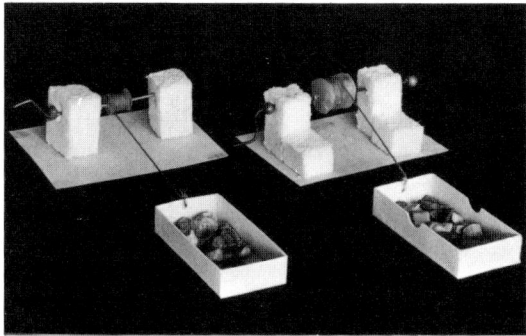

48 J 9

Zahnräder benötigt. Die Wirkung der Untersetzung wird am besten im Vergleich mit der Übersetzung deutlich. Hierfür brauchen die Zahnräder der Antriebs- und der Abtriebswelle nur ausgetauscht zu werden. Die sichtbar unterschiedliche Fördergeschwindigkeit läßt sich größenmäßig einfach erfassen. Die Schüler zählen die Kurbelumdrehungen, die jeweils erforderlich sind, um eine Last vom Fußboden auf den Tisch zu heben. Bei einem großen Zahnrad mit 40 und einem kleinen mit 20 Zähnen ergibt sich in der Untersetzung die doppelte Anzahl der Kurbelumdrehungen wie in der Übersetzung. Eine rechnerische Durchdringung ist bei diesen einfachen Zahlenverhältnissen auch schon vom Schüler des vierten Schuljahres zu leisten.

Die kraftsparende Wirkung des Untersetzungsgetriebes wird dagegen am Modell nur deutlich, wenn die zu hebende Last ausreichend schwer ist. Bei zu leichtem Gewicht kann die Überwindung des Reibungswiderstandes im Getriebe mehr Kraft erfordern als ein direktes Hochziehen von Hand.

43–46: Seilwinden aus verformbaren Materialien. Beim Bauen mit Werkstoffen muß der Schüler selbständige konstruktive Lösungen für die einzelnen Bauteile finden. Hierbei werden technische Phantasie und Erfindungsgabe besonders im technologischen und technisch-konstruktiven Bereich angesprochen.

47, 48: Seilwinden mit unterschiedlich großen Seiltrommeln (Pappe, Styropor, Draht, Knetwachs). Die Wirkung unterschiedlich großer Trommeln wird empirisch erprobt, das Ergebnis im Arbeitsbericht festgehalten.

M 2.2 Bau von Kränen
(ab 1. Schuljahr)

Lernvoraussetzungen: M 2.1
Lernziel 1 (1./2. Schulj.): Die Schüler sollen
- einen einfachen Kran mit Turm und Ausleger bauen;
- die Erfahrungen, die sie bei der Konstruktion der Seilwinde gemacht haben, auf die neue Aufgabe anwenden;
- die Kräne in ihrer Funktion überprüfen, die Bauteile und Baugruppen beschreiben; ihre Modelle zeichnerisch darstellen.

Lernziel 2 (3./4. Schulj.): Die Schüler sollen
- einen Kran herstellen, der bestimmte Fördersituationen zu erfüllen hat;
- den Kran fahrbar machen und den Turm des Krans so konstruieren, daß er drehbar ist;
- den Ausleger beweglich anbringen und den Kran durch ein Gegengewicht so sichern, daß er beim Fördern schwerer Lasten nicht umkippt.

Erweiterung: Kran mit Getriebe und Sperrvorrichtung; Kranwagen
Grundbegriffe: Turm, Ausleger, Seil, Lasthaken, Seilwinde, Umlenkrolle, Gegengewicht, Fahrgestell, Ausladung, Hubhöhe

Arbeitsmaterial: Grundkasten u-t 1. Zum Transfer: Spielzeugkräne, Baukran auf einer Baustelle (Erkundungsgang)
Unterrichtshinweise: Da der Kran ein komplexer Gegenstand ist, empfiehlt es sich, die einzelnen Kran-Funktionen wie Heben und Senken des Lastseils, Bewegen des Auslegers, Drehen um die senkrechte Achse, Vor- und Zurückfahren in spiralförmiger Anordnung zu behandeln. In den Lernzielen wird eine solche Lernsequenz vorgeschlagen, die je nach besonderer Situation zu modifizieren ist. Die Kranmodelle auf Abb. 55 bis 63 zeigen, daß die Entwicklung des technischen Denkens und Handelns ein Vorgang zunehmender Ausdifferenzierung ist. Im Anfang setzt sich das Kind mit nur wenigen Teilen und Funktionen auseinander, nimmt dann aber immer mehr und neue Bauteile hinzu. – Die Motivation zum Thema kann durch die Darstellung bestimmter Fördersituationen erfolgen. Beispiele: Ein Turm, ein Hochhaus werden aus Bauklötzen gebaut; das Baumaterial soll hochgefördert werden. Ein Schiff ist im Hafen eingelaufen; seine Ladung soll auf die höher gelegene Ufermauer gehoben werden. – Nach der praktischen Arbeit werden die Kräne in „Kranspielen" erprobt und Belastungsversuche durchgeführt.

49: Krankonstruktionen von Vier- bis Siebenjährigen. Ein frühes Stadium in der Entwicklung konstruktiven Gestaltens zeigt der linke Kran. Auf einer Grundplatte hat ein vierjähriges Mädchen einen Turm errichtet mit einem waagerechten Balken als Ausleger. Beim Kranspiel wird das Seil auf den Kranarm auf- und abgewickelt. Die funktional-konstruktive Struktur ist sehr einfach und entspricht den Denkmöglichkeiten des Kindes dieser Altersstufe. Die drei Arbeiten von Sechs- und Siebenjährigen zeigen in der zunehmenden Differenzierung der Konstruktionen einen weiteren Fortschritt in der Entwicklung des technischen Denkens. Die Funktion von Handkurbel und Welle ist entdeckt, der Kran erhält eine Winde und wird fahrbar gemacht. Während am fahrbaren Kran die Winde noch am Ende des Auslegers angebracht ist, wird beim dritten Modell das Förderseil bereits umgelenkt.
53: Im Vergleich zu den Kranlösungen auf Abb. 49 erreicht dieser Junge ein höheres Niveau im technischen Denken. Er bringt die Winde nicht am Ausleger, sondern am Fuß des Turms an, so daß der Kran von seiner Standfläche aus bedient werden kann. Das Förderseil wird mehrfach umgeleitet (Erfassen einer neuen räumlich-funktionalen Beziehung). Bemerkenswert ist auch die Denkleistung des Jungen im Statisch-Konstruktiven: Der Turm erhält eine zusätzliche Stütze, damit er bei größerer Belastung nicht nach vorn kippt.
50–52: Zeichnerische Darstellung selbstgebauter Kräne von Kindern des 1. Schuljahrs.
54, 55: Kräne, deren Türme über ein Zugmittel- und ein Zahnradgetriebe gedreht werden können. Beim fahrbaren Kran kann die Kurbel der Seilwinde durch einen verschiebbaren Baustein arretiert werden.
56: Fahrbarer Kran mit drehbarem Turm und beweglichem Ausleger. Da die Winde für das Auslegerseil auf der Grundplatte angebracht ist und sich nicht mitdreht, wird die Beweglichkeit des Turms erheblich eingeschränkt.

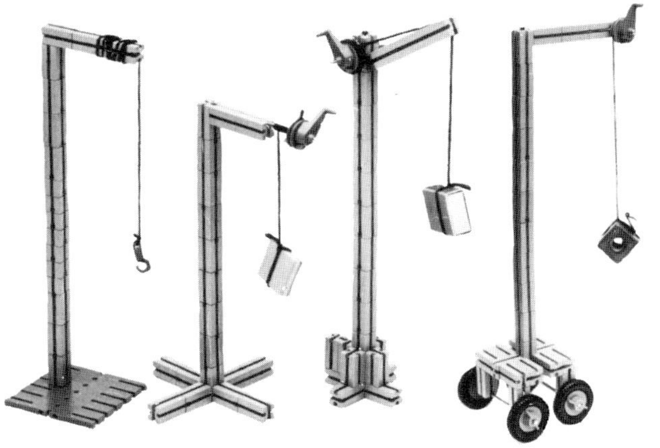

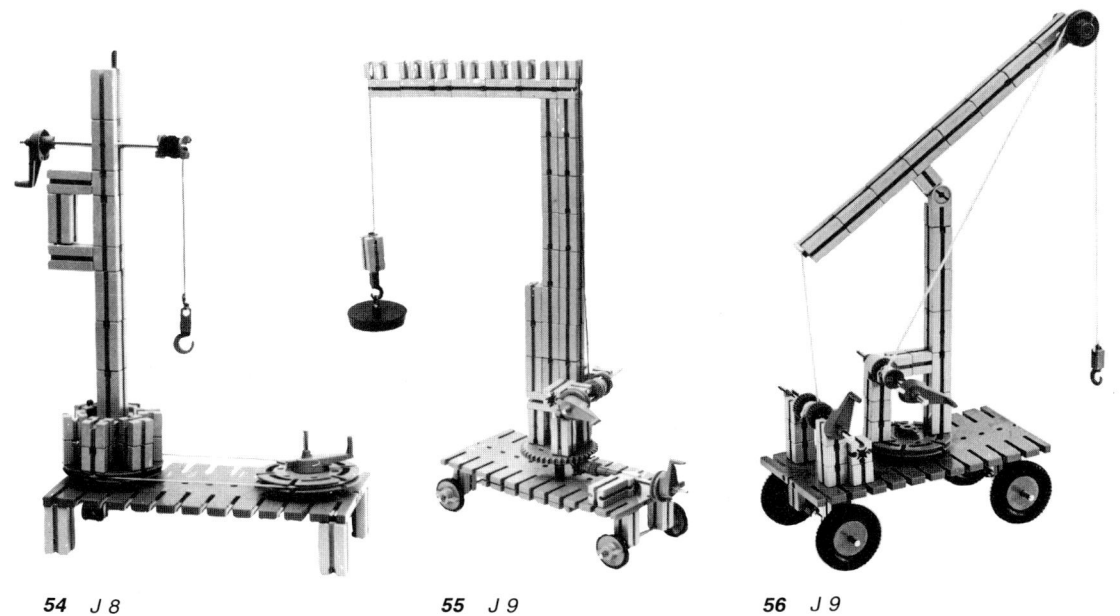

49 J, M 4–7

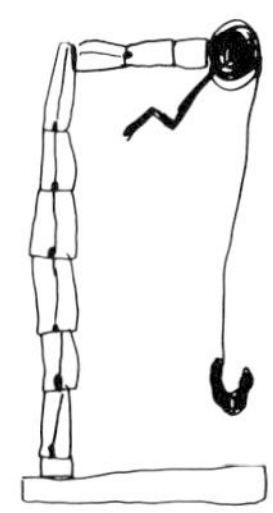

50 J 7 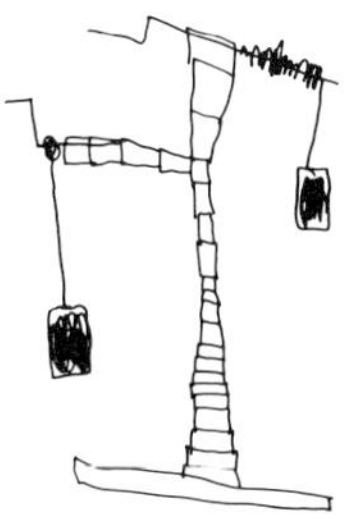 **51** M 7  **52** J 7

53 J 7

54 J 8 **55** J 9 **56** J 9

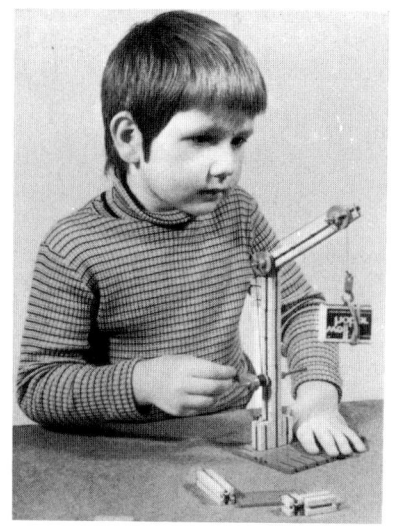

57 J 6

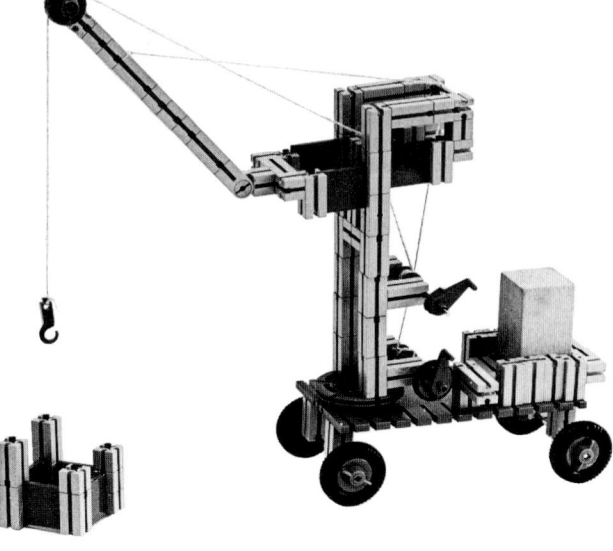

58 J 9

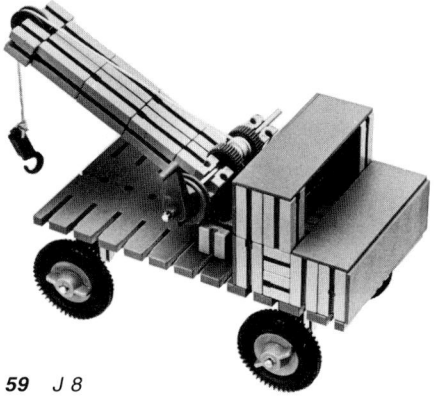

59 J 8

57: Die Funktion des fertigen Krans wird überprüft.
58: Ein Kranmodell, das die wichtigsten Funktionen erfüllt: Heben und Senken des Lastseils, Vor- und Zurückfahren, drehbarer Turm, verstellbarer Ausleger. Der Kran ist durch einen Holzklotz als Gegengewicht kippsicher gemacht.
59: „Abschleppwagen für Unfallautos".

M 2.3 Konstruktion von Seilbahnen

(ab 2. Schuljahr)

Lernvoraussetzungen: Spiele mit dem Zugmittelgetriebe, M 3.3
Lernziele: Die Schüler sollen
– eine einfache Seilbahn bauen, die Lasten in waagerechter oder schräger Ebene transportiert;
– die wichtigsten Bauteile wie Antriebsscheibe, Umlenkscheibe, Tragseil/Förderseil, Förderkorb und Gestell in ihren Funktionen erfassen und beschreiben;
– erkennen, daß die Bewegung durch das Seil nur übertragen wird, wenn das Seil gespannt ist bzw. die Reibung zwischen Scheibe und Seil entsprechend groß ist.
Erweiterung: Konstruktion von Seilbahnen aus Werkstoffen
Grundbegriffe: Seilbahn, Seil, Trag- und Förderseil, Seilscheiben, Antriebsscheibe, Umlenkscheibe, Reibung, Transport, Hin- und Rücktransport
Arbeitsmaterial: Bauelemente des fischertechnik Grundbaukastens u-t 1, dünner Bindfaden, Wollfaden; Styropor, Schachteln, Holzscheiben, Pappe, Nägel, Draht
Unterrichtshinweise: Seilbahnen werden von Kindern der Primarstufe im allgemeinen als

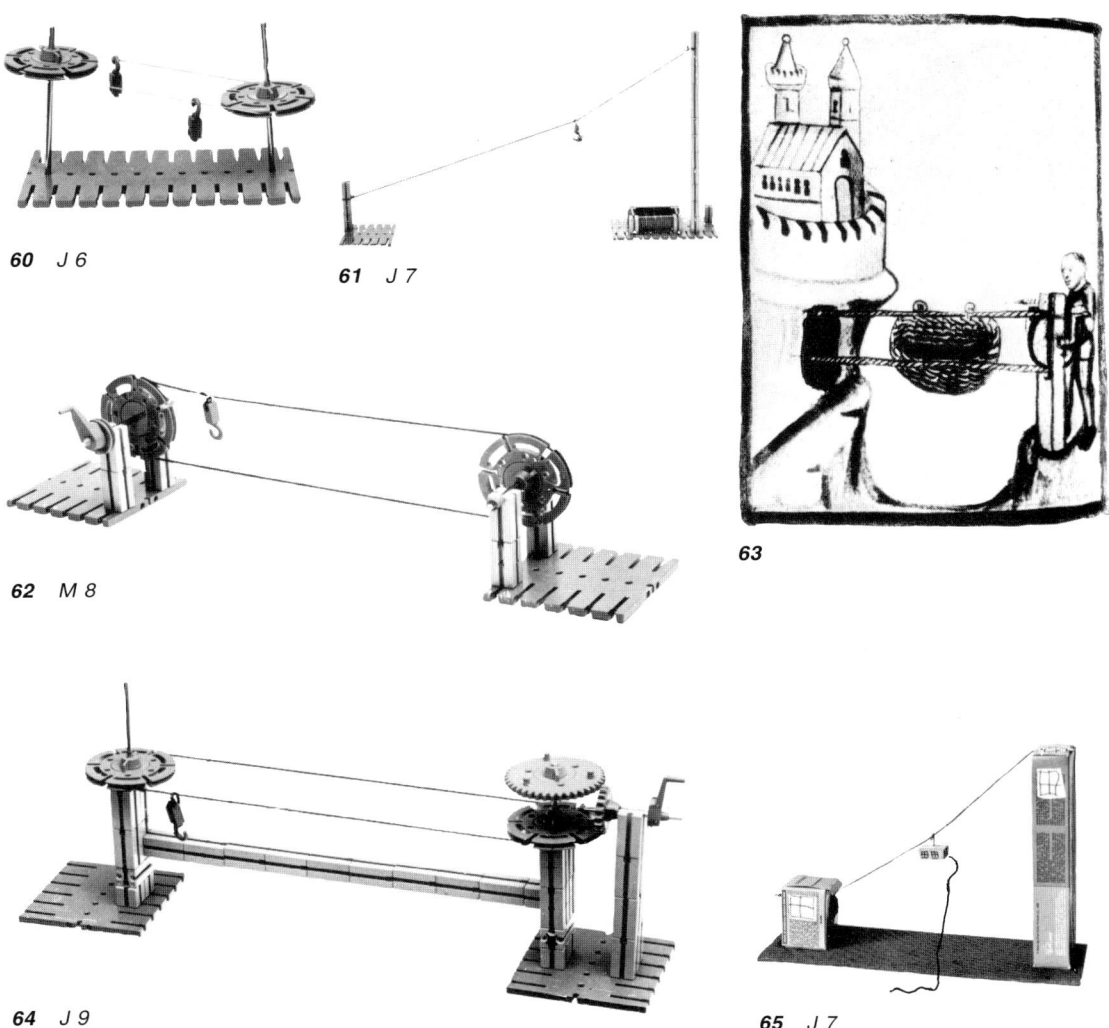

60 J 6

61 J 7

62 M 8

63

64 J 9

65 J 7

60: Aus dem Spiel mit dem Zugmittelgetriebe entstandene Seilbahn. Als Last dienen zwei Haken, die an einen Gummiring gehängt sind.

61: Seilrutsche. Die Last gleitet an einem Haken nach unten. Zwei unterschiedlich hohe Ständer bilden die „Berg-" und „Talstation". Der geneigte Transport von Lasten kann auch vom Tisch zum Fußboden erfolgen.

62: Seilbahn von Tisch zu Tisch. Die Stationen werden mit Schraubzwingen festgeklemmt (im Bild nicht dargestellt). Da die Seilscheiben senkrecht auf einer waagerechten Achse gelagert sind, ist nur eine Pendelbewegung möglich.

63: Seilschwebebahn über einen Burggraben aus dem Jahre 1411. Der konstruktive und funktionale Aufbau der historischen Maschine ist der gleiche wie beim Modell 62.

64: Seilbahn mit horizontal gelagerten Seilscheiben. Der mit einem Faden ans Förderseil gebundene Lasthaken wird um die Seilscheibe mit herumgenommen, so daß eine fast funktionierende Umlaufseilbahn zustande kommt. Die beiden Stützen sind durch einen waagerechten Balken verbunden, um das Seil zu spannen und das Gestell zu stabilisieren. Die Bahn wird über ein Untersetzungsgetriebe angetrieben.

65: Seilrutsche aus Pappschachteln. Die Kabine gleitet an einer Krampe am Seil nach unten und wird mit einem Faden nach oben gezogen.

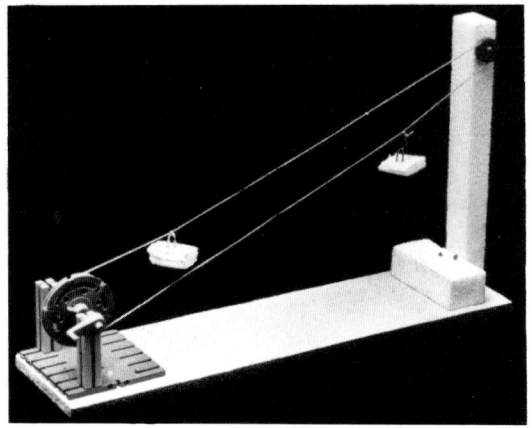

66 J 8

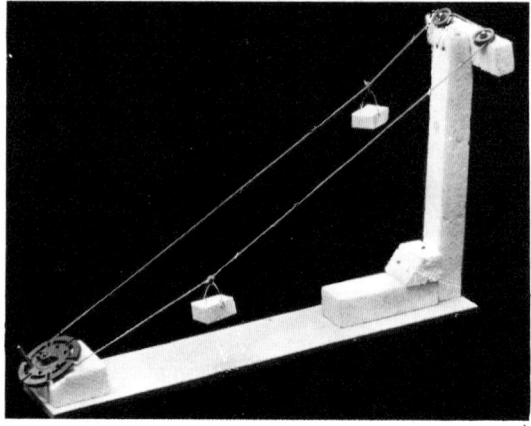

67 J 8

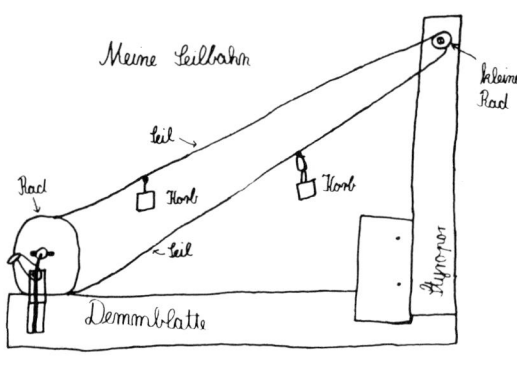

68 J 8

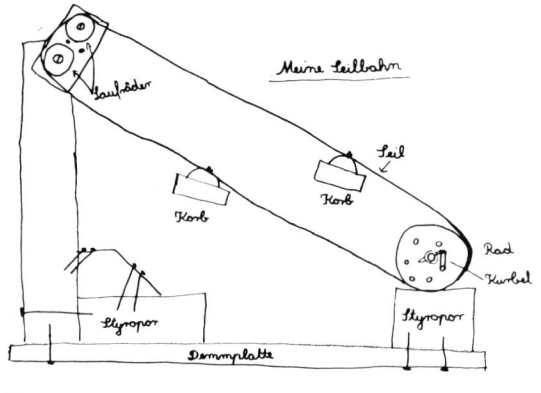

69 J 8

Einseilpendelbahnen gebaut. Der Bau von Umlaufbahnen mit stetiger Förderung durch ein endloses Seil ist konstruktiv auf dieser Stufe kaum zu lösen. – Die Motivation des Themas kann durch die Darstellung verschiedener Transportsituationen erfolgen. Beispiele: Von einer Talseite zur anderen soll Baumaterial befördert werden (der Zwischenraum zwischen zwei Tischen ist zu überbrücken). Lasten sollen vom Tal zum Berg befördert werden (Förderung vom Fußboden auf den Tisch). Die „Verankerung" beider Stationen kann durch Befestigung mit Schraubzwingen oder durch Beschweren erfolgen. – Die Bildbeispiele zeigen, daß der Entwicklungsgang beim Thema „Seilbahn" ähnlich verläuft wie beim Thema „Kran". Im Anfang wird das Transportproblem auf einfachste Weise gelöst, als „Rutsche" (61). Ein Entwicklungsfortschritt wird erreicht, wenn das Kind die Funktion der Seilscheibe entdeckt, was im allgemeinen im Zusammenhang mit dem Thema „Zugmittelgetriebe" geschieht. Jetzt kann die Last waagerecht oder schräg befördert und das Seil über Handkurbel und Welle angetrieben werden. Eine weitere Differenzierung erfolgt, wenn zwischen Antrieb und Antriebsscheibe ein Getriebe geschaltet wird (64).

66–69: Pendelseilbahnen aus Baukastenteilen und Werkstoffen. Die einfachere Konstruktionsform ist die senkrechte Lagerung der Seilscheiben (66). Bei der Seilbahn 67 müssen die Seilscheiben schräg gelagert und genau aufeinander ausgerichtet werden, damit das Seil nicht abspringt.

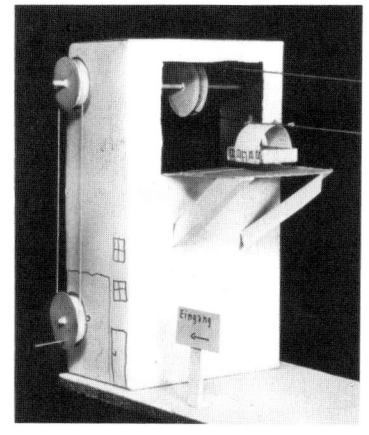
70 J 10

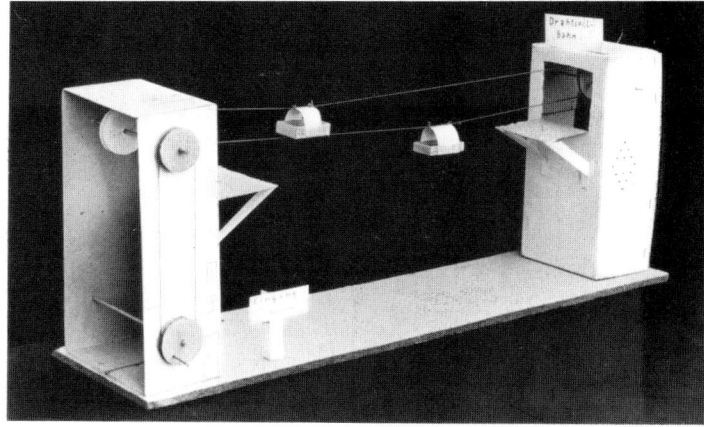
71 J 10

72 J 10

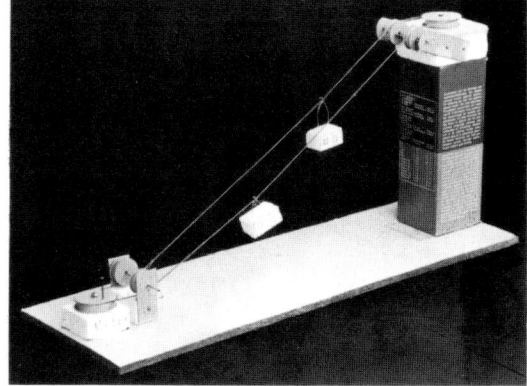
73 J 10

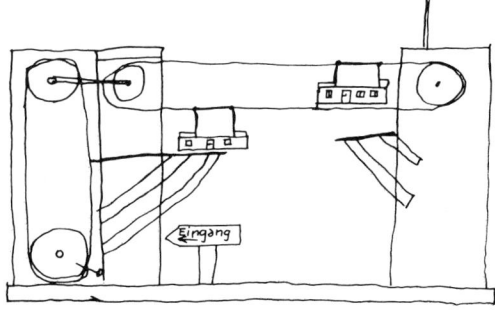
74 J 10

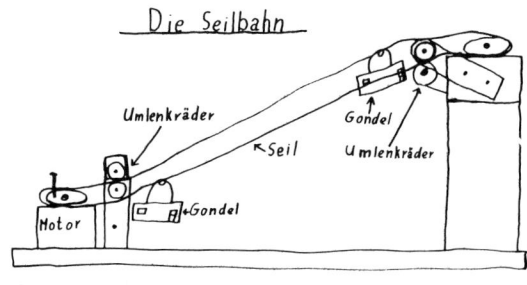
75 J 10

70, 71, 74: Personenseilschwebebahn aus Schuhschachteln, Holzscheiben, Rundstäben und Karton; montiert auf eine Dämmplatte. Der Antrieb erfolgt von der Standfläche über ein Zugmittelgetriebe.

72, 73, 75: Bergbahn mit waagerecht gelagerten Seilscheiben. Das Seil wird durch Führungsrollen in der Talstation aus der Horizontalen in die Schräge und in der Bergstation wieder in die Horizontale umgelenkt. Eine für einen Zehnjährigen beachtliche konstruktive Lösung.

M 3 Einfache Getriebe zum Weiterleiten von Drehbewegungen

Didaktische Hinweise

Gegenstand der Einheit M 3 sind elementare Probleme des Getriebes. Die Schüler sollen durch spielerisches Probieren und Erkunden, durch erfindende und nacherfindende Versuche sich mit grundlegenden Sachverhalten des Zahnrad- und Zugmittelgetriebes auseinandersetzen.

Während der Schüler in M 1 und M 2 den Aufbau einfacher Maschinen ohne Getriebe kennenlernt, so erfährt er jetzt, welche Funktion ein Getriebe innerhalb der Maschine ausübt. Als Unterrichtsinhalte werden Getriebeformen gewählt, die in Aufbau und Funktionsweise für den Schüler der Primarstufe durchschaubar sind und in seinem Erfahrungsbereich liegen. Beispiele: Kettentrieb an Fahrrad und Kett-Car, einfache Getriebe der Brotschneidemaschine, der Bohrmaschine und der Schleifmaschine.

Besondere Bedeutung erhalten in dieser Einheit Methoden des zielgerichteten Beobachtens, Vergleichens, des Erfassens und Beschreibens von Raum- und Zeitverhältnissen, des Messens und der Gebrauch von Zahlen. Diese Verfahren werden notwendig, um bewußter in die Sachproblematik einzudringen. Hierbei geht es im einzelnen um das Beobachten und Feststellen von Bewegungsrichtungen und Geschwindigkeiten, um das Erkennen von Kausalzusammenhängen (Umdrehungszahl-Zahnzahl-Raddurchmesser) und deren zahlenmäßiges Erfassen und um erste einfache Berechnungen. Die Entwicklung dieser Fähigkeiten vollzieht sich schrittweise und verläuft parallel zum Lernprozeß im mathematisch-geometrischen Lernbereich.

Sachinformation

Innerhalb der Maschine bilden die Übertragungselemente eine wichtige Baugruppe: das Getriebe. Es hat die Funktion, die von den Antriebselementen (Handkurbel, Motorwelle) ausgehende Bewegung auf die Arbeitselemente zu übertragen. Durch Getriebe können Drehbewegungen so umgewandelt werden, daß sich Drehrichtung und Drehzahl ändern oder daß aus einer drehenden Bewegung eine hin- und hergehende Bewegung entsteht.

Zahnradgetriebe: In seiner einfachsten Form besteht ein Zahnradgetriebe aus zwei Zahnrädern und zwei Wellen mit den dazugehörigen Lagern. Die Drehbewegung wird von der einen Welle auf die andere übertragen. Greifen zwei Zahnräder ineinander, so ändert sich beim zweiten Zahnrad die Drehrichtung. Bei drei zusammengeschalteten Zahnrädern wird die Änderung wieder aufgehoben. Die Drehzahl ändert sich bei unterschiedlicher Größe der Räder. Das Verhältnis der Drehzahlen zweier Wellen heißt Übersetzung. Man unterscheidet die gleichbleibende Übersetzung, die Übersetzung ins Schnelle und die Übersetzung ins Langsame. Liegen die Wellen eines Zahnradgetriebes parallel, so verwendet man sogenannte Stirnräder. Liegen sie rechtwinklig zueinander (Änderung der Drehebene), finden Kegelräder Verwendung.

Zugmittelgetriebe: Bei vielen Maschinen wird es notwendig, eine Drehbewegung über eine größere Entfernung weiterzuleiten. Man verwendet dazu Riemen- oder Kettengetriebe.

Ein einfaches Riemengetriebe besteht aus zwei Riemenscheiben und einem Riemen (Zugmittel), der auf beide Scheiben straff aufgespannt wird. Die Drehbewegung wird vom endlosen Riemen von der Antriebsscheibe auf die Abtriebsscheibe durch Reibungskräfte übertragen (kraftschlüssiges Getriebe). Beim offenen Riementrieb bleibt die Drehrichtung beider Räder gleich, beim gekreuzten Riementrieb wird sie umgekehrt.

Das Kettengetriebe besteht aus Zahnrädern, über die eine Kette läuft. Die Zähne der Räder greifen dabei formschlüssig in die Kettenglieder ein (formschlüssiges Getriebe).

76: Gleichbleibende Übersetzung (1:1). Antriebs- und Abtriebsrad haben die gleiche Drehzahl. Die Drehrichtung ist gegenläufig.
77: Übersetzung ins Schnelle (1:2). Das Antriebsrad hat 40 Zähne, das Abtriebsrad hat 20 Zähne. Die Drehrichtung ist gegenläufig.
78: Antriebsrad und Abtriebsrad haben die gleiche Drehrichtung und die gleiche Drehzahl.

79, 80: Offener und gekreuzter Riementrieb. Gleiche und entgegengesetzte Drehrichtung.
81: Übersetzung ins Langsame. Die Drehrichtung wird umgekehrt.

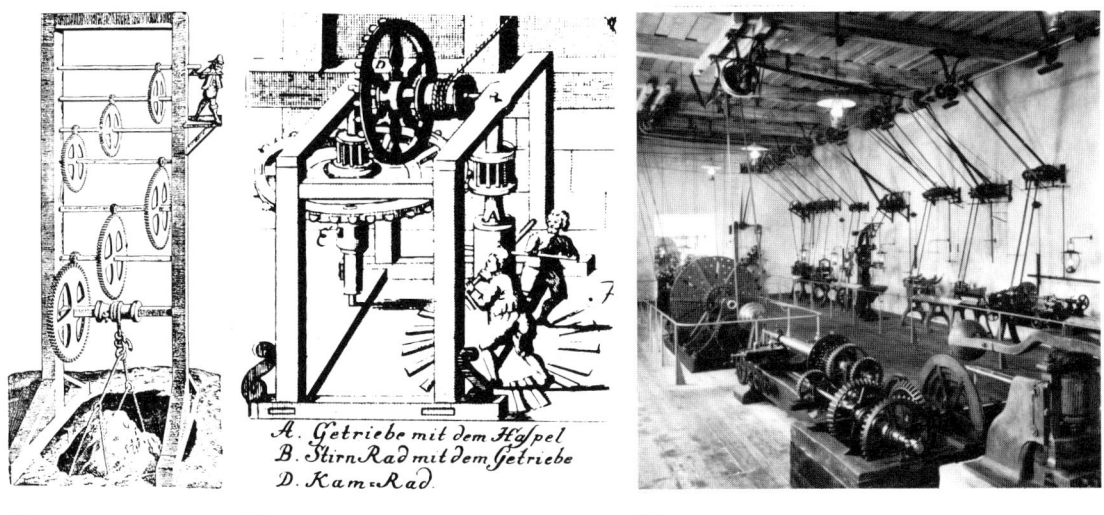

Historische Maschinen als Beispiele für Getriebeformen.
82: Sechsfache Zahnradwinde zum Heben schwerster Lasten. Gleiche Drehebene der Wellen. Getriebe mit Stirnrädern.
83: Haspel. Änderung der Drehebene durch Käfigrad und Kammrad als Vorläufer des Kegelrades.
84: Durch Riementrieb angetriebene Werkzeugmaschinen. Im Vordergrund Zahnradgetriebe mit Stirn- und Kegelrädern.

85 J 5, 6

86 M, J 5

M 3.1 Spiele mit dem Zahnradgetriebe

(ab Eingangsstufe)

Lernvoraussetzungen: Umgang mit Baukastenelementen.
Lernziele: Die Schüler sollen
– im spielerisch-probierenden Tun die Funktion von Zahnrädern als Mittel der Bewegungsübertragung kennenlernen;
– Spielmaschinen mit Zahnradgetriebe erfinden, ihre Wirkungsweise und ihre Teile beschreiben;
– die Maschinen aus der Vorstellung zeichnen.
Grundbegriffe: Zahnrad, Zahn, Handkurbel, Achse/Welle, drehen, kurbeln, Bewegung weiterleiten, treiben, Getriebe, ineinandergreifen

87 M 6

Arbeitsmaterial: Baukastenteile fischertechnik u-t 1
Unterrichtshinweise: Mögliche Aufgaben: „Wir probieren Zahnräder aus." „Ein Zahnrad soll mehrere andere Zahnräder drehen." „Wir bauen Zahnradmaschinen." – Aus Gründen der leichteren Montage sollten die Zahnräder im Anfang in der waagerechten Ebene angeordnet werden; die Achsen werden dabei senkrecht in die Bohrungen der Grundplatten gesteckt (Abb. 86).

85, 86: Das Spiel mit Zahnrädern vermittelt den Kindern erste Einsichten in das technische Prinzip der Bewegungsübertragung. Gleichzeitig werden Kommunikation und partnerschaftliches Arbeiten gefördert. – „Zahnradmaschinen", die zunächst in Einzelarbeit entstanden, werden zu „großen Maschinen" zusammengefügt. Die Übertragung der Bewegung über möglichst große Entfernungen steht im Mittelpunkt des kindlichen Interesses.
87: Eine für ein sechsjähriges Mädchen erstaunlich klare Sachzeichnung. Das Kind hat genau beobachtet und die eingreifenden Zähne des jeweils treibenden Rades gekennzeichnet.
88: „Karussellmaschine" – „Mein Karussell hat ein Dach, an dem die Stühlchen hängen."
89, 90: „Maschine mit einem Mühlrad".
91: Eine so relativ einfache Konstruktion funktioniert nur unter zwei Bedingungen: 1. Die Wellen müssen in der gleichen Höhe gelagert sein. 2. Die Wellen müssen mit Hilfe von Klemmbuchsen so exakt geführt werden, daß sich die Räder nicht seitlich aus der Verzahnung verschieben können.

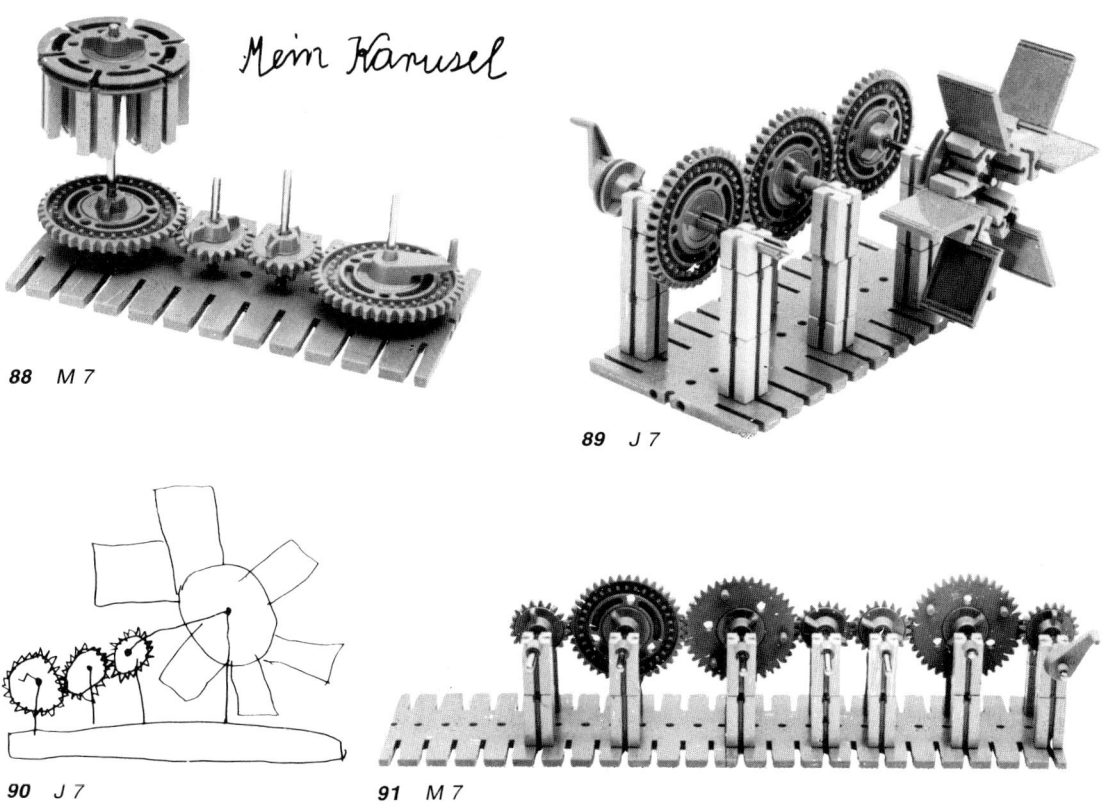

88 M 7

89 J 7

90 J 7

91 M 7

M 3.2 Versuche mit dem Zahnradgetriebe
(ab 2. Schuljahr)

Lernvoraussetzungen: M 3.1
Lernziele: Die Schüler sollen
- in kleinen Konstruktionsaufgaben und Versuchen elementare Prinzipien und Gesetzmäßigkeiten des Zahnradgetriebes entdecken und erschließen;
- erkennen, daß bei zwei ineinandergreifenden Zahnrädern die Drehrichtung des getriebenen Rades entgegengesetzt ist;
- beobachten und feststellen, daß bei Zahnrädern unterschiedlicher Größe und Zahnzahl die Drehgeschwindigkeit sich ändert;
- Übersetzungen ins Schnelle und Langsame konstruieren und je nach Altersstufe rechnerisch durchdringen;
- die Getriebe zeichnerisch darstellen und die Drehrichtung markieren.

Grundbegriffe: Getriebe, Zahnradgetriebe, Drehrichtung, rechtsherum, linksherum, entgegengesetzt, schnell, langsam, Übersetzung ins Schnelle, Übersetzung ins Langsame, treibendes Rad, getriebenes Rad

Arbeitsmaterial: große und kleine Zahnräder, Radnaben, Wellen/Achsen, Handkurbel, Grundplatte, Klemmbuchsen, Karton

Unterrichtshinweise: Die Beobachtung und Untersuchung von Drehrichtung und Drehzahl läßt sich besser durchführen, wenn auf die Wellen ein Zeiger aus Karton aufgesteckt wird. Ersten einfachen Beobachtungen von Raum- und Zeitverhältnissen (linksherum, rechtsherum, schnell, langsam ...) folgt schrittweise ein immer genaueres Erfassen mit Hilfe der Zahl.

92 M 8

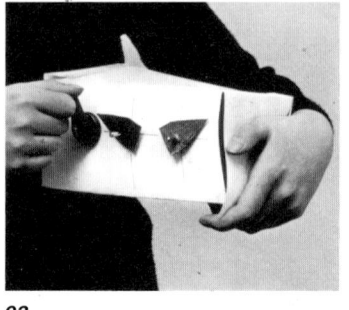
93

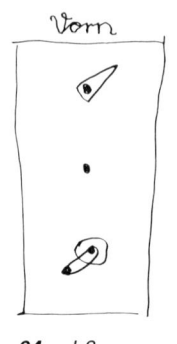
94 J 8

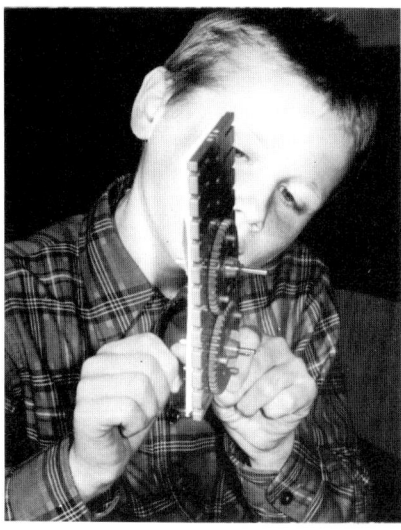
95 J 8

96 M 9

92: Die Drehrichtung von drei ineinandergreifenden Zahnrädern wird durch Pfeile markiert. Das Kind zeichnet in flächenhafter Darstellung die Zahnräder und die Grundplatte in ihrer prägnanten Ansicht.

93: Der Lehrer führt eine „Zeigermaschine" vor, deren Mechanismus nicht einsehbar ist (Motivation, Einstieg). Die Kinder sollen diese Maschine „nacherfinden" und eine Konstruktionsskizze anfertigen.

94: Eine „Zeigermaschine" mit Darstellung der Vorder- und Rückseite. Die Zahnräder sind auf der Grundplatte in waagerechter Ebene angeordnet.

95: Die Vorderseite der „Zeigermaschine" ist mit einem Karton abgedeckt, damit man das Getriebe auf der Rückseite nicht sieht. Interessiert beobachtet der Junge die Änderung der Drehrichtung. Technisches Denken entwickelt sich im Anfang in unmittelbarer Verbindung mit konkret-praktischem Tun.

96: Darstellung einer Übersetzung ins Langsame. Der Sachverhalt wird rechnerisch durchdrungen, Zahnzahl und Drehzahl werden in Beziehung gesetzt.

97, 100: Zahnradgetriebe mit doppelter Übersetzung. Die Anregung für diese Modellkonstruktionen ging von der Analyse eines demontierten Spielzeugauto-Motors aus (101). Die Abbildungen auf Seite 41 zeigen überdurchschnittliche Schülerleistungen, die nur von einem systematisch angelegten und kontinuierlich durchgeführten Technikunterricht zu erwarten sind.

98, 99, 102: Zeichnungen und Berichte aus Arbeitsheften von Schülern des 4. Schuljahres.

97 J 9

<u>Die Zahradmaschine</u>

Zahnrad A hat 20
   B " 40
   C " 20
   D " 40

Zahnrad B u. C sitzen
auf einer Welle.

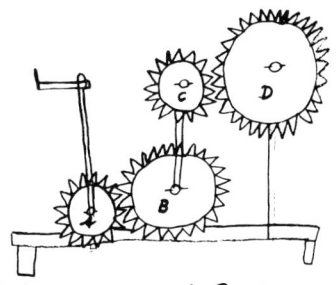

Zahnrad D läuft viel langsamer als Rad A. Wenn ich Rad A einmal drehe dreht sich Rad D ein viertelmal. Rad A dreht sich einmal Rad B ein halbesmal. Wenn sich Rad D einmal drehen soll, muß ich die Kurbel 4 mal drehen.

98 J 9

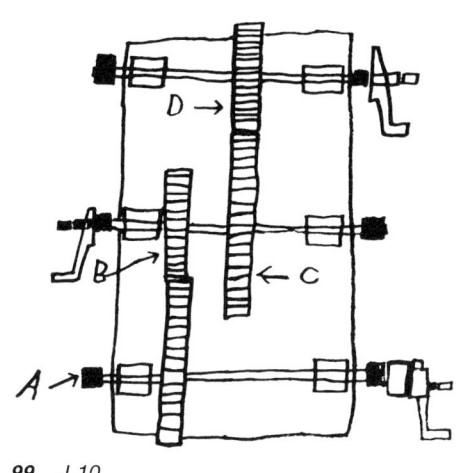

99 J 10

100 J 10

101

<u>Die Zahnradmaschine</u>

Meine Zahnradmaschine hat 4 Räder. 2 große und 2 kleine. Wenn ich das Rad A 1 mal drehe dreht sich das Rad B zweimal das Rad C dreht sich dann auch zweimal und das Rad D dreht sich dann 4 mal. Rad B und C drehen sich gleich weil sie auf einer Welle sitzen.

102 J 10

103 M 4

Meine Windmaschine

104 M 8

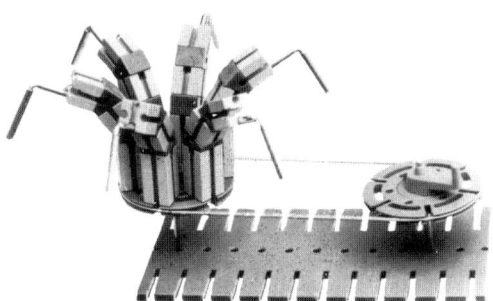

105 M 8

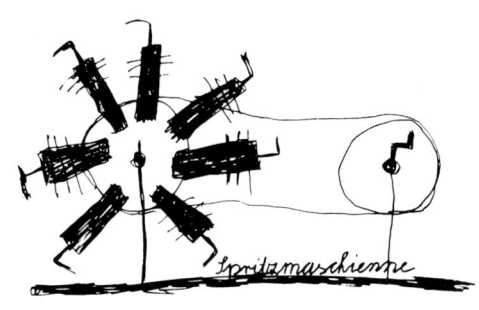

Spritzmaschine

106 M 8

M 3.3 Spiele mit dem Zugmittelgetriebe

(ab Eingangsstufe)

Lernvoraussetzungen: Umgang mit Baukastenelementen

Lernziele: Die Schüler sollen
- im freien probierenden Tun die Funktionsweise des Zugmittelgetriebes kennenlernen;
- erkennen, daß der Zugmitteltrieb ebenso wie der Zahnradtrieb die Funktion hat, Bewegungen weiterzuleiten;
- eine Spielmaschine mit Gummitrieb konstruieren;
- die Funktionen beschreiben, die Maschine zeichnen.

Grundbegriffe: Drehscheibe, Gummiring, Antriebsfeder, spannen, drehen, Bewegung fortleiten, übertragen, Riementrieb

Arbeitsmaterial: Drehscheibe, Handkurbel, Achsen, Grundplatte, Gummiring, Antriebsfeder, Bausteine

Unterrichtshinweise: Da das technische Problem „Übertragung einer Drehbewegung" das gleiche bleibt wie beim Zahnradtrieb, nur andere Mittel eingesetzt werden, ergeben sich für ein spielerisches Erkunden ähnliche Motivationsgrundlagen, Aufgabenstellungen und Themen wie bei M 3.1. Auch beim Zugmitteltrieb sollte zunächst die einfachere Montageform der senkrechten Lagerung der Wellen in der Grundplatte gewählt werden. Die Kinder erkennen als für sie markantesten Unterschied zum Zahnradtrieb, daß Drehbewegungen über eine große Distanz übertragen werden, ohne daß die Räder sich berühren. Die andersartigen Verhältnisse in der Drehrichtung werden meist erst im direkten Vergleich von Zahnradtrieb und Zugmitteltrieb erfaßt. Die Bedeutung der im kraftschlüssigen Getriebe wirkenden

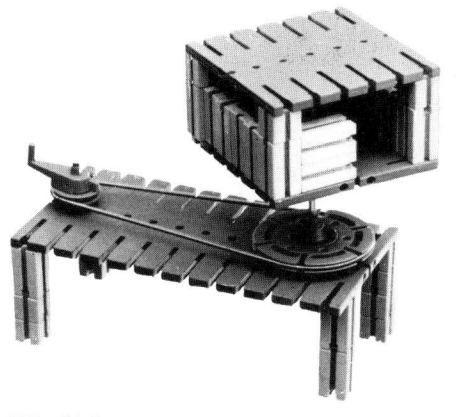

107 M 8

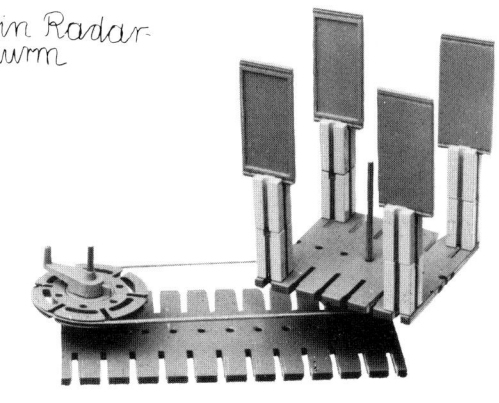

108 J 8

109 M 8

110 M 8

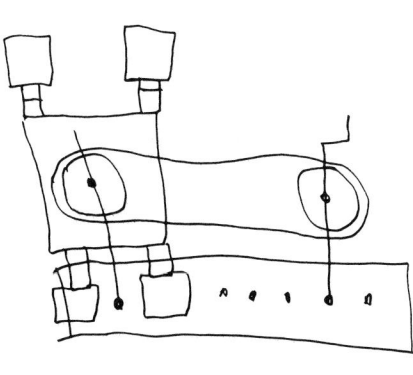

111 J 8

Reibungskräfte ist für das Kind nicht so leicht erkennbar, da durch Gummiring und Antriebsfeder die erforderliche Spannung des Zugmittels fast immer gegeben ist. Der Sachverhalt wird dem Kinde einsichtiger, wenn in einem Demonstrationsversuch die elastischen Zugmittel durch einen Bindfaden ersetzt werden.

Der Lehrer sollte sich bemühen, Bewegungsabläufe möglichst vielseitig erfassen zu lassen: motorisch, visuell, haptisch (im Nachgehen mit dem Finger auf der Tischplatte, als optische Bewegungsspur beim Zeichnen, als Fühlen bei geschlossenen Augen ...).

Als Schritt im Abstraktionsprozeß des technischen Denkens kann die Aufgabe angesehen werden, den Antrieb unsichtbar unter die Grundplatte zu verlegen.

103: „Alles-dreht-sich"-Maschine. Erste spielerische Auseinandersetzung eines Vierjährigen mit der Übertragung von Drehbewegungen.
105, 106: „Spritzmaschine" zum Rasensprengen.
107, 109: Drehbarer Aussichtsturm mit Getriebeübersetzung ins Langsame.

108, 111: „Radarturm" mit vier Antennen, der feststellen kann, „wenn ein Flugzeug kommt". Die zugehörige Zeichnung zeigt besonders deutlich, wie in kindgemäßer Weise die einzelnen Teile in ihrer charakteristischen Ansicht wiedergegeben und die verschiedenen Ansichten (Draufsicht, Seitenansicht) simultan dargestellt werden.

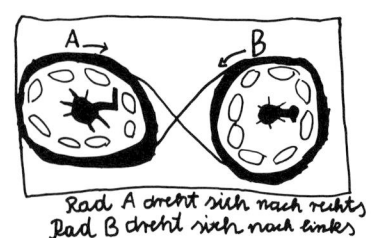
112 M 9

113 M 8

114 J 8

115 J 9

116 J 9–10

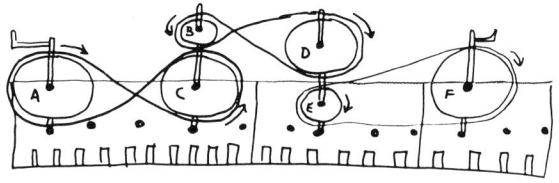
117 J 9

M 3.4 Versuche mit dem Zugmittelgetriebe
(ab 2. Schuljahr)

Lernvoraussetzungen: M 3.3
Lernziele: Die Schüler sollen

- in Versuchen und Konstruktionsaufgaben elementare Gesetzmäßigkeiten des Zugmittelgetriebes kennenlernen;
- erkennen, daß beim offenen Riementrieb die Drehrichtung gleich bleibt, beim gekreuzten Riementrieb umgekehrt wird;
- erkennen, daß bei unterschiedlich großen Drehscheiben eine Übersetzung ins Schnelle oder Langsame erfolgt;
- das Erkannte in Sprache und Zeichnung übersetzen und auf die technische Wirklichkeit übertragen.

Grundbegriffe: Riementrieb, offen, gekreuzt, rechtsherum, linksherum, entgegengesetzt, Drehscheibe, Durchmesser, Drehzahl, Übersetzung ins Langsame und Schnelle, zweifache Übersetzung

Arbeitsmaterial: Baukastenteile des fischertechnik u-t 1 Grundbaukastens

Unterrichtshinweise: Die Problemstellungen sollten möglichst in Themen eingekleidet werden. Zum Beispiel: „Zeigermaschinen", deren Zeiger sich gleich oder entgegengesetzt, langsamer oder schneller drehen; „Spielzeugkarussell"; „Plattenspieler" mit Übersetzung ins Schnelle oder Langsame. – Die Motivation kann auch hier von einem verdeckten Mechanismus ausgehen, der vom Lehrer vorgeführt wird. – Die ständige Überprüfung des Lernerfolgs ist für einen planmäßigen Unterricht unerläßlich. Bei dieser und ähnlichen Aufgaben könnten folgende Verfahren angewandt werden: 1. Anfertigung einer Stückliste

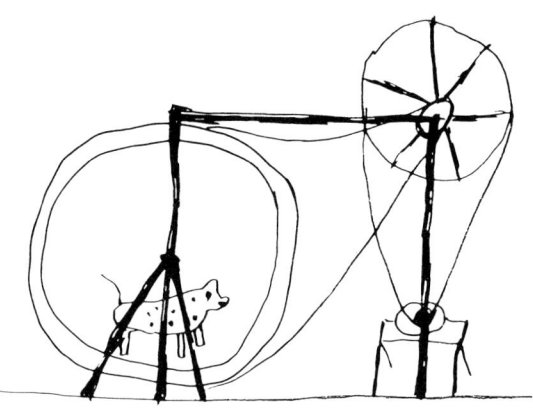

Der Hund läuft immerzu in dem Trettrad. Wie mein Goldhamster. Der Hund treibt die Schleifmaschine an. Das Schleifrad dreht sich ganz ganz schnell. Das sieht man wie die Riemen auf den Rädern liegen.

118 J 9

119

(113), 2. Ergänzen und Vervollständigen von Sachdarstellungen, 3. Informeller Test (120), 4. Berichtigung von Sachdarstellungen mit eingebauten Fehlern, 5. Analyse abgebildeter Maschinen und ihre zeichnerische Wiedergabe aus der Vorstellung (118).

112, 114: Zeichnungen von Modellen zur Beobachtung der Drehrichtung beim offenen und gekreuzten Riementrieb. Auf dem getriebenen Rad ist ein Zeiger aus Karton angebracht, um die Änderung von Drehrichtung und Geschwindigkeit besser erfassen zu können.

113: Stückliste als erste Stufe einer Vorausplanung und als Mittel der Lernkontrolle. „Zeichne und benenne die Teile, die du für dein Gummigetriebe benötigst!"

115: Dreifache Übersetzung ins Schnelle mit horizontal übereinander gelagerten Wellen. Die Aufgabe wurde als Wettbewerb motiviert: „Wer baut die komplizierteste Maschine?"

116, 117: Mehrstufiges Getriebe. Die Konstruktion entstand durch partnerschaftliches Arbeiten. Zwei Kinder sollten jeweils ihre in Einzelarbeit gebauten Maschinen zu einer großen zusammenbauen. Das Verfahren führt zwangsläufig zum mehrstufigen Getriebe.

118, 119: „Hundetretrad aus einer Nagelschmiede, 1885". Nach der Betrachtung im Lichtbild sollten die Schüler die Maschine aus der Vorstellung zeichnen und die Funktionsabläufe beschreiben.

120

120: Informeller Test zur Überprüfung des Lernerfolgs, vom Lehrer ausgearbeiteter und für die Hand des Kindes vervielfältigter Arbeitsbogen.
Zu 1: In welcher Richtung dreht sich Rad B? Kennzeichne die Richtung durch einen Pfeil!
Zu 2: In welcher Richtung dreht sich Rad B? Welches der beiden Räder dreht sich schneller?
Zu 3: In welcher Richtung dreht sich Rad B?
Zu 4: In welcher Richtung bewegt sich Rad B? Welches der beiden Räder dreht sich schneller?
Zu 5: In welcher Richtung dreht sich Rad D?

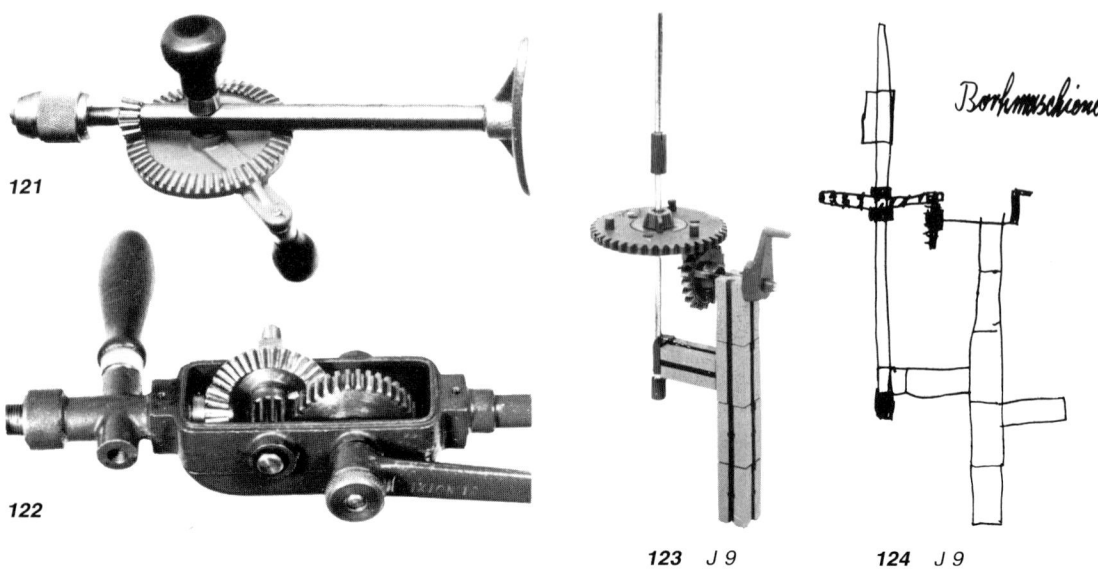

121

122

123 J 9   **124** J 9

M 3.5 Zahnradgetriebe mit unterschiedlicher Drehebene
(ab 4. Schuljahr)

Lernvoraussetzungen: M 3.1 und M 3.2
Lernziel 1 (Freie Versuche): Die Schüler sollen
- im konstruktiven Spiel das Zahnradgetriebe mit unterschiedlicher Drehebene kennenlernen;
- Spielmaschinen mit rechtwinklig zueinander gelagerten Zahnrädern bauen;
- erkennen, daß Drehbewegungen von der waagerechten in die senkrechte Ebene weitergeleitet werden können;
- den Sachverhalt beschreiben, die Maschinen zeichnerisch darstellen.

Lernziel 2 (Modellkonstruktion einer Handbohrmaschine): Die Schüler sollen
- die beim freien Konstruieren gewonnenen Einsichten auf die technische Wirklichkeit übertragen und eine Handbohrmaschine mit offenem Getriebe betrachten und analysieren;
- die Handbohrmaschine aus der Vorstellung modellhaft nachkonstruieren;
- das Prinzip der unterschiedlichen Drehebene und der Übersetzung ins Schnelle erfassen.

Grundbegriffe: Drehebene, rechtwinklig, senkrecht, waagerecht, Kegelzahnrad, Kegelradgetriebe, Handbohrmaschine
Arbeitsmaterial: kleine Zahnräder, große Zahnräder mit Innenverzahnung (evtl. auch Kegelzahnräder), Wellen/Achsen, Handkurbel, Bausteine, Grundplatte; Handbohrmaschine als Demonstrationsobjekt.

121: Handbohrmaschine mit offenem Getriebe und Übersetzung ins Schnelle. Antriebs- und Abtriebsmechanismus liegen im rechten Winkel zueinander (Änderung der Drehebene durch Kegelräder).
122: Handbohrmaschine mit verdecktem Getriebe – zweigängig umschaltbar durch Umstecken der Handkurbel. Der obere Teil des Gehäuses ist abgeschraubt. In der ersten Getriebe-Stufe Übersetzung ins Schnelle bei gleicher Drehebene, in der zweiten Stufe Änderung der Drehebene durch Kegelräder und nochmalige Übersetzung ins Schnelle.
123–125: Modellkonstruktionen von Bohrmaschinen mit Übersetzung ins Langsame und Schnelle.
126–129: Freie Spiele mit Zahnrädern, deren Drehebenen im rechten Winkel zueinander liegen.

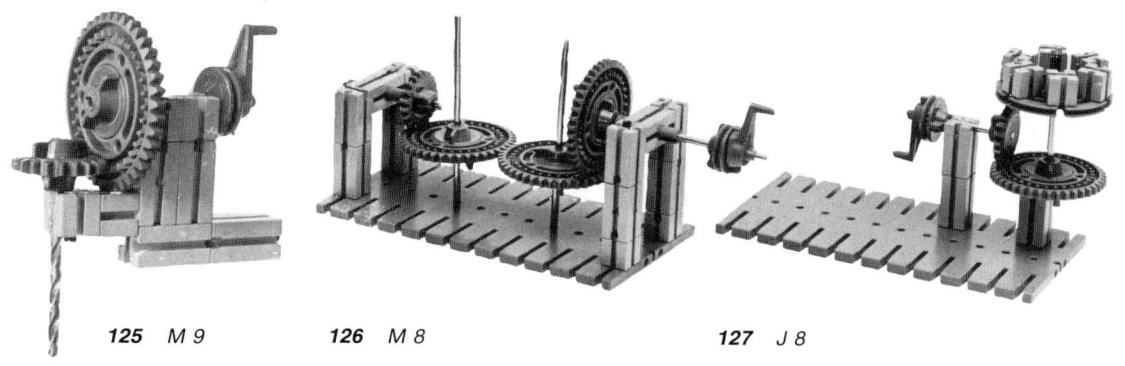

125 M 9   **126** M 8   **127** J 8

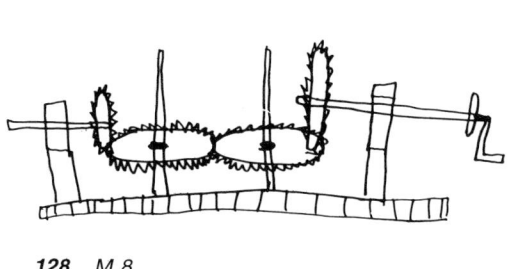

128 M 8

129 J 8

M 3.6 Kettentrieb am Fahrrad

(ab 4. Schuljahr)

Lernvoraussetzungen: M 3.1 bis M 3.4
Lernziel 1 (Freies Spiel mit dem Kettentrieb):
Die Schüler sollen
- im probierenden Tun die Funktionsweise des Kettentriebs kennenlernen;
- eine Kette über zwei Zahnräder (Kettenräder) spannen und die Räder mit Hilfe einer Handkurbel in Bewegung setzen;
- erkennen, daß der Kettentrieb Drehbewegungen über größere Entfernungen weiterleitet;
- eine Spielmaschine mit Kettentrieb bauen.

Lernziel 2 (Modellkonstruktion des Kettentriebs am Fahrrad): Die Schüler sollen
- den Kettentrieb des Fahrrads untersuchen, seine Teile benennen und seine Wirkungsweise erfassen;
- das Kettengetriebe mit Baukastenteilen modellhaft nachkonstruieren;
- die Drehzahlverhältnisse im Kettengetriebe des Fahrrads zahlenmäßig erfassen und rechnerisch durchdringen.

Erweiterung: Die Gangschaltung am Fahrrad
Grundbegriffe: Kettentrieb, Kette, Kettenrad (Zahnrad), Übersetzung, Gang, Gangschaltung
Arbeitsmaterial: Grundkasten u-t 1, Kettenglieder

130 J, M 9

131 J, M 9

132

133

A hat 40 Zähne, B hat 20 Zähne, C hat 30 Zähne. Wenn ich Rad A 1x drehe, dreht sich Rad B 2x. Wenn ich die Kette auf Rad C lege, brauche ich das Spannrad nicht. Rad C dreht sich langsamer als B. Rad A dreht sich 3x, Rad C 4x. Wenn ich den Berg hoch fahre, muß ich den Gang auf Rad C schalten.

Unterrichtshinweise: Bild- und Anschauungsmaterial, das Einblicke in die geschichtliche Entwicklung einer Maschine gewährt, sollte, wo immer möglich, zur Sacherhellung herangezogen werden. Der Werdegang einer Maschine wird am Beispiel des Fahrrades durch das Interesse und die Gefühlsbindung des Kindes und die leicht durchschaubare Sachstruktur besonders instruktiv. – Zur besseren Veranschaulichung wird bei der Modellkonstruktion des Kettentriebs am Fahrrad das Hinterrad durch eine Kartonscheibe dargestellt. – Bei der Konstruktion der Gangschaltung wird zusätzlich zu beiden Zahnradgrößen aus dem Lernbaukasten u-t 1 noch ein Zahnrad mit 30 Zähnen aus dem Baukasten u-t 2 verwendet.

130: Die Einsichten, die der Schüler bei der Baukastenarbeit gewonnen hat, werden auf die Wirklichkeit übertragen. Am Kinderfahrrad werden folgende Fragen durch Beobachtung und Versuch geklärt: 1. Wieviel Umdrehungen führt das kleine Kettenrad aus, wenn die Tretkurbel einmal herumgedreht wird? 2. Wieviel Zähne haben Rad A (vorderes Kettenrad) und Rad B (hinteres Kettenrad)? Wie ist das Übersetzungsverhältnis? 3. Welchen Umfang hat das Hinterrad und welche Strecke legt es bei einer Umdrehung zurück?

131: Messungen auf dem Schulhof: 1. Das Fahrrad wird so weit geschoben, bis das Hinterrad eine Umdrehung zurückgelegt hat (je nach Radgröße 1,30 bis 1,50 m). 2. Die Tretkurbel wird einmal gedreht und die zurückgelegte Strecke gemessen. Eine Umdrehung der Tretkurbel bewirkt je nach Übersetzung zwei bis vier Umdrehungen des Hinterrades. 3. Mit dem Fahrrad werden bestimmte Strecken (50 m,

134 M 6 *135*

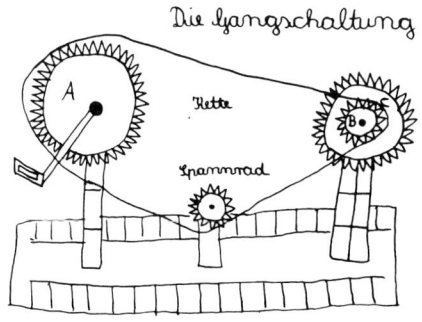

136 J 10 *137* *138*

100 m) zurückgelegt und die Umdrehungen der Tretkurbel gezählt. 4. Größere Strecken werden gemessen, indem die Umdrehungen der Tretkurbel gezählt und in Meter umgerechnet werden. 5. Die für bestimmte Entfernungen (100 m, 200 m) erforderlichen Tretumdrehungen werden berechnet und erprobt.

132: Modellhafte Konstruktion eines Kettentriebs mit zwei Gängen. Auf der Welle des Hinterrades sind zwei Zahnräder mit unterschiedlicher Zahnzahl befestigt. Zum Spannen der Kette im kleinen Gang hat der Schüler noch ein „Spannrad" angebracht.

133, 136: Der Sachverhalt wird durch Verbalisieren, Messen und Zeichnen bewußt gemacht.

134: „Ich fahre mit meinem Fahrrad". Die reizvolle freie graphische Darstellung zeigt unter technischem Aspekt betrachtet, daß einige Funktionen des Fahrrades klar erfaßt wurden: die zwei Tretkurbeln als Antrieb, das Antriebskettenrad, die Kette, die hier in subjektiver Deutung die Bewegung sowohl auf das Vorderrad als auch auf das Hinterrad überträgt, die Speichenräder, der Sattel, der auf der Hinterachse ruht, und die bewegliche Lenkstange.

135: Spottbild zur Einführung der Laufmaschine in der Zeit um 1817. Das Bild zeigt den Kindern in amüsanter Weise, mit welchen Vorbehalten man dieser „neumodischen Erfindung" begegnete.

137: Die hölzerne Laufmaschine des Freiherrn von Drais, 1817. Das Fahren mit der „Draisine" erfolgte durch Abstoßen mit den Füßen vom Erdboden. Von Drais schaffte die Strecke von Mannheim bis Schwetzingen und zurück in einer Stunde, während die Postkutsche damals noch vier Stunden für den gleichen Weg benötigte.

138: Der Franzose Michaux vergrößerte die Räder zu einem Hochrad, um ein schnelleres Fahren zu ermöglichen. An dem Vorderrad brachte er Tretkurbeln mit Pedalen an, um das lästige Abstoßen vom Erdboden zu vermeiden.

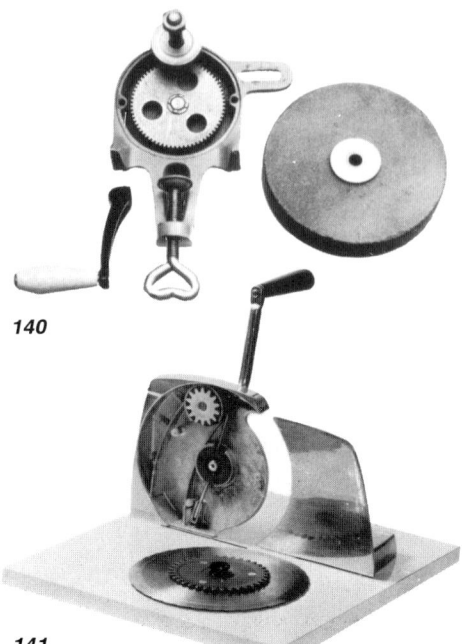

140

141

139

M 3.7 Maschinen mit Übersetzung ins Langsame und Schnelle

(ab 4. Schuljahr)

Lernvoraussetzungen: M 3.1 bis M 3.5
Lernziel 1 (Brotschneidemaschine): Die Schüler sollen
- eine handbetriebene Brotschneidemaschine modellhaft nachkonstruieren;
- den Lösungsweg planen, indem sie eine Brotschneidemaschine mit verdecktem Getriebe beobachten und auf Drehrichtung und Drehgeschwindigkeit untersuchen;
- aus Baukastenteilen das Getriebe mit der Übersetzung ins Langsame konstruieren und das Übersetzungsverhältnis aus Dreh- und Zahnzahl berechnen;
- die Brotschneidemaschine demontieren, die Getriebefunktion untersuchen und mit den Modellkonstruktionen vergleichen.

Lernziel 2 (Schleifmaschine): Die Schüler sollen
- das vereinfachte Modell einer handbetriebenen Schleifmaschine mit Übersetzung ins Schnelle konstruieren;
- eine Schleifmaschine beobachten und die Bedingungen klären, unter denen die Konstruktion durchzuführen ist;

139, 141, 146: Thema „Brotschneidemaschine". Die Betrachtung der Maschine ist Ausgangspunkt und Anlaß für das konkret-praktische Tun. Die Drehrichtung und die Drehgeschwindigkeit werden festgestellt. In der Phase der praktischen Erarbeitung wird das Getriebe mit der Übersetzung ins Langsame modellhaft nachkonstruiert. Zum Abschluß werden die eigenen Lösungen mit dem Getriebe der Maschine verglichen.
140: Demontierte Schleifmaschine.
142: Demonstrationsmodell einer Schleifmaschine aus Baukastenteilen und einer wirklichen Schleif-

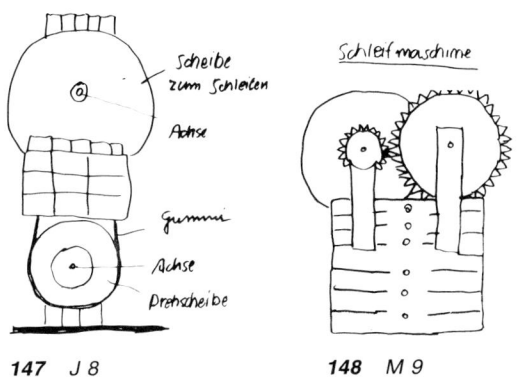

142

143 J 9

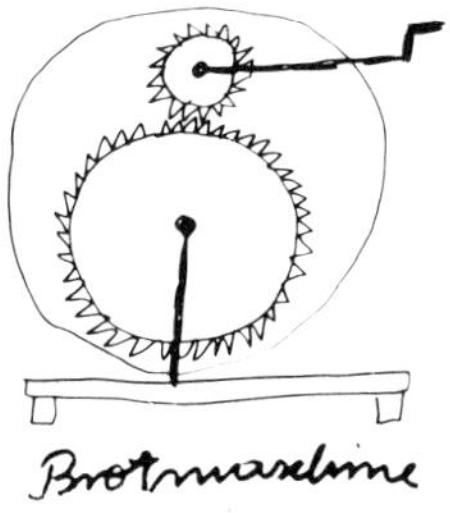

145

146 M 9

144 J 9

– das Übersetzungsverhältnis der Modelle feststellen und mit dem Getriebe der Schleifmaschine vergleichen.
Grundbegriffe: Brotschneidemaschine, Schleifmaschine, Messerscheibe, Schleifscheibe, Übersetzung ins Langsame, Übersetzung ins Schnelle, Zahnradgetriebe
Arbeitsmaterial: Baukastenteile u-t 1
Unterrichtshinweise: Zur besseren Veranschaulichung werden Messerscheibe und Schleifscheibe aus Karton dargestellt (143, 144). Zur Beobachtung von Drehzahl und -richtung wird die Messer- bzw. Schleifscheibe mit einer Markierung versehen (Kreide, Klebestreifen).

147 J 8

148 M 9

scheibe. Das Modell ist begrenzt funktionstüchtig.
143, 144, 147, 148: Thema „Schleifmaschine". Technisches Problem: Übersetzung ins Schnelle. In der Lernausgangssituation wird eine Schleifmaschine vorgeführt und ihre Drehrichtung und -geschwindigkeit beobachtet.

144: Modell, bei dem die Übersetzung mit einem Zugmittel erfolgt. Auch solche eigenwilligen Konstruktionen werden als Lösung der Problemstellung akzeptiert.
145: Handmixer mit Planetengetriebe; Übersetzung ins Schnelle.

149 M 8

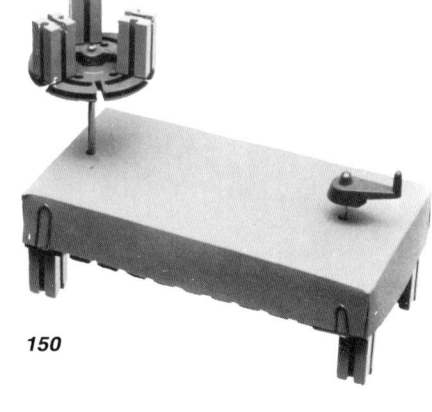

150

M 3.8 Zeichnerische Darstellung von Getriebefunktionen

(3. Schuljahr)

Die Bedeutung, die die Symbolsprache des Zeichnens für die Ausbildung des technischen Denkens hat, wird an einem Versuch dargestellt, der mit 8jährigen Kindern zu Beginn eines 3. Schuljahres durchgeführt wurde und dessen Ergebnisse hier abgebildet sind. Dem Versuch lag folgende Fragestellung zugrunde: In welchem Maße sind Kinder, die vom 1. Schuljahr an einen kontinuierlichen Technikunterricht erhielten, in der Lage, eine technische Problemaufgabe denkerisch symbolhaft im Medium der Zeichnung zu lösen? Die Werkgruppe, die aus 18 Schülern im Alter von 8;2 bis 8;10 Jahren bestand (10 Mädchen und 8 Jungen), war durch ihren bisherigen Unterricht gewohnt, technische Probleme selbständig zu lösen und Zeichnungen von ihren hergestellten Arbeiten anzufertigen. Das Zeichnen wurde allerdings nicht in der Planungs-

phase, sondern nur in der Auswertungs- und Transferphase eingesetzt.
Zu Beginn führte der Unterrichtende eine „Karussellmaschine" mit einem verdeckten Getriebemechanismus vor, wie sie Abb. 150 zeigt. Die Kinder wurden dazu angeregt, sich das Innere der Maschine vorzustellen und sie ohne Gehäuse zu zeichnen. Sie zeigten sich für die Aufgabe motiviert, da sie bei der Lösung des Problems auf früher gemachte Erfahrungen mit dem Zahnrad- und Riemengetriebe zurückgreifen konnten.
Die folgende Untersuchung der Kinderzeichnungen wird unter drei Kategorien vorgenommen: der Bewegungserfassung, der Formerfassung und der Raumerfassung. Diese Kategorien entsprechen nach Herbert Freyberg den Komponenten des technischen Denkens (Die technische Intelligenz, Aachen 1972).
1. Erfassen des Bewegungsvorgangs: Das Problem der Übertragung und Weiterleitung der Bewegung von der Antriebskurbel bis zur Drehscheibe wird von den Schülern unterschiedlich gelöst. Insgesamt können zwei

149: Bau eines Karussells mit Riementrieb. Das in der praktischen Auseinandersetzung mit Zahnrad- und Zugmitteltrieb gewonnene Vorwissen bildet die Voraussetzung für die in diesem Unterrichtsbeispiel dargestellte Aufgabe.

150: „Karussell" mit verdecktem Übertragungsmechanismus. Das nicht einsehbare Getriebe soll von den Kindern aus der Vorstellung gezeichnet werden. Die Bewegungsübertragung erfolgt durch vier Zahnräder, so daß der Abtrieb sich entgegengesetzt zur Handkurbel dreht.

151   M 8

152   M 8

153   M 8

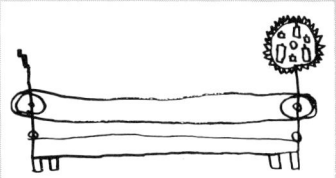
154   M 8

155   J 8

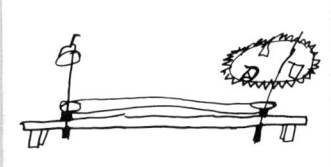
156   M 8

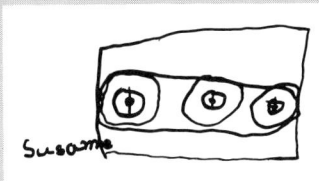
157   M 8

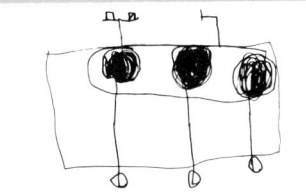
158   J 8

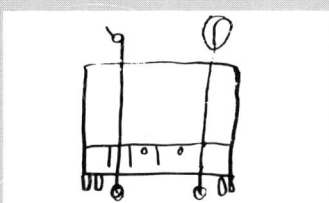
159   M 8

160   J 7

161   J 8

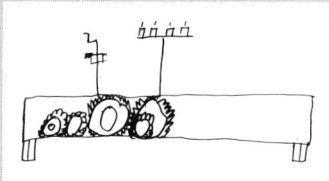
162   J 8

163   J 8

164   M 8

165   M 8

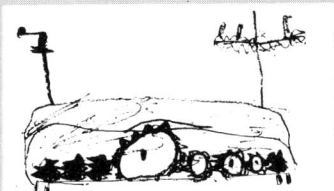
166   J 8

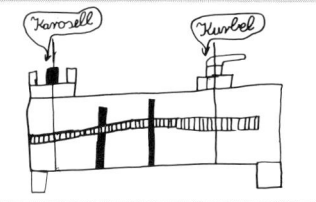
167   J 8

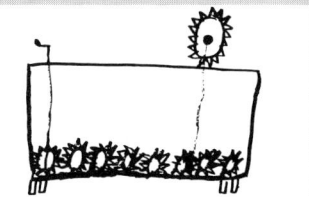
168   M 8

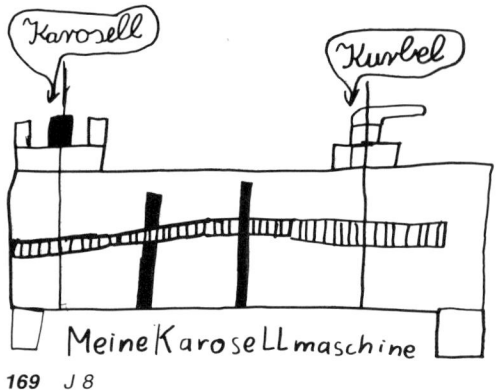

169 J 8

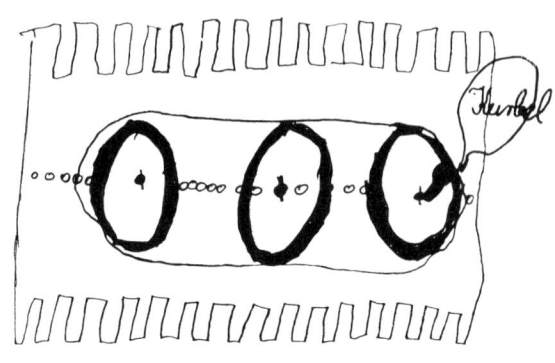

170 J 8

Gruppen von Lösungsvorschlägen festgestellt werden: a) die Bewegung wird mit Hilfe eines Zugmittels weitergeleitet b) die Bewegung wird mit Zahnrädern übertragen. Für den ersten Lösungsweg entschieden sich zehn Schüler (151–160), für den zweiten acht Schüler (161–168). Da das Versuchsmodell beide Möglichkeiten zuläßt, können beide Lösungsvorschläge akzeptiert werden. Innerhalb der Gruppen gibt es nun Ganzlösungen und Teillösungen. Bei der Gruppe, die das Zugmittelgetriebe wählte, fehlt die Umwandlung der Bewegungsrichtung, da bei dem Versuchsmodell die Abtriebsscheibe sich gegenläufig dreht. Bei der Gruppe, die das Zahnradgetriebe wählte, weisen vier Lösungen (161, 163, 164, 167) in eindeutiger Weise die Änderung der Drehrichtung auf. Alle anderen Lösungen beschränken sich nur auf das Prinzip der Übertragung durch Zahnräder.

2. Erfassen der Form und des Formzusammenhangs: Die einzelnen Lösungen zeigen unter diesem Aspekt ein unterschiedliches Niveau. Die Variationsbreite reicht von der einfachen undifferenzierten Zeichnung auf Abb. 165 bis zu der sehr differenzierten auf Abb. 167. Mangelnde Form- bzw. Funktionserfassung finden wir bei Abb. 151: Fehlen der Drehscheibe zur Übertragung der Bewegung, unklare Zeichnung des Zugmittels; Abb. 153: Fehlen der Drehscheibe; Abb. 158: Antriebskurbel ohne Funktionszusammenhang mit den dargestellten Wellen. Abb. 162: Unklarheiten in der Verbindung von Getriebe, Antriebs- und Abtriebsmechanismus.

3. Erfassen der räumlichen Gegebenheiten: Bei der Analyse der kindlichen Raumdarstellung fällt auf, daß verschiedene Ansichten gemischt werden (Kombination von Aufriß und Grundrißzeichnung). Die simultane Darstellung von nicht gleichzeitig sichtbaren Ansichten ist dadurch zu erklären, daß das Kind das Wesentliche erfassen und sichtbar machen will. So sind z. B. die Grundplatten der Modelle sowohl in der Draufsicht als auch von der Seite gezeichnet. Die Drehscheiben und die Zahnräder werden überwiegend von ihrer aussagekräftigsten Seite, also von oben, dargestellt. Eine Ausnahme bildet die Zeichnung Abb. 167, die in ihrer konsequenten Seitenansicht eine erstaunlich hohe symbolische Abstrahierung darstellt.

Zusammenfassung der Ergebnisse: Der Versuch zeigt, daß Kinder eines 3. Schuljahres in der Lage sind, eine technische Konstruktionsaufgabe vorausplanend mit zeichnerischen Mitteln zu lösen, zumindest Teillösungen zu finden. Vorausgegangene Lernprozesse haben ihr technisches Denken so weit entwickelt, daß sie fähig sind, sich von den konkreten Gegenständen zu lösen und mit ihnen in der Vorstellung denkend zu operieren (Denken als verinnerlichtes Handeln, Periode der konkreten Operationen, Piaget).

169, 170: Aus dem Klassendurchschnitt weit herausragende Leistung eines Achtjährigen. Der Junge hat beide konstruktiven Möglichkeiten gefunden und die Getriebe ganz im Sinne der technischen Zeichnung als Aufriß (Zahnradgetriebe) und Grundriß (Zugmittelgetriebe) dargestellt.

M 4 Drehbar gelagerte Hebel

Didaktische Hinweise
In der Einheit M 4 wird die praktische Anwendung des Hebels in technischen Einrichtungen behandelt. Im Mittelpunkt stehen hierbei technisch-funktionale und technisch-konstruktive Probleme. Diese Akzentuierung des technischen Aspekts schließt jedoch die Behandlung physikalischer Fragestellungen nicht aus. So weit sich die Möglichkeit und Notwendigkeit ergibt, werden physikalische Momente in das Lerngeschehen miteinbezogen.
Die Einheit umfaßt einfache und komplexere Themenstellungen. Die Auseinandersetzung mit dem Hebel beginnt in der Eingangsstufe in spielerischer Form und wird in einer Aufgabenfolge mit wachsendem Schwierigkeitsgrad bis zum vierten Schuljahr weitergeführt. Die Thematisierung des Hebels erfolgt an technischen Erscheinungen aus der Spielwelt des Kindes und seiner weiteren Umwelt. Die erste Aufgabe macht das Kind im freien und gelenkten Spiel allgemein mit konstruktiven und funktionalen Problemen bekannt. In der folgenden Aufgabe lernt es beim Bau von Karussell und Schaukel den zweiarmigen Hebel und das Pendel kennen. Das dritte Thema befaßt sich mit Wippe und Waage. In Gleichgewichtsspielen mit gleichen und ungleichen Gewichten gewinnt das Kind erste Einsichten in die wechselseitige Abhängigkeit von Gewicht und Hebellänge. Das vierte Thema behandelt am Beispiel von Hampelmann, Schranke und Signal die Bedienung des Hebels durch Seilzug.
Wichtig ist, daß der Grundschüler die vielfältige Anwendung des Hebels in Werkzeug, Gerät und Maschine erfährt und in der Vielzahl der Erscheinungsformen das allgemeine Wirkungsprinzip wiedererkennt. Für diesen Erkenntnisprozeß haben neben dem praktisch-konstruktiven Tun die sprachliche und zeichnerische Darstellung eine wichtige Funktion.

Sachinformation
Der Hebel ist eine der ältesten „Maschinen" und zugleich das am häufigsten verwendete Bauteil der Technik. Ein Hebel ist eine starre Stange, die sich um einen Punkt dreht. Diesen Punkt nennt man Drehpunkt. Der Hebel ist im Gleichgewicht, wenn die rechtsdrehenden Momente gleich den linksdrehenden Momenten sind. Ein drehendes Moment ist das Produkt aus Kraft und Abstand vom Drehpunkt (Hebelarm). Es gibt ein- und zweiseitige Hebel. Beim einseitigen Hebel greifen die Kräfte auf derselben Seite, beim zweiseitgen Hebel auf verschiedenen Seiten an. Man unterscheidet: a) gleicharmige Hebel bei gleich großen Kräften und gleichen Hebelarmen, b) ungleicharmige Hebel bei ungleichen Kräften und ungleichen Hebelarmen. Unter kinematischem Aspekt führt der Hebel Kreisbewegungen und winkelbegrenzte Bewegungen aus. Der Hebel ist in folgenden dem Kinde bekannten Werkzeugen und Geräten zu finden: als zweiseitiger Hebel bei Zangen (Flach-, Rund-, Kneifzangen), bei Scheren (Papier-und Blechscheren), bei Waage und Wippe, bei Eisenbahnsignal und Eisenbahnschranke; als einseitiger Hebel bei Schraubenschlüssel, bei Handkurbel und Tretkurbel des Fahrrades, bei Flaschenöffner, Türklinke, Nußknacker, Pinzette.

Fachübergreifende Aspekte
Thema „Spielplatz", Spielplatzsituationen; Spiel an der Wippe; Formen des Umgangs mit dem Gerät; Konfliktsituationen; Spielplatzgestaltung durch die Kinder, Spielbedürfnisse.

171   J 5

172   M 5

M 4.1 Spiele mit dem Hebel
(ab Eingangsstufe)

Lernziele: Die Schüler sollen
- in einfachen Spielaufgaben konstruktive und funktionale Probleme des Hebels kennenlernen;
- Hebelelemente aus Pappstreifen herstellen und mit einem Nagel oder einer Schraube (Drehachse) an einem Grundkörper beweglich lagern;
- sich zu ihrer Arbeit sprachlich äußern, Funktion, Form und Bewegung der Hebelelemente beschreiben.

Erweiterung: Figur mit beweglichen Armen; Hampelmann ohne Seilzug; Armaturenbrett
Grundbegriffe: Hebel, Achse, Drehachse, Drehpunkt; bewegen, rechtsherum, linksherum, im Kreis
Arbeitsmaterial: Streifen aus Pappe und Karton; Styropor- und Holzklötze als Grundkörper; Nägel, Rundkopfschrauben für Drehachsen; Vorstecher, Nagel und Hammer zum Lochen; Dämmplatte als Unterlage

Unterrichtshinweise: Die Motivation durch die bereitgestellten Werkzeuge und Materialien ist meist schon so stark, daß sich eine besondere Anregung für ein erstes spielerisches Erkunden erübrigt. Über die Entdeckung, daß mit Hammer und Nagel zwei Teile beweglich miteinander verbunden werden können, findet das Kind vom sachsinnfreien Tun sehr rasch zu einer selbstgewählten Thematik. Die „Maschinen" 171, 172 sind auf diese Weise spontan entstanden. – Thematisch gebundene Aufgaben wie „Armaturenbrett", „Hampelmann" sind dagegen gezielt zu motivieren und die Lösungswege im Vorgespräch zu erörtern.
Hinweise zur Herstellung: Hebel aus Pappe und Holz können auf einen harten Grundkörper (Holz) direkt genagelt werden. Zur Befestigung auf Styropor müssen sie vorgelocht sein. Das Lochen geschieht in einfachster Weise mit Hammer und Vorstecher (Nagel) auf einem Stück Dämmplatte als Unterlage. Werden Schrauben als Drehachsen verwendet, sollte das Lochen möglichst mit der Lochzange oder einem Locheisen vorgenommen werden. Ein solches Loch ist sauber gestanzt, und es kann im Durchmesser dem Schaft der Schraube genau angepaßt werden.

173 J, M 7

174 J, M 7

175 M 6

171, 172: In freiem Spiel mit dem Hebel entstandene „Maschinen". 171: Der Junge interpretiert seine Maschine als Lokomotive. Die Funktionsbeschreibung, die er gibt, läßt erkennen, wie weit technisches Denken bei einem Fünfjährigen entwickelt sein kann und welche Einsichten in funktionale Zusammenhänge bereits vorhanden sind: „Da vorn, das ist der Windmacher. Wenn der angestellt wird, brennt das Feuer größer und dann fährt die Lok schneller... Da hinten die Stangen sind an den Rädern. Die drehen sich wie die Räder rundrum und gehen auch immer hin und her..."
Die Hebelmaschine 172 bezeichnet das fünfjährige Mädchen als Flugzeug.
Für beide Arbeiten ist charakteristisch, daß nicht die Erscheinungsform verwirklicht wird, sondern der technisch-konstruktive und funktionale Aspekt ganz in den Vordergrund rückt.

173: Thema „Armaturenbrett" (ich fahre Auto; welche Teile muß ich bewegen?). Siebenjährige sind oft schon so sachkundig, daß wesentliche Bedienungselemente und Instrumente erfaßt werden. Bei der mittleren Arbeit sind nach Auskunft des Jungen aufgezeichnet: Lenkrad (Nagel als Lenksäule mit Hupe), Radio (Nagel als Antenne), Lüftungsschlitze, Aschenbecher, Knöpfe für Licht und Scheibenwischer, Tachometer, Gas-, Kupplungs- und Bremspedal. Als drehbar gelagerte Hebel sind angebracht: Gangschaltung, Handbremse, Bedienungshebel für Heizung und Lüftung, zwei Scheibenwischer.

174, 175: Hampelmänner aus Styropor und Pappstreifen. Arme und Beine sind durch Schrauben, Nägel und Draht beweglich mit dem Körper verbunden. Als Gelenke wurden Musterklammern verwendet. – Das Thema enthält sowohl technische als auch bildnerische Probleme.

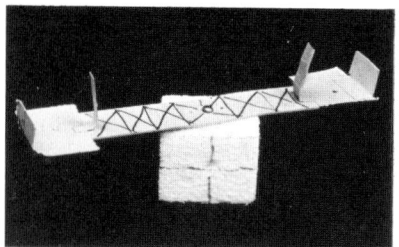

176   M 7

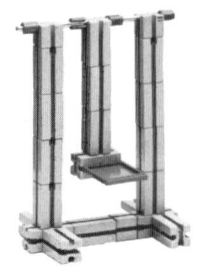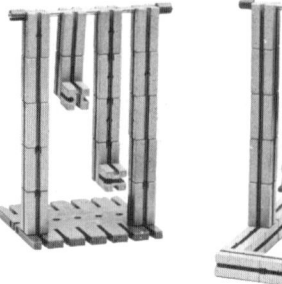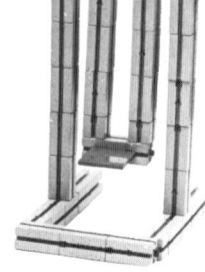

177   J, M 8

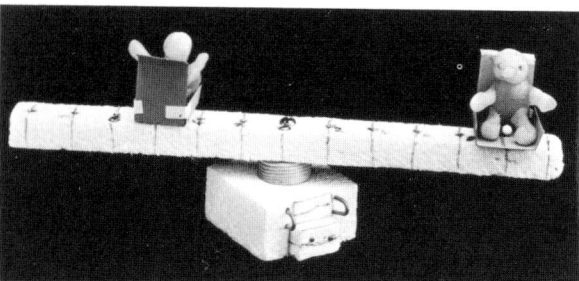

178   J 9

179   J 9

M 4.2 Karussell und Schaukel
(ab 2. Schuljahr)

Lernvoraussetzungen: M 4.1; Handhabung von Baukastenelementen

Lernziel 1 (Karussell): Die Schüler sollen
- das Modell eines Spielplatzkarussells konstruieren, auf dem sich zwei Kinder im Kreis drehen können;
- den Karussellbalken in der Mitte drehbar lagern und mit zwei Sitzen versehen, die so gesichert sind, daß Kinder beim schnellen Drehen nicht herunterfallen;

ab 3. Schuljahr:
- wissen, daß man den Karussellbalken auch als zweiseitigen Hebel bezeichnet, der sich um einen Drehpunkt dreht;
- erkennen, daß die Bahn des Hebels kreisförmig ist und daß unterschiedlich lange Hebelarme verschieden große Kreisbahnen beschreiben.

Lernziel 2 (Schaukel): Die Schüler sollen
- mit Baukastenelementen eine standsichere Schaukel konstruieren;
- die Schaukelarme an einer Achse drehbar lagern und gegen seitliches Verschieben sichern;
- die Pendelbewegung unterschiedlich langer und schwerer Schaukelarme beobachten.

Zusatzaufgabe: Bau von Schaukeln aus Werkstoffen

Grundbegriffe: Karussell, -balken, Gestell, Achse, Lager, Reibung, Drehrichtung; Hebel, Hebelarm, zweiseitiger Hebel, Kreisbahn. Schaukel, Schaukelarm, Pendel, pendeln

Arbeitsmaterial: Baukastenelemente; Styropor, Karton, Pappe, Schrauben, Nägel, Draht, Bindfaden, Weichholz; Schere, Messer, Raspel, Feile, Vorstecher; Kleber

176: Spielplatzkarussell aus Styropor, Pappstreifen und Karton. Der Karussellbalken ist in der Mitte um eine Holzschraube drehbar gelagert. Die Anordnung der Sitze gestattet ein Drehen in beiden Richtungen.
178: Karussell mit verstellbaren Sitzen. Der Junge hat den Karussellbalken für verschieden große Kreisbahnen eingeteilt. Er verlangt als „Karussellbesitzer" für die einzelnen Fahrbahnen von innen nach außen gestaffelte Preise. „Ganz außen ist es am teuersten, da geht es am schnellsten und der Kreis ist am größten." „Der billigste Platz ist ganz innen..." Zur Verminderung der Reibung ist eine Holzscheibe untergelegt. – Den Treppenaufgang hat

180 J 10

181 J 10

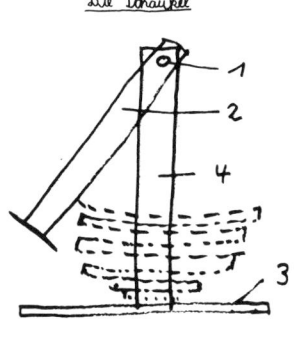

182 J 9

Wie ich die Schaukel gebaut habe.
Zuerst habe ich das Gestell gebaut aus Styropor. Dann habe ich die Schaukeln eingehängt. Beim Schaukeln ist das Gestell gleich umgekippt. Wegen dem Gewicht von den Schrauben. Da habe ich das Gestell mit Seilen und Heringen abgespannt wie mein Vater das Zelt auf dem Kampingplatz. Jetzt steht das Gestell ganz fest. Auch wenn die Schaukeln ganz wild schaukeln.

183 J 10

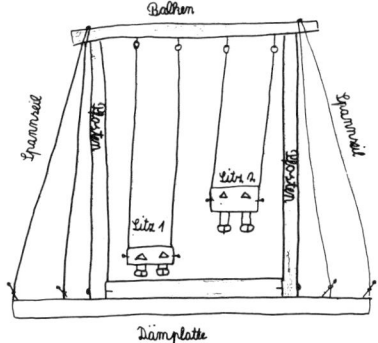

184 J 10

der Junge durch ein Geländer (Drahtkrampen) gesichert.

179: Auf der Dämmplatte werden zwei Probleme untersucht: 1. Welche Bahn beschreibt der Karussellbalken (zweiseitiger Hebel)? 2. Wie sieht die Bahn aus, wenn ein Balkenarm kürzer ist, bzw. ein Kind näher am Drehpunkt sitzt?

177: Schaukeln aus Baukastenteilen. Technisches Problem: Bewegliche Lagerung der Schaukelarme und Sicherung gegen seitliches Verschieben; Standfestigkeit des Gestells. — Beobachtung an der mittleren Schaukel: Wie schnell und wieviel Mal pendeln der kurze und der lange Arm bis zum Stillstand?

180: Schiffschaukel aus einem Schuhkarton, Papier, Draht und Holz. Das Thema wurde im Zusammenhang mit den Einheiten B 3 und B 4 (Stabilität durch Materialumformung, Gerüst- und Skelettbauweise) durchgeführt. In einer Reihe von Versuchen am selbstgebauten Modell können die Kinder den Einfluß des Gewichts auf die Dauer der Pendelbewegung erkunden (Zählen der Schwingungen, Messen der Zeit mit der Stoppuhr).

181: Schaukel aus Styroporleisten auf einer Dämmplatte als Grundplatte. Die Standsicherheit des Gestells ist hier durch Verspannen gelöst. Am Modell kann untersucht werden, wie sich unterschiedliche Pendellänge bei gleichem Gewicht auf die Pendelbewegung auswirkt.

182: Zeichnerische Darstellung der Bewegungsbahn einer Schaukel.

183, 184: Zeichnung und Bericht zur Schaukel.

185 J 8

186 M 8

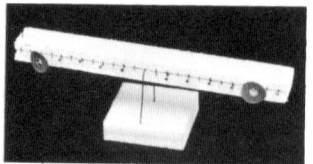

187 J 8

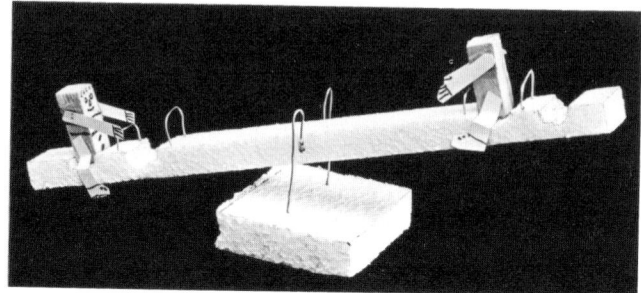

188 J 8

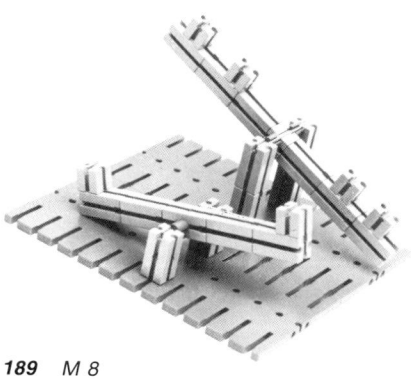

189 M 8

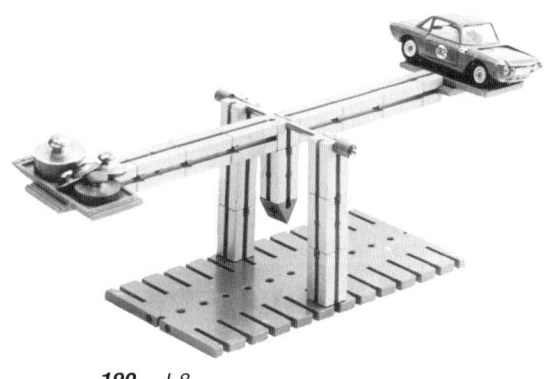

190 J 8

M 4.3 Wippe und Waage

(ab 2. Schuljahr)

Lernvoraussetzungen: Handhabung von fischertechnik-Bauteilen

Lernziel 1 (Wippe): Die Schüler sollen
- eine Wippe konstruieren, deren Balken in der Mitte um eine Achse drehbar gelagert ist;
- in Versuchen mit gleichen und ungleichen Gewichten die Gleichgewichtslage herstellen;
- die wechselseitige Abhängigkeit von Gewicht und Länge der Wippenarme erfassen.

Lernziel 2 (Waage): Die Schüler sollen
- das Modell einer einfachen Balkenwaage konstruieren;
- den Waagebalken im Gestell drehbar lagern und an beiden Armen Waagschalen anbringen;
- mit ihren Modellen Wiegeversuche durchführen; die gewonnenen Einsichten auf Balkenwaagen übertragen.

Erweiterung: Konstruktion einer Laufgewichtswaage

Grundbegriffe: Wippe, Balken, Wippenarme, Drehachse, Drehpunkt, Lager, Gestell, Gleichgewicht, Waage, Waagebalken, Waagschale, Zunge, Ausschlag

Arbeitsmaterial: Baukastenteile; Styropor, Holzleisten, Draht, Nägel

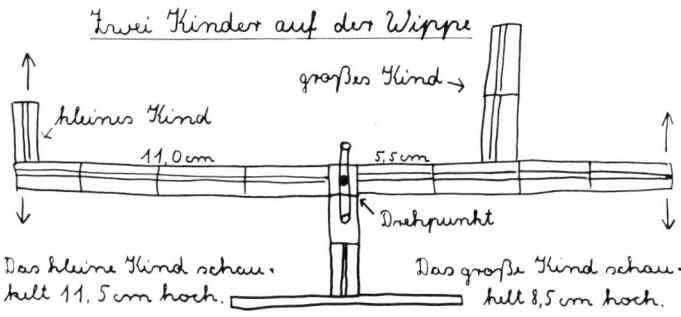

Zwei Kinder auf der Wippe

großes Kind →

kleines Kind

11,0 cm   5,5 cm

Drehpunkt

Das kleine Kind schaukelt 11,5 cm hoch.

Das große Kind schaukelt 8,5 cm hoch.

Der Balken vom Drehpunkt bis zum großen Kind ist 5,5 cm lang. Der Balken bis zum kleinen Kind ist 11,0 cm lang. Das kleine Kind schaukelt viel höher, weil es am Ende vom Balken sitzt. Das große Kind wird nicht so hoch gehoben.

191 M 9

192 M 9

193 J 9

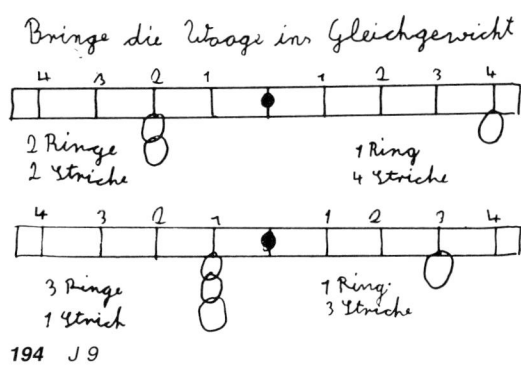

Bringe die Waage ins Gleichgewicht

4 3 2 1   1 2 3 4

2 Ringe   1 Ring
2 Striche   4 Striche

4 3 2 1   1 2 3 4

3 Ringe   1 Ring
1 Strich   3 Striche

194 J 9

185, 190: Die fertige Waage wird geprüft. In einem ersten Schritt sollen die Schüler auf beide Waagschalen Bausteine auflegen und die Gleichgewichtslage herstellen. Das Auswiegen wird zu einem sensiblen Spiel mit dem Gleichgewicht. Im zweiten Schritt werden leichte Gegenstände wie Radiergummi, Bleistift, Anspitzer, Spielzeugautos gewogen. Die beiden Modelle sind einfache Wippe-Waagen, die nur ungenau messen können, da bei dieser Anbringung der Waagschalen die aufgelegten Gewichte nicht in Punkten gleicher Entfernung vom Drehpunkt angreifen.

187, 193: Einfache Waagen mit aufgeteilten Waagebalken. Als Gewichte dienen Unterlegscheiben, die auf die Nägel des Waagebalkens gehängt werden. Bei 193 besteht der Waagebalken aus einer Holzleiste. Vom freien Spiel mit dem Gleichgewicht führt der Weg über gezieltes Beobachten zur zeichnerischen Lösung von Aufgaben.

186: Wippe aus Styropor. Ein großes und ein kleines Kind (großer und kleiner Nagel) sollen ins Gleichgewicht gebracht werden. Grunderfahrung: bei ungleichen Gewichten muß das kleinere Gewicht in größerem Abstand vom Drehpunkt angebracht werden.

189: Spielplatzwippen mit zwei und vier Sitzplätzen (Bausteine als Rückenlehnen).

188: Wippe aus Styropor mit beachtenswerten konstruktiven Details. Der seitliche Spielraum des Wippbalkens ist an der Drehachse durch Hochbiegen des Drahtes begrenzt; die vier Sitzplätze sind mit der Raspel ausgeformt; zum Festhalten sind aus Draht Haltegriffe gebogen.

191, 192: Die Wippe ist ins Gleichgewicht gebracht. Das Kind mißt die Länge der Wippenarme, die Höhe des Drehpunkts, die Hubhöhe des Balkens. Der Sachverhalt wird zahlenmäßig erfaßt, zeichnerisch dargestellt und verbalisiert.

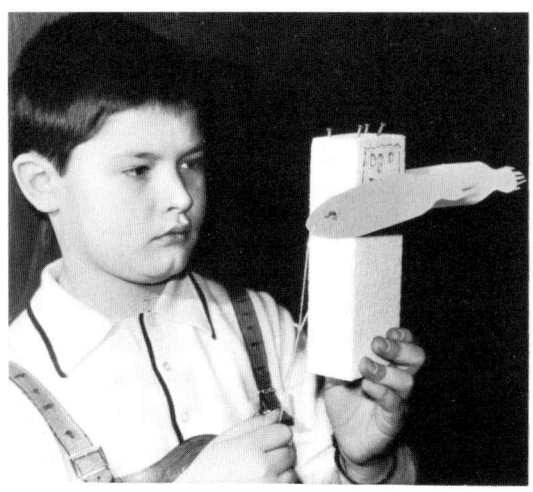

195 J 7

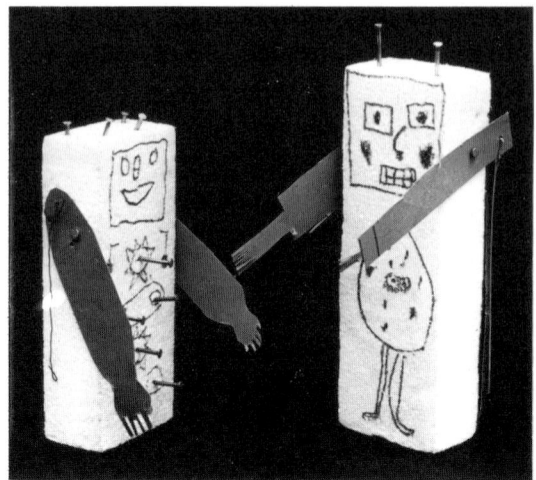

196 J, M 7

M 4.4 Hebel mit Seilzug
(ab 2. Schuljahr)

Lernvoraussetzungen: M 4.1 bis M 4.3
Lernziel 1 (Roboter): Die Schüler sollen
- eine Figur herstellen, deren Arme sich mit Hilfe eines Seils bewegen lassen;
- aus Karton Arme anfertigen und als zweiarmige Hebel am Körper drehbar lagern;
- Bindfäden so anbringen, daß sich die Arme auf Zug heben lassen.

Erweiterung: Gleichzeitige Bewegung beider Arme mit einem Zugfaden. Hampelmann
Lernziel 2 (Signal): Die Schüler sollen
- ein einfaches Eisenbahnsignal konstruieren, dessen Signalarm durch direkten Seilzug zu bedienen ist.

Lernziel 3 (Signalanlage): Die Schüler sollen
- eine Signalanlage konstruieren, deren Signale durch umgelenkten Seilzug bewegt werden;
- konstruktive Lösungen für die Bedienung des Seilzugs und die Arretierung der Signale finden;
- von ihren Anlagen Konstruktionsskizzen anfertigen.

Grundbegriffe: zweiarmiger Hebel, Lastarm, Kraftarm, Drehpunkt, Zugseil; Signal, Signalarm
Arbeitsmaterial: Baukastenteile; Styropor, Karton, Pappe, Bindfaden, Draht, Nägel, Schrauben, Ringschrauben, Krampen, Styroporkleber; Schere, Zange, Locheisen, Hammer
Unterrichtshinweise: Die Aufgabe „Roboter" knüpft an die einfachen Hampelmänner (M 4.1) an, deren Glieder als einseitige Hebel direkt von Hand bewegt werden. Die Schüler lernen hier, daß bei der Bewegung durch Seilzug die Arme und Beine als zweiarmige Hebel ausgebildet werden müssen, wobei das Zugseil am kurzen Hebelarm angebracht wird. Die Schüler beobachten, wie eine kleine Zugbewegung am kurzen Kraftarm eine große Bewegung des Lastarms bewirkt. Diese Beobachtung kann Anlaß bieten, die Hebelübersetzung in kleinen Versuchen durch Verlagern des Drehpunkts genauer zu erkunden. – Da die

195–197: „Roboter" mit beweglichen Armen. Die aus Pappstreifen geschnittenen Arme sind mit Nägeln als feststehenden Achsen drehbar gelagert. Bei 195 werden die Zugfäden bereits zusammengefaßt, so daß beide Arme gleichzeitig mit einem Faden bewegt werden.
197: Der Seilzug wird montiert.

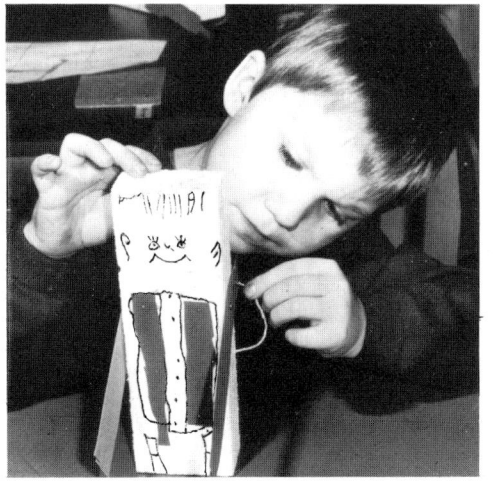

197 J 7

198 J 9

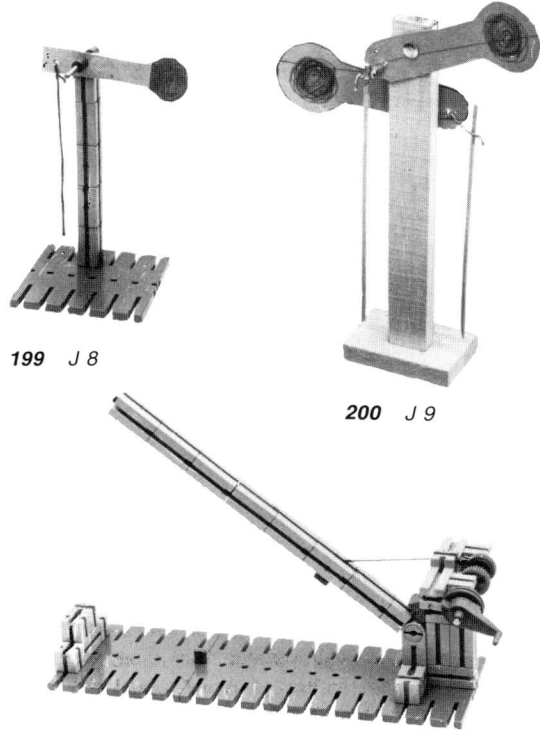

199 J 8

200 J 9

201 M 9

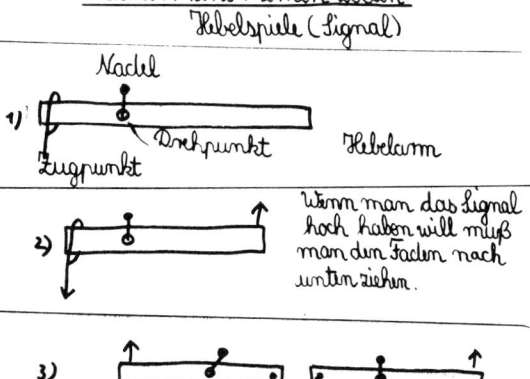

202 J 9

198: Mit Pappstreifen, Nadeln und Bindfaden wird auf einer Dämmplatte ausprobiert, wie Arme und Beine eines Hampelmanns gelagert und mit Fäden verbunden werden müssen, um gemeinsam mit einem Zugfaden bewegt werden zu können.

199: Einfaches Eisenbahnsignal aus Baukastenteilen und einem Pappstreifen als Signalarm.

200: Doppelsignal aus einer Holzleiste und Pappstreifen. Durch fest eingedrückte Reißnägel bleiben die Signale in jeder Stellung stehen, müssen dafür aber mit einem Gestänge (dünne Holzrundstäbe) bewegt werden.

201: Bahnschranke mit Zugseil und Winde.

202: Bericht über Hebelspiele auf der Dämmplatte.

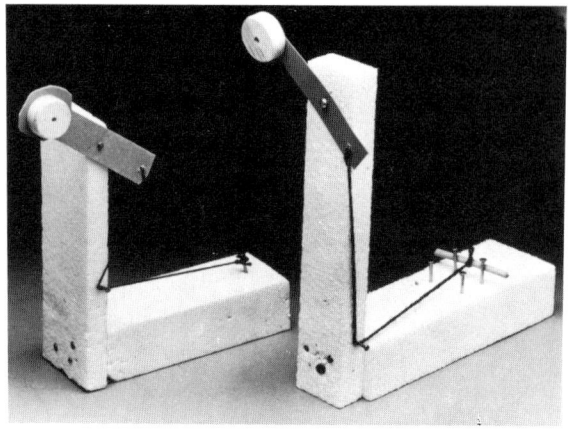
203 J 8

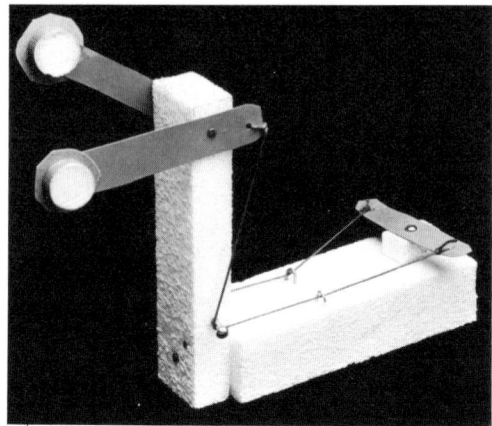
204 J 9

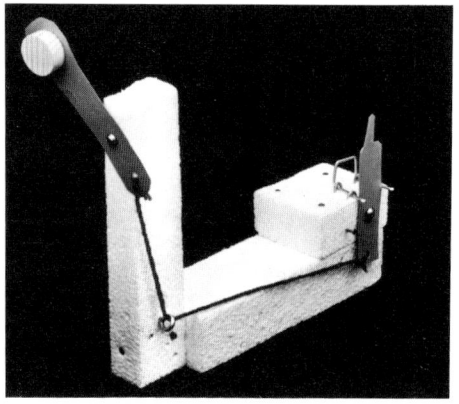
205 J 9

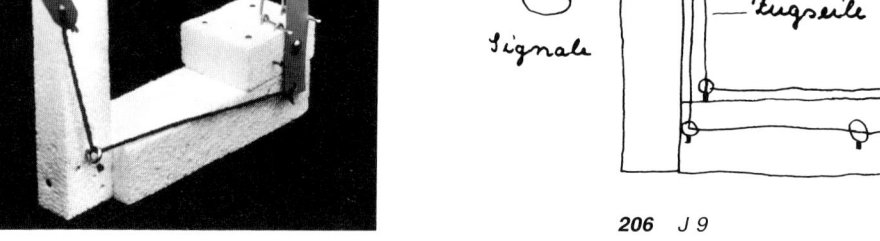
206 J 9

Rückbewegung durch das größere Eigengewicht des längeren Lastarms erfolgt, muß der Hebel leicht drehbar gelagert sein. Um Reibungen im Lager möglichst zu vermeiden, sollten die Löcher für die Drehachsen mit einem Locheisen sauber ausgestanzt werden. – Beim Bau von Signalanlagen erfährt der Schüler, daß mit Hilfe des Seils Zugkräfte aus großer Distanz übertragen und beliebig umgelenkt werden können. Für Kinder besonders eindrucksvoll sind Seilzüge, die über Umlenkrollen aus dem Werkraum auf den Flur, in andere Räume, oder durch das Treppenhaus in ein anderes Stockwerk geführt werden.

203–210: Signalanlagen, deren Signale durch umgelenkten Seilzug gestellt werden. Für die Bauteile der Gestelle ist Hartschaumstoff verwendet, der in Leisten- und Plattenform vorgegeben wurde und nur auf Länge zuzuschneiden war. Die einzelnen Teile sind mit Nägeln zusammengesteckt und mit Kleber verbunden. Bei diesen Anlagen wird die Reibung im Hebellager und in den Führungsösen des Seilzugs so groß, daß die Signalarme zusätzlich mit Holzscheiben beschwert werden müssen. Die Aufgabe, mechanische Vorrichtungen für die Betätigung des Seilzugs und für die Arretierung zu konstruieren, ist auf unterschiedlichem Niveau gelöst.
203: Von Hand zu stellende Signale. Bei der einfachsten Lösung links ist das Zugseil an einem Nagel be-

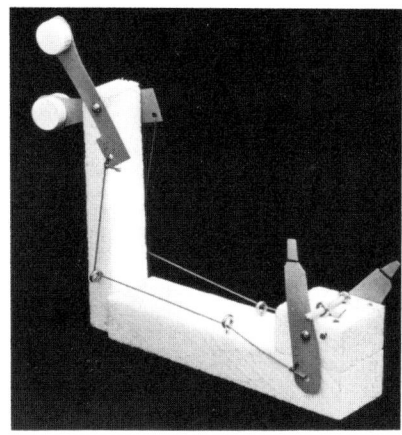

207 J 9

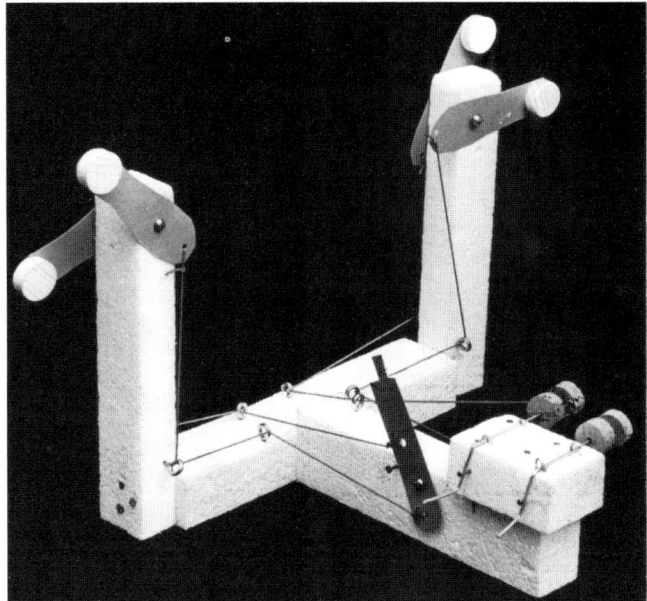

208 J 10

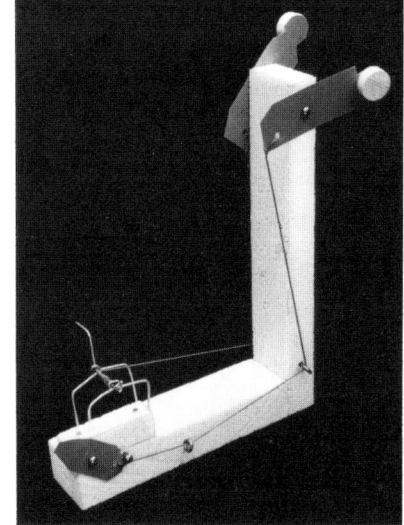

209 J 9

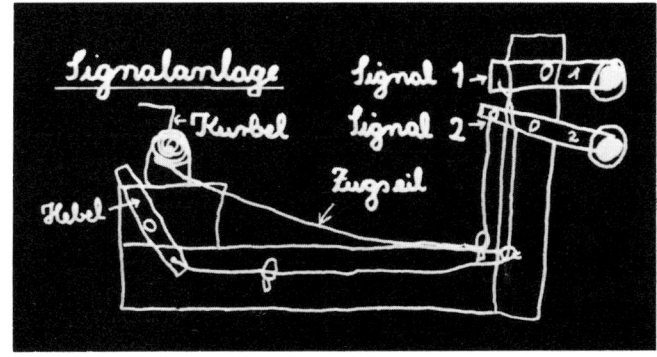

210 J 9

festigt, der zum Stellen vor und zurück gesteckt wird. Beim rechten Modell wird das Signal durch Umhängen des Holzknebels in zwei Stellungen arretiert. Das Signal ist hier quer zur Zugrichtung gestellt.

204: Anlage mit zwei Signalen, die durch einen horizontal gelagerten Hebel gegenläufig bewegt und in jeder Stellung angehalten werden können.

205–207: Signalanlagen, deren Signale durch Hebel einzeln bewegt und in zwei Stellungen durch Anschlag und Riegel arretiert werden können.

209, 210: Modell mit Winde und Stellhebel.

208: Reife Leistung eines Zehnjährigen. In dieser Anlage werden alle Zugseile zweifach umgelenkt und in allen drei Raumdimensionen geführt. Für die Bedienung des Seilzugs sind zwei unterschiedliche Konstruktionen angewandt. Die beiden Signale des linken Masten werden gemeinsam und gegenläufig durch einen zweiarmigen Hebel, die des rechten durch Seilwinden gestellt.

M 5 Räderfahrzeuge

Didaktische Hinweise

Die Unterrichtsinhalte der Einheit M 5 befassen sich mit elementaren Problemen des Fahrbarmachens vierrädriger Fahrzeuge und der Lenkung. Sie sind in verschiedenen Schwierigkeitsgraden von der Eingangsstufe bis zum vierten Schuljahr spiralförmig angeordnet. Die Konstruktionsversuche beginnen mit dem Bau einfacher Fahrzeuge nach freier Vorstellung. Der Schüler lernt hierbei den Funktionszusammenhang von Rad, Achse und Lager kennen. Später werden Probleme der Rollfähigkeit untersucht: der Einfluß der Reibung auf die Drehbewegung des Rades, der Einfluß von Radgröße und Fahrzeuggewicht auf Geschwindigkeit und Rollweite, die Abhängigkeit der Fahreigenschaften von Radgröße, Radstand und Spurbreite. Beim Lenkbarmachen stellen sich schwierigere technische Probleme. Hier wird man sich auf die Drehschemellenkung beschränken müssen, die vom Grundschulkind in Baukastenarbeit und im Konstruieren mit den herkömmlichen Werkstoffen des Werkunterrichts zu bewältigen ist. Die Achsschenkellenkung ist technisch zu kompliziert und sollte in der Regel erst vom fünften Schuljahr an behandelt werden.

Sachinformation

Reibung: Man unterscheidet zwischen Haft-, Gleit- und Rollreibung.

Die Haftreibung (Reibung bei Ruhe) ist die zwischen zwei Körpern wirkende Kraft, die ein Gleiten verhindert. Sie ermöglicht z. B. das Gehen auf geneigten Flächen und den Antrieb selbstfahrender Räderfahrzeuge.

Die Gleitreibung tritt auf, wenn ebene Flächen fester Körper aufeinander gleiten.

Die Rollreibung tritt ein, wenn ein runder Körper auf ebener Fläche abrollt.

Da die Gleitreibung größer ist als die Rollreibung, versucht man häufig, die gleitende in eine rollende Reibung umzuwandeln.

Lager: Nach der Art der auftretenden Reibung werden Lager in Gleitlager und Wälzlager eingeteilt. Im Gleitlager ist die Reibung zwischen Welle (Achse) und Lager größer als bei der Rollreibung im Wälzlager (Kugellager).

Achse: Die Achse ist ein Maschinenelement, das umlaufende Maschinenteile abstützt. Im Gegensatz zur Welle dient die Achse nicht zur Weiterleitung von Drehmomenten. Sie wird dadurch nicht auf Verdrehen, sondern vornehmlich auf Verbiegen beansprucht. – Es gibt umlaufende und feststehende Achsen. Bei der umlaufenden Achse sind die Räder fest mit der Achse verbunden. Bei der feststehenden Achse drehen sich die Räder auf den Achszapfen.

Lenkung: Räderfahrzeuge werden durch Schwenken der Vorderräder gelenkt. Man unterscheidet die Drehschemellenkung und die Achsschenkellenkung. Bei der Drehschemellenkung ist die Vorderachse im Mittelpunkt um eine Vertikalachse drehbar gelagert. Beim Lenken wird die ganze Achse geschwenkt. Die Drehschemellenkung wird bei Anhängern, Handwagen und Pferdefuhrwerken verwendet. Nachteile der Lenkung: Die Stabilität des Fahrzeugs nimmt mit zunehmendem Achseinschlag ab; die Räder benötigen beim Einschlagen viel Platz; infolge des langen Hebelarms ergeben sich große Lenkmomente.

Bei der Achsschenkellenkung sind die gelenkten Räder auf Achsschenkeln gelagert, die um einen Achszapfen an der starren Achse geschwenkt werden können. Vorteile gegenüber der Drehschemellenkung: Der Radstand (Abstand zwischen Vorderrad und Hinterrad) bleibt beim Kurvenfahren gleich; das Fahrzeug hat damit eine weit größere Stabilität. Der Platzbedarf für den Radeinschlag ist wesentlich geringer. Das Fahrzeug läßt sich leichter lenken. Die Achsschenkellenkung wird bei Kraftfahrzeugen angewandt.

Fachübergreifende Aspekte:

Auto und Straßenverkehr; verstopfte Straßen; wachsende Zahl der Verkehrsunfälle; richtiges Verhalten im Straßenverkehr; Luftverschmutzung durch Autoabgase. Polytechnik/Arbeitslehre: Erkundung von Betrieben, die Autos warten, pflegen und reparieren (Tankstelle, Reparaturwerkstatt). Bau von Fahrzeugen in arbeitsteiligen Verfahren mit Baukastenteilen; Fließbandproduktion.

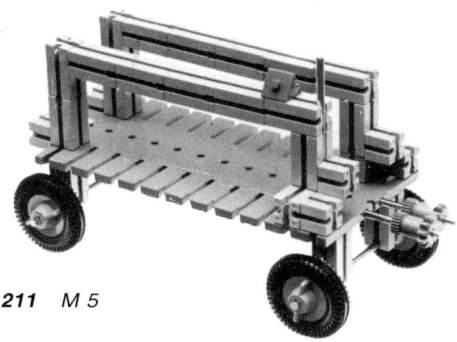

211 M 5

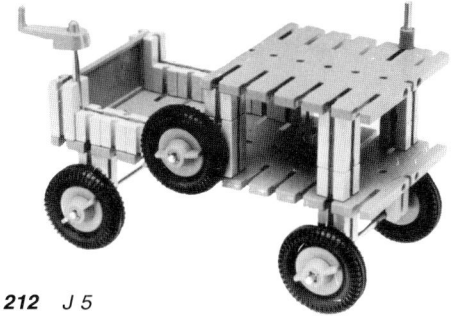

212 J 5

213 M 5

M 5.1 Konstruktion von Räderfahrzeugen

(ab Eingangsstufe)

Lernvoraussetzungen: Handhabung von Baukastenteilen (fischertechnik u-t 1)
Lernziel 1 (Fahrzeuge aus Baukastenteilen):
Die Schüler sollen
- ein vierrädriges Fahrzeug nach freier Vorstellung bauen und dabei den Funktionszusammenhang von Rad, Achse und Lager erfassen;
- die Räder und Achsen so montieren und lagern, daß das Fahrzeug gut rollen kann;
- sich sprachlich zu ihren Arbeiten äußern, die Fahrzeuge beschreiben und nach ihrem Verwendungszweck gruppieren.

Lernziel 2 (Räderfahrzeuge aus Styropor):
Die Schüler sollen
- ein vierrädriges Fahrzeug aus Styropor bauen;
- die Karosserie der Fahrzeugart entsprechend ausformen;
- die Fahrzeuge mit vorgefertigten Rädern fahrbar machen.

Grundbegriffe: Rad, Achse, umlaufende Achse, feststehende Achse, Achslager, Radlager, Radnabe, Reifen, Fahrgestell, Karosserie
Arbeitsmaterial: Baukastenteile; Styropor, Holzräder, Holzschrauben, Nägel, Styroporkleber, Farbfilzschreiber; Puk-Säge, Feile
Unterrichtshinweise: Zu Beginn werden verschiedene Fahrzeuge aufgezählt und beschrieben: Personenwagen, Lastwagen, Omnibus, Trecker... Bei der praktischen Durchführung wird man den Kindern einen breiten Spielraum für eigene Erfindungen freihalten.
– Die Probleme des unterschiedlichen Fahrverhaltens (leichter und schwerer Lauf) und

211–213: Fünfjährige bauen Fahrzeuge aus Baukastenteilen. Die Aufbauten kennzeichnen die für das Kind bedeutsamen Teile des Fahrzeugs wie Führerhaus, Laderaum, Lenkung, Beleuchtung, Antenne.

214 J, M 9

216 J 7

217 J 9

215 J, M 5–6

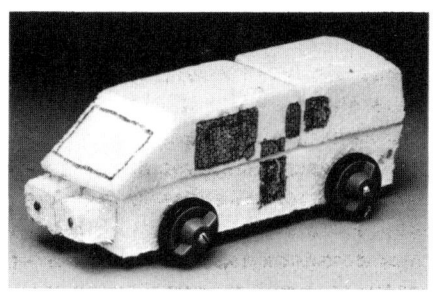

218 M 8

der Radbefestigung können bei der Erprobung der Fahrzeuge zwar angesprochen werden, sind aber schwerpunktmäßig erst für die folgende Einheit vorgesehen.

Zu Lernziel 2: Beim Bau von Fahrzeugen aus Styropor tritt die formale Komponente stärker in den Vordergrund. Die Arbeit mit Werkstoffen bietet gegenüber der Baukastenarbeit den Vorteil, daß die Kinder eigene Formvorstellungen besser verwirklichen können. Styropor ist hier ein besonders geeigneter Werkstoff, der sich als plastisch leicht verformbares Material nahezu in jede gewünschte Form bringen läßt. Mit Baukastenteilen ist eine individuelle Formgebung nur beschränkt möglich, da das Kind die Teile nur nach Formähnlichkeit auswählen und im gemeinten Sinne umfunktionieren kann (Kegelrad als Lampe, Welle als Antenne, Abb. 211). – In technischer Hinsicht wird das Kind vor eine Reihe konstruktiver und technologischer Probleme gestellt. In Baukastenteilen vorgegebene konstruktive Lösungen müssen in einer andersartigen Situation selbst gefunden werden.

In dieser Aufgabe liegt der Schwerpunkt bei der richtigen Lagerung und Anordnung der Räder. Im Gegensatz zur Baukastenarbeit werden die Räder umlaufend auf feststehender Achse gelagert. Im einzelnen stellen sich dem Schüler hierbei folgende Probleme:

1. Auswahl der Achsen. Aus einer Anzahl verschiedenartiger Holzschrauben müssen die für die Verwendung als Achsen geeigneten ausgewählt werden (Rundkopfschrauben

219   J 8–9

220   J 8

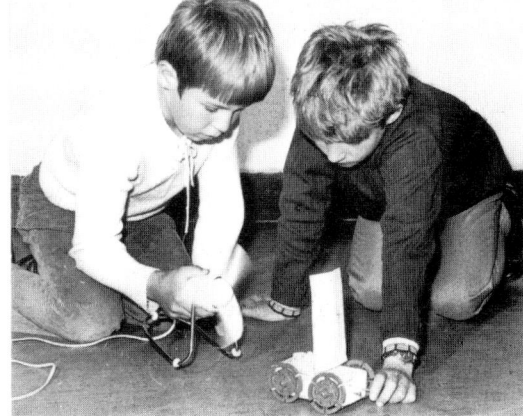

221   J 8

richtiger Stärke und Länge). Bei zu starker Schraube sind die Reibungswiderstände zu groß, eine zu schwache Schraube bietet zu großes Lagerspiel; das Rad „eiert".
2. Radbefestigung: Die Schrauben müssen rechtwinklig und so weit eingedreht werden, daß das Rad weder schleift noch ein zu großes axiales Spiel entsteht.
3. Anordnung der Achsen: Die Achsen müssen in richtiger Höhe und in richtigem Abstand angebracht werden. Bei zu hoch gelagerten Rädern hat der Wagen zu wenig Bodenfreiheit; liegen die Achsen nicht in der gleichen Höhenebene, hängt ein Rad in der Luft, oder der Wagen liegt schief; bei schräg eingedrehten Schrauben haben die Räder keine Geradeausstellung, das Fahrzeug lenkt nach der Seite.

214: Schüler bauen Styroporfahrzeuge. Die einzelnen Teile werden mit der Säge zugeschnitten, mit Feile und Schleifpapier ausgeformt und mit Styroporkleber oder Nägeln verbunden.
215: Die Fahrzeuge Fünfjähriger weisen noch eine recht einfache Struktur auf. Wichtiger als die Formgebung der Teile ist dem Kinde die Bemalung. Als Räder sind kleine Baukastenräder verwendet, die mit langen Nägeln gelagert sind.
216–219: Fahrzeuge, die in der Formgebung, der proportionalen Zuordnung der Teile, der Bemalung und der Konstruktion die formale Einheit guter Kinderarbeiten aufweisen.
220, 221: „Segelwagen". Ein vierrädriges Fahrzeug soll durch Windkraft angetrieben werden. Zum Fahrbarmachen tritt als weiteres technisches Problem die Konstruktion eines Segels. Fahrverhalten, Kippsicherheit und Rollweite werden im Luftstrom eines Ventilators untersucht.

222 J, M 5–6

222: Kinder der Eingangsstufe spielen Autorennen.

M 5.2 Versuche mit der Rollfähigkeit

(ab 3. Schuljahr)

Lernvoraussetzungen: M 5.1
Lernziele: Die Schüler sollen
– vierrädrige Fahrzeuge bauen und von einer schiefen Ebene abrollen lassen;
– die unterschiedliche Rollweite vergleichen und zu begründen suchen;
– die Fahrzeuge auf Reibungswiderstände überprüfen und die Rollfähigkeit verbessern;
– die Rollweite von Fahrzeugen mit großen und kleinen Rädern untersuchen;
– den Einfluß des Gewichts auf die Rollweite feststellen.

Erweiterung: Untersuchung der Kippsicherheit von breiter und schmaler Spurweite. Überwindung von Hindernissen durch große und kleine Räder

Grundbegriffe: Rollen, Rollweite, leichter und schwerer Lauf, Reibung, Gleitreibung, breite und schmale Spur, kippen, kippsicher
Arbeitsmaterial: Baukastenteile fischer-technik u-t 1; Hartfaser-, Dämm- oder Spanplatte als schiefe Ebene, Gewichte

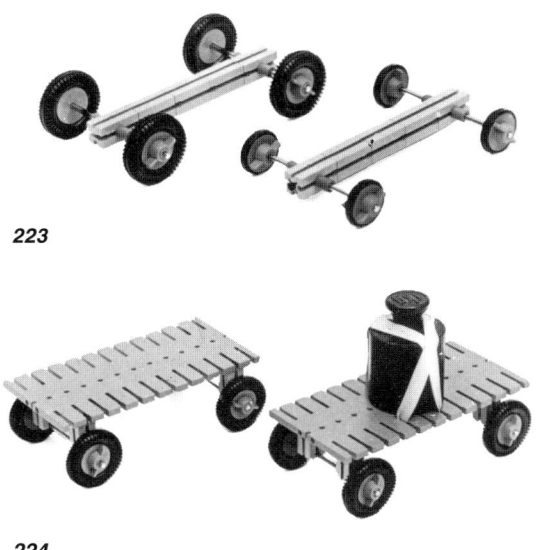

223

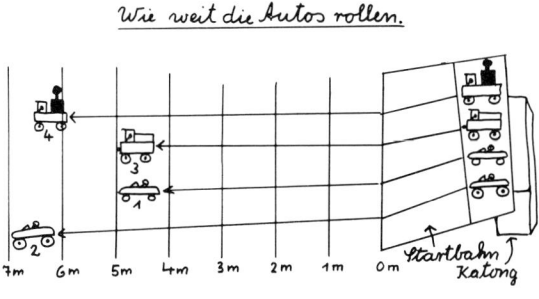

224

225 J 9

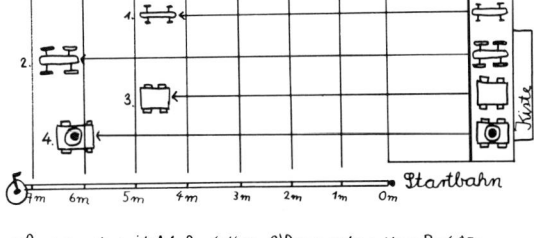

226 M 9

227 J 9

Unterrichtshinweise: Eine gezielte Auseinandersetzung mit Problemen der Rollfähigkeit setzt voraus, daß Fahrzeuge gebaut werden können, die vergleichende Untersuchungen unter objektiven Bedingungen zulassen. Eine solche Möglichkeit ist nur bei Modellen aus präzise funktionierenden Baukastenteilen gegeben. – Die Schüler bauen zunächst Fahrzeuge nach freier Vorstellung, die zu einem „Autorennen" von einer schräg gestellten Platte gestartet werden sollen. Das unterschiedliche Fahrverhalten und die trotz gleicher Startbedingungen differierenden Rollweiten bieten Anlaß, nach den Ursachen zu forschen. Die Rollweite der Modelle wird im wesentlichen von drei Faktoren bestimmt: der

223: „Rennwagen" mit großen und kleinen Rädern. Die Fahrzeuge dienen als Versuchsmodelle, um den Einfluß der Radgröße auf die Rollweite zu erkunden.
224, 225: „Lastwagen" leer und beladen. Versuchsmodelle gleicher Bauart, um den Einfluß des Fahrzeuggewichts auf die Rollweite festzustellen. Als Last ist ein 1 kg-Gewicht verwendet. 225: Das beladene Fahrzeug wird von der schiefen Ebene gestartet.
226, 227: Die Ergebnisse des Versuchs werden in Zeichnung und Bericht festgehalten. Links eine Darstellung in Seitenansicht, rechts in Draufsicht.

228 J 9

230 M 9

229 J 9

Die breite und die schmale Spur.

Kurze Achse umgekippt   Lange Achse nicht umgekippt

Der Bulldock hat eine schmale Spur, deshalb kippt er leicht um. Der Kinderwagen auch. Wenn ein Auto eine breite Spur hat kippt es nicht so leicht um. Deshalb hat das Rennauto eine breite Spur.

231 M 9

Reibung im Radlager, der Radgröße und dem Gewicht des Fahrzeugs. Die Untersuchungen richten sich demnach auf folgende Fragen: 1. Welchen Einfluß hat die Reibung auf die Drehbewegung des Rades? 2. Wie wirkt sich die Radgröße, 3. wie das Fahrzeuggewicht auf die Rollweite aus?
Zu 1: Die Schüler werden zunächst die Rollfähigkeit ihrer Fahrzeuge verbessern, indem sie die Radlagerung überprüfen und durch Konstruktionsmängel verursachte Reibungswiderstände beseitigen (Achslagerung ohne seitliche Führung, so daß die Achsen sich im Lager verschieben und die Räder anschlagen; Reibung der Räder am Fahrgestell, Reibung der Klemmbuchsen am Achslager). An den leicht rollenden Fahrzeugen kann dann in der Umkehrung durch bewußt herbeigeführtes Schleifen der Einfluß der Reibung vom freien Lauf bis zum Blockieren und Rutschen der Räder untersucht werden. Die Bedeutung der Reibung im Lager, die als Gleitreibung zwischen Achse und Lagerbohrung auftritt, läßt sich anschaulich demonstrieren, indem ein Tropfen Öl ins Lager gegeben wird. Die Reibung wird so herabgesetzt, daß ein Fahrzeug meßbar weiter rollt.
Zu 2: Die Auswirkung der Radgröße auf die Rollweite wird am genauesten am gleichen Fahrzeug einmal mit großen und einmal mit kleinen Rädern festgestellt. Der Versuch kann jedoch auch als Parallelvergleich mit Fahrzeugen gleicher Bauart (223) durchgeführt werden, da hier geringfügige Unterschiede in

232 M 8

233 J 9

der Gleitreibung der Lager kaum Bedeutung haben. Die Fahrzeuge mit großen Rädern rollen weiter. Die Kinder werden hierfür als Begründung finden, daß kleine Räder mehr Umdrehungen benötigen. (Ein Auszählen der Radumdrehungen ergibt, daß für eine Strecke von 1 m das kleine Rad 10 1/2, das große dagegen nur 7 Umdrehungen benötigt.)

Zu 3: Den Einfluß des Gewichts stellen die Schüler fest, indem sie das gleiche Fahrzeug, oder Fahrzeuge gleicher Bauart (224), beladen und unbeladen abrollen lassen.

Zur Zusatzaufgabe: Für die Untersuchung des Kippverhaltens von Fahrzeugen mit breiter und schmaler Spur sowie das Überrollen von Hindernissen mit kleinen und großen Rädern genügt eine Achse mit zwei Rädern. Die Untersuchung des Kippverhaltens bezieht sich hier nur auf die Spurbreite. Fahrzeughöhe und Schwerpunktlage bleiben bei diesem Versuch außer Betracht.

228–231: Untersuchung des Kippverhaltens von Fahrzeugen mit schmaler und breiter Spur. 228, 229: Entwicklung eines Tafelbildes mit einer Holzleiste und zwei Pappstreifen als Schablone.

232–233: Versuche mit Achsen und Rädern. In Rollversuchen wird erkundet, wie große und kleine Räder Bodenvertiefungen und Bodenerhöhungen überwinden. Während die Achse mit den kleinen Rädern im Spalt zwischen den Tischen liegenbleibt und auch eine Spanplatte als Höhenhindernis nicht überwinden kann, werden beide Hindernisse von der Achse mit großen Rädern noch mühelos überrollt.

M 5.3 Fahrzeuge mit einfacher Lenkung

(ab 3. Schuljahr)

Lernvoraussetzungen: M 5.1, M 5.2

Lernziel 1 (Drehschemellenkung): Die Schüler sollen
- ein Fahrzeug bauen, das lenkbar ist;
- die Vorderachse im Mittelpunkt drehbar lagern und konstruktive Lösungen für das Schwenken finden;
- die Lenkungen vergleichen und die konstruktiven Unterschiede feststellen.

Lernziel 2 (Einzelradbefestigung): Die Schüler sollen
- ihre Fahrzeuge beim Kurvenfahren beobachten und feststellen, daß die Innen- und Außenräder sich unterschiedlich schnell drehen;
- die Vorteile der Einzelradbefestigung erkennen;
- durch Versuche herausfinden, daß ein Fahrzeug bei eingeschlagener Vorderachse leichter kippt als bei Geradeausstellung;
- Lenkungen von Spielfahrzeugen untersuchen.

Grundbegriffe: Lenkung, Vorderachse, Drehschemellenkung, Achsschenkellenkung, Lenkachse, Innenrad, Außenrad, Einzelradbefestigung; lenken, steuern, schwenken

Arbeitsmaterial: Baukastenelemente; Styropor, Nägel, Schrauben, Räder, Kleber; Säge, Feile, Schleifpapier

234 J 8

237 J 9

238 J 9

235 J 8

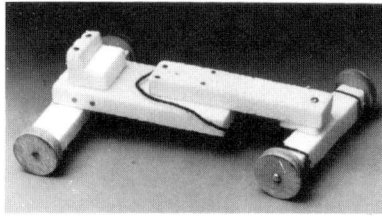
236 J 8

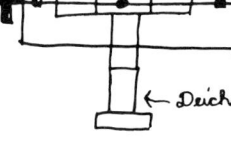
239 J 9

240 J 9

Zur Lernübertragung: Lenkbare Spielfahrzeuge, Kett-Car, Seifenkiste, Dreirad
Unterrichtshinweise: Der Schüler wird am besten durch eine technische Problemsituation an die Aufgabe herangeführt: ein Fahrzeug mit starrer Vorderachse ohne Lenkung soll um eine Kurve fahren. Aus der Beobachtung des Fahrverhaltens ergibt sich die Notwendigkeit, eine Lenkmöglichkeit zu erfinden. – Eine funktionstüchtige Drehschemellenkung setzt Einzelradbefestigung voraus. Die Räder müssen sich unabhängig voneinander drehen können. Beim Bau von Styroporfahrzeugen stellt sich dieses technische Problem nicht, da hier die Einzelradlagerung mit einer Schraube als feststehender Achse und umlaufendem Rad die einfachste und auch einzige Möglichkeit ist. Dagegen ist die Einzelradbefestigung in Baukastenarbeit für den Schüler erheblich schwieriger zu lösen, weil hier Rad und Achse immer fest miteinander verbunden werden müssen, so daß die Achse umläuft. – Der längere Weg des Außenrades beim Kurvenfahren (und die dadurch bedingte schnellere Raddrehung) läßt sich gut veranschaulichen, wenn die Fahrspuren beider Räder aufgezeichnet

234–236: Lenkbare Fahrzeuge aus Styropor und vorgefertigten Rädern.
237, 238: Fahrzeuge mit Drehschemellenkung aus Baukastenteilen. Beim linken Fahrzeug wird die Vorderachse wie beim Handwagen mit einer Deichsel geschwenkt. Beim rechten Modell wird die Lenkbewegung von oben durch Drehen der mit dem Lenkschemel fest verbundenen Drehachse übertragen. Die auf die umlaufenden Achsen fest montierten Räder radieren beim Kurvenfahren.
239, 240: Zeichnungen der Fahrzeuge mit Benennung der Funktionsteile.
241–246: Themenstellung: „Seifenkisten mit Seilzuglenkung". Material: Styropor in Platten- und Lei-

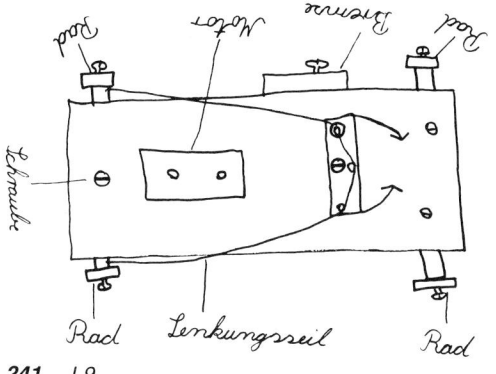
241 J 9

242 J 9

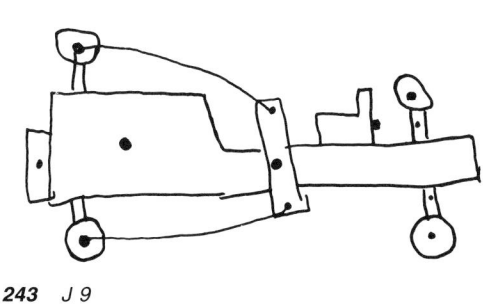
243 J 9

244 J 9

245 J 9

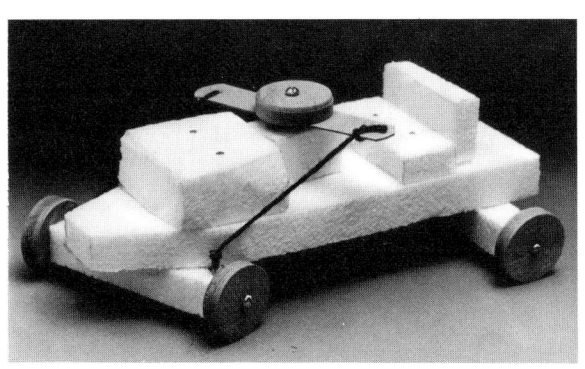
246 J 9

stenform, vorgefertigte Holzräder, Nägel, Schrauben, Styroporkleber, Wollfaden. Durch die Einzelradbefestigung mit feststehender Achse und umlaufenden Rädern können sich die Räder beim Kurvenfahren unabhängig voneinander unterschiedlich schnell drehen. Bei 246 ist die Grundplatte abgeschrägt, um einen größeren Lenkausschlag der Vorderachse zu erreichen. – Die Zeichnungen zeigen eine unterschiedliche Entwicklungsstufe. Während oben und unten in Draufsicht gezeichnet ist, werden bei der mittleren Zeichnung eines Gleichaltrigen noch verschiedene Ansichten simultan dargestellt.

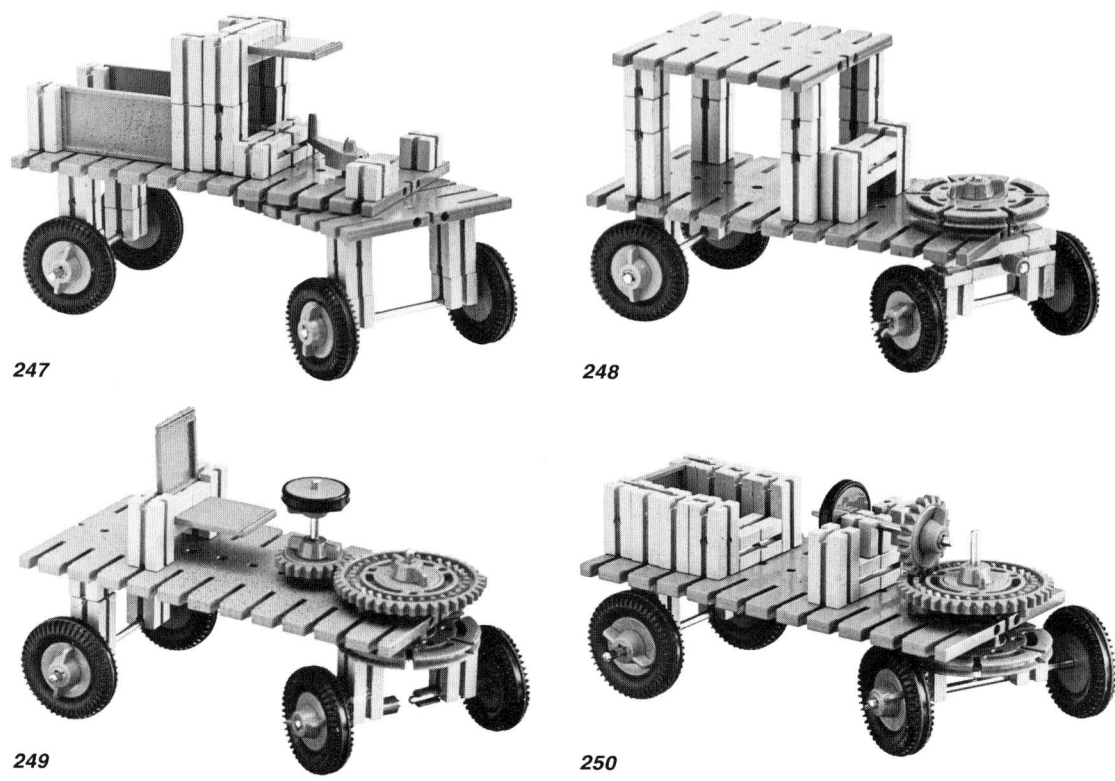

247

248

249

250

und ausgemessen werden. Zum Zählen der Radumdrehungen von Innen- und Außenrad werden beide Räder mit Strichmarken versehen. Die Schüler zählen am besten in Partnerarbeit. –
Das Kippverhalten des Fahrzeugs ist im Stand besser zu untersuchen als in der Fahrbewegung. Bei eingeschlagener Vorderachse läßt sich das Fahrzeug nach innen spürbar leichter kippen als nach außen. Diese Erfahrung kann mit der Zahl begründet werden: 1. Messen des Radstandes bei eingeschlagener Vorderachse zwischen den Vorder- und Hinterrädern, 2. Messen des Abstandes der Vorderräder zur Längsachse des Fahrzeugs, der mit zunehmendem Einschlag immer geringer wird und bei Schwenkung der Achse um 90° = 0 ist. – Das in der historischen Darstellung (255) an-

247–250: Konstruktion von Drehschemellenkungen auf unterschiedlichen Leistungsstufen.
247: Als Drehschemel ist eine kleine Grundplatte verwendet, so daß sich der ganze Vorderwagen dreht. Die Kurbel bleibt ohne Funktion, da die Lenkachse nicht mit dem Drehschemel verbunden ist und somit nur als Drehachse fungiert. Der Vorderwagen muß von Hand geschwenkt werden.
248: Durch die Verwendung einer Winkelachse ist eine feste Verbindung von Achse und Drehbalken hergestellt. Der Drehbalken kann durch das Lenkrad direkt bewegt werden.
249: Einzelradlagerung mit zwei kurzen Achsen, die durch Klemmbuchsen geführt werden. Die Räder können sich unabhängig voneinander drehen. Die Lenkbewegung wird durch ein Zahnradgetriebe auf den Drehschemel übertragen. Da zwei Zahnräder verwendet sind, erfolgt eine Umkehrung der Drehrichtung; das Fahrzeug lenkt seitenverkehrt.
250: Eine beachtenswerte konstruktive Lösung des Lenkgetriebes. Die Lenkbewegung wird hier unter Änderung der Drehebene (Kegelräder) übertragen. Bei der rechtwinkligen Zuordnung der Zahnräder erfolgt keine Umkehrung der Drehrichtung: die Lenkung funktioniert seitenrichtig. Das Problem der Einzelradlagerung ist hier allerdings nicht beachtet.
251–254: Lenkbare Spielfahrzeuge als Objekte der Lernübertragung. 251: einfacher Kastenwagen mit

251

252

253

254

gesprochene Problem, die starke Belastung der Vorderachse in ihrem Drehpunkt, ist schwieriger einsichtig zu machen, weil sich Gewicht schlecht simulieren läßt. Der Drehpunkt wird den Schülern jedoch als „schwacher Punkt" deutlich, wenn zur Herabsetzung der Reibung zwischen Vorderachse und Fahrgestell eine Distanzscheibe untergelegt wird.

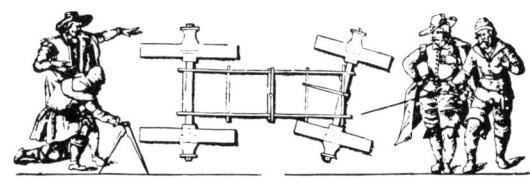

255

251: Drehschemellenkung und Einzelradlagerung. Der Drehbalken ist mit einer Holzschraube am Wagenboden beweglich befestigt. Der Wagen wird mit einer Zuggabel gezogen und gelenkt.

252: Unterseite eines Traktors mit Drehschemellenkung. Die Lenkbewegung wird vom Lenkrad über die Lenksäule zu einem Holzkugelgelenk übertragen.

253, 254: Achsschenkellenkung. Die Räder laufen auf kleinen Achsstummeln (Achsschenkel), die am Ende der starren Achse um einen Bolzen beweglich angebracht sind. Die Lenkbewegung wird bei 253 durch einen an der Lenksäule abgewinkelten Hebel, bei 254 von der Lenksäule über ein Zahnstangengetriebe auf die Spurstange übertragen.

255: Die Lenkung des vierrädrigen Wagens ist lange Zeit ein ungelöstes Problem geblieben. Die Schwierigkeit bestand u. a. darin, daß eine drehbare Vorderachse mit dem Wagengestell nur in einem Punkt durch den sogenannten „Reibnagel" verbunden war, gegen den bei jeder Erschütterung ungefähr das halbe Gewicht des Wagens drückte. Die historische Darstellung zeigt, wie der Druck teilweise durch ein Holz abgefangen wird, das sich lose gegen ein Querholz des Rahmens stemmt.

M 6 Einfache Antriebsmechanismen für Maschinen

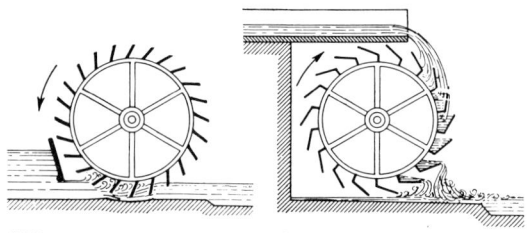

256   257

258

259

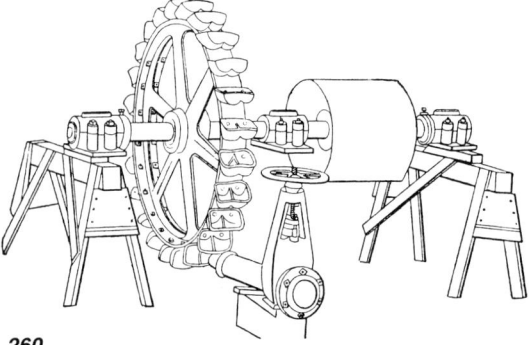

260

Didaktische Hinweise

Im Mittelpunkt der Lerneinheit stehen funktionale und konstruktive Probleme einfacher Antriebsmaschinen. Als Unterrichtsinhalte werden Wasser- und Windräder gewählt, weil sie im Erlebnis- und Interessenhorizont des Kindes liegen und in ihrer Struktur durchschaubar sind. Die Schüler sollen im nacherfindenden Tun erkennen, daß Wasser- und Windkräfte in drehende Bewegung umgewandelt werden und als Antrieb für Arbeitsmaschinen genutzt werden können. Die Konstruktion der Modelle erfolgt mit leicht verformbaren Werkstoffen, die keine handwerklichen Techniken voraussetzen und die das Probieren und Experimentieren, das Verändern und Korrigieren ermöglichen. – Das Wasserrad wird unter dem Aspekt der Lernsequenz als erste Aufgabenstellung gewählt, weil das Funktionsprinzip einfacher zu erkennen ist als beim Windrad, bei dem der Wind von vorn auf die schräg gestellten Flügel auftrifft. Das Gesamtthema sollte aus sachstrukturellen und lernpsychologischen Gründen nicht vor dem 3. Schuljahr behandelt werden. Der Handantrieb von Maschinen (M 1, M 2) wird als Grunderfahrung vorausgesetzt.

256: Unterschlächtiges Wasserrad (Stoßwasserrad). Der Wirkungsgrad ist gering, da das Wasser senkrecht auftrifft, seitlich ausweicht und nur einen Teil seiner Energie abgeben kann.
257: Oberschlächtiges Wasserrad (Gewichtswasserrad). Energie wird hier weit besser ausgenutzt. Der Wirkungsgrad wächst mit dem Durchmesser des Rades, weil damit der Hebelarm, an dem das Gewicht angreift, länger wird.
258, 259: Horizontal laufende Wasserräder. Schussermühlen an der Almbachklamm bei Berchtesgaden, um 1920, und Löffelrad einer Mühle in Rumänien, um 1850.
260: Peltonturbine (Freistrahlturbine). Das Wasser trifft mit großem Druck als freier Strahl in die Schaufeln des Rades. Die schalenartig geformten Doppelschaufeln besitzen in der Mitte eine scharfe Schneide, die den Wasserstrahl in zwei Halbstrahlen teilt. Das Wasser wird in den Halbschalen stoßfrei umgelenkt und gibt seine Energie beinahe verlustfrei an das Rad ab.

Sachinformation

Wind- und Wasserräder gehören zur Gruppe der Kraftmaschinen (Antriebs-, Energiemaschinen). Kraftmaschinen haben die Aufgabe, eine Energieform in eine andere, besonders mechanische Energie umzuwandeln. Kraftmaschinen werden eingeteilt in 1. Wasserkraftmaschinen (Wasserrad, Wasserturbine); 2. Windkraftmaschinen (Windrad, Windturbine); 3. Wärmekraftmaschinen (Dampfmaschine, Dampfturbine, Verbrennungsmotor); 4. Elektromotoren.

Wasserrad: Die älteste Form des Wasserrades ist das unterschlächtige Schaufelrad oder Stoßwasserrad. Es wurde bereits im Altertum als Wasserkraftmaschine eingesetzt und bis ins Mittelalter in fast unveränderter Form beibehalten. Das Rad wird durch die Wasserströmung in Bewegung gesetzt, die unten gegen die Schaufeln drückt. Bei ihm wird die kinetische Energie des Wassers ausgenützt. Es bildet die Urform der Aktionsturbine. Beim oberschlächtigen Wasserrad wird das Wasser von oben herangeführt und über dem Scheitelpunkt des Rades in die zellenförmig gebildeten Schaufeln geleitet. Ausgenutzt wird das Gewicht des Wassers, die potentielle Energie. Das oberschlächtige Wasserrad ist die Urform der Reaktionsturbine.

Wasserturbine: Die wichtigste Wasserkraftmaschine, die Turbine, dient in erster Linie zur Erzeugung von elektrischer Energie, wird aber auch zum direkten Antrieb von Arbeitsmaschinen eingesetzt. Bei Turbinen sind die Laufwerke in Gehäusen untergebracht. Man unterscheidet zwei Arten: die Aktions- oder Gleichdruckturbine und die Reaktions- oder Überdruckturbine. Bei der ersteren erfolgt die Umsetzung der potentiellen Energie in kinetische Energie bereits vor dem Laufrad. Die bekannteste Aktionsturbine ist die Peltonturbine (260). Bei der Reaktionsturbine wird die potentielle Energie im Laufrad umgesetzt. Das Wasser wird hierbei im Innern der Turbine über ein feststehendes Leitrad mit schräggestellten Schaufeln dem Laufrad zugeführt. Das Leitrad gibt dem Wasser eine bestimmte Richtung zum Laufrad und wandelt die potentielle in kinetische Energie um, die das Laufrad antreibt.

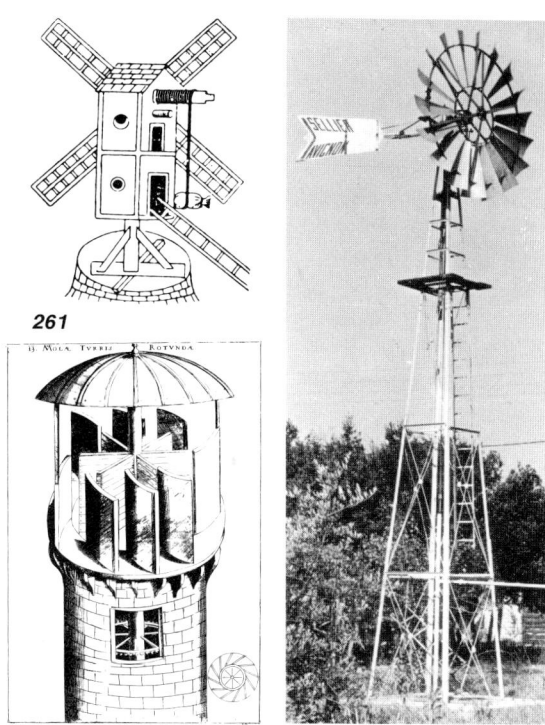

261: Mittelalterliche Mühlenwinde, nach Taccola.
262: Windturbine mit 8 Schaufeln und 12 feststehenden gekrümmten Leitschaufeln, um 1595.
263: Als Wasserpumpe eingesetzes Windrad.

Windrad, Windturbine: Bei Windkraftmaschinen unterscheidet man zwischen dem vertikal laufenden Windrad und der horizontal laufenden Windturbine. Das Windrad besteht aus schräggestellten Flügeln, die durch den Luftstrom in Drehbewegung versetzt werden. Das Einstellen in Windrichtung erfolgt durch eine Schwanzflosse. Die Windturbine braucht nicht in Windrichtung gestellt zu werden. Windräder werden heute noch als Pumpen zur Be- und Entwässerung und in Verbindung mit Generatoren zur Stromerzeugung eingesetzt.

264 J, M 6

265 J, M 6

M 6.1 Bau von Wasserrädern
(ab 4. Schuljahr)

Lernziele: Die Schüler sollen
- ein Wasserrad herstellen, mit dem die Kraft fallenden oder fließenden Wassers in drehende Bewegung umgewandelt wird;
- die Radschaufeln an der Stirnseite des Rades anordnen und so ausformen, daß möglichst viel der auftreffenden Wassermenge aufgenommen wird;
- die Wasserräder unter der Wasserleitung erproben, Unterschiede in der Konstruktion feststellen und die Funktionsprinzipien erkennen.

Grundbegriffe: Wasserrad, fallendes, fließendes Wasser, oberschlächtiges, unterschlächtiges Wasserrad, Schaufel; gerade, becherförmig; Drehgeschwindigkeit, Reibung

Arbeitsmaterial: Aluminiumblech weich, 0,2 mm stark, Knetwachs, Nägel, Perlen, Weichholz- und Styroporleisten; Blechschere, Säge, Hammer

Unterrichtshinweise: Das Funktionieren der Wasserräder kann während des Bauens durch Blasen überprüft werden. – Als Material für die Schaufeln hat sich weiches Aluminiumblech gut bewährt, das sich mit der Hand biegen läßt.

Für den Radkörper eignet sich am besten Knetwachs. Durch die Handwärme wird es zunächst weich und plastisch verformbar, beim Erkalten erhärtet es wieder. Die eingesteckten Schaufeln sitzen fest und auch das Achsloch hat die nötige Festigkeit. – Die wichtigste Phase im Lernprozeß ist die Erprobung der Wasserräder unter der Wasserleitung, bei der die Schüler die grundlegenden funktionalen Einsichten gewinnen. Hierbei können sie im einzelnen erkennen, daß 1. sich das Rad am besten dreht, wenn das Wasser auf das äußere Ende der Schaufeln auftritt, 2. die Drehgeschwindigkeit sich erhöht, wenn der Fallweg des Wassers vergrößert wird, 3. das Wasser von geradflächigen Schaufeln schneller abfließt als von becherförmigen. –

Diese einfache Aufgabe ist diffiziler, als es zunächst scheint. Von wie vielen Faktoren das Funktionieren selbst dieser einfachen Wasserräder mitbestimmt wird, zeigt die Funktionsprobe der Räder 266–269. Entgegen der Erwartung der Kinder laufen nicht die vierschaufligen Räder mit den ausgeformten Schaufelblättern am besten, sondern die einfachen Räder 266, 268 mit 8 und 7 Schaufeln. Die Anzahl der Schaufelblätter erweist sich für einen runden Lauf als wichtiger als die wohl funktionsgerechter geformten Schaufeln von 267 und 269.

266   M 9   267   J 9   268   M 9   269   J 9

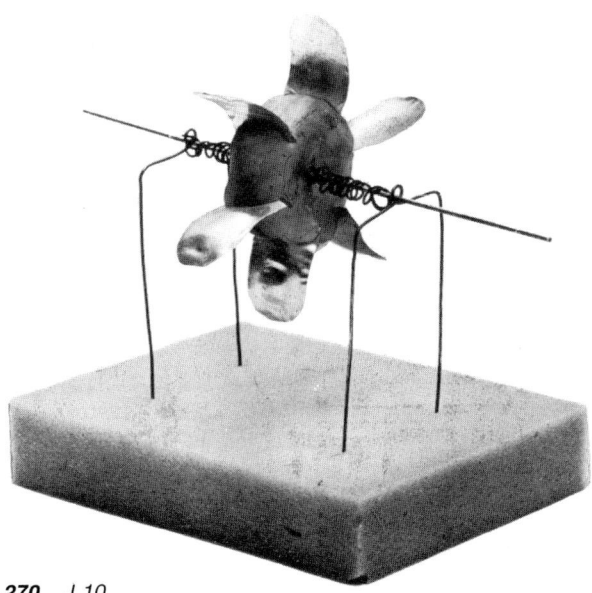 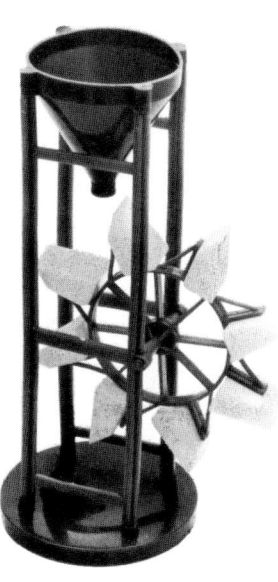

270   J 10   271

264: Vorlernerfahrung im Spiel mit dem Wasserrad. Kinder des ersten Schuljahrs überprüfen unter der Wasserleitung ihre „Kartoffelwasserräder" (265).

266–269: Wasserräder mit unterschiedlicher Formung der Schaufeln: geradflächig, kastenförmig, schaufelartig, becherförmig. Es wird untersucht, welche Schaufeln am meisten Wasser aufnehmen und mit dem größten Gewicht nach unten drücken. – Als feststehende Achsen sind längere Nägel verwendet, auf die zur Verminderung der Reibung Holzperlen aufgeschoben sind.

270: Wasserrad mit umlaufender Achse (Aktionswasserrad); Gestell aus Draht, Grundplatte aus Hartschaumstoff.

271: Sand- oder Wasserrad (Reaktionswasserrad). Spielzeuge dieser Art eignen sich gut für Versuche und zur Lernübertragung.

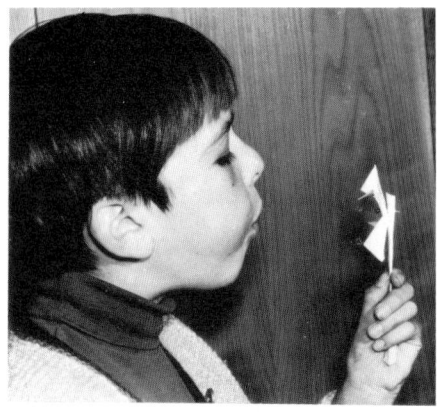

272 J 8

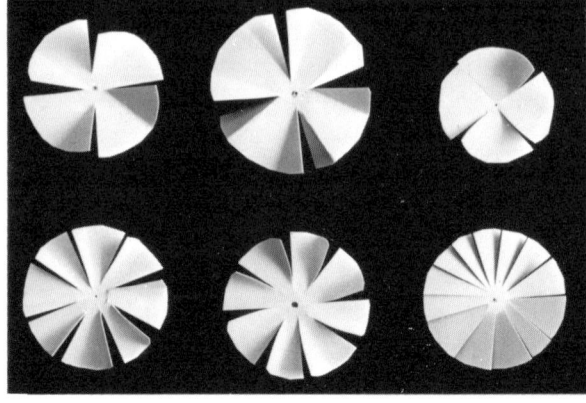

273 J, M 9–10

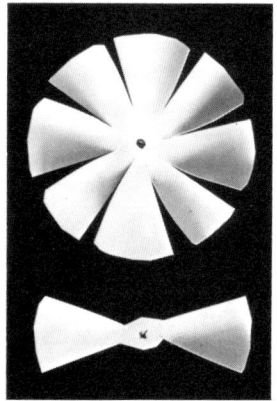

274

275 J 10

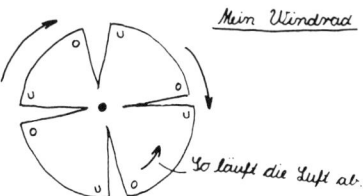

Mein Windrad

So läuft die Luft ab.

Mein Windrad hat vier Flügel. Die Flügel habe ich gebogen. Bei O ist der Flügel oben, bei U ist der Flügel unten. Wenn ich von vorn blase dreht sich mein Windrad wie die Uhr läuft. Wenn ich von hinten blase dreht sich das Rad andersherum.

276 J 9

M 6.2 Konstruktion von Windrädern

(ab 4. Schuljahr)

Lernvoraussetzungen: M 6.1
Lernziel 1 (Einfaches Windrad): Die Schüler sollen
- aus Karton ein Windrad konstruieren, das durch einen Luftstrom (Blasen, Ventilator) in drehende Bewegung versetzt wird;
- die Funktionsprinzipien von Windrad und Propeller erkennen.

Erweiterung: Luftschraube; Heißluftrad.
Lernziel 2 (Windrad mit Steuerflosse): Die Schüler sollen
- eine Vorrichtung bauen, die das Windrad selbsttätig in den Wind stellt.

Grundbegriffe: Windrad, Flügel, Windrichtung, Steuerflosse, Propeller, Drehrichtung

Arbeitsmaterial: Karton, dünnes Alu-Blech, Glaskopfstecknadeln, Perlen, Nägel, Styropor-, Holzleisten. Zirkel, Schere, Säge, Hammer, Zange; Ventilator; Windradspielzeuge
Unterrichtshinweise: Die Konstruktion eines Windrades ist schwieriger als die eines Wasserrades, da die Flügelblätter wegen des von vorn auftreffenden Luftstromes schräg gestellt werden müssen. Eine funktionstüchtige Lösung wird vom Schüler meist erst in mehreren Probierhandlungen gefunden. Es ist daher zu empfehlen, mehrere Kartonscheiben für Versuche vorbereiten zu lassen. Die Scheibe wird erst im Mittelpunkt drehbar gelagert, bevor die Schüler die Flügel einschneiden und formen. Als Drehachse eignet sich am besten eine Glaskopfstecknadel, auf die zur Herabsetzung der Reibung eine Perle aufgeschoben wird. – Beim Windrad ist das Funktionsprinzip

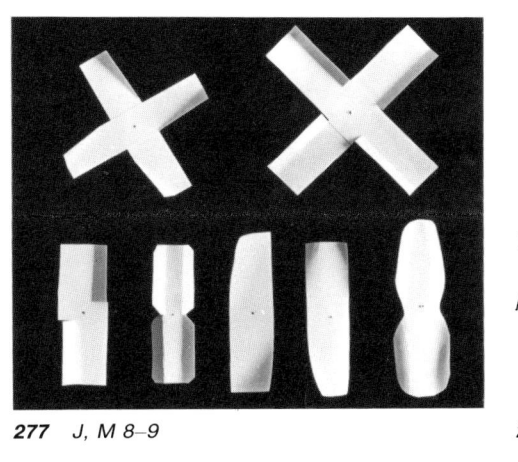

277 J, M 8–9

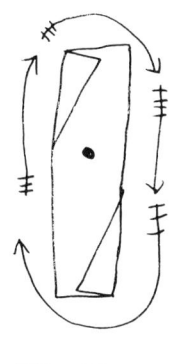

278 J 9

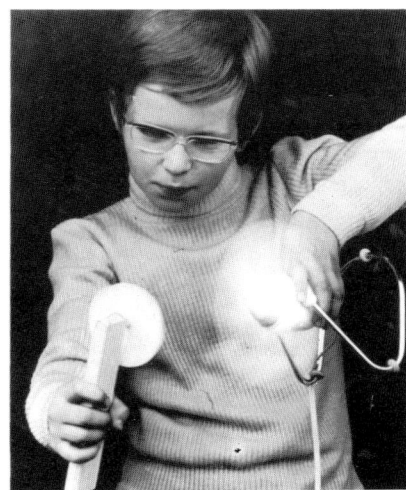

279 J 9

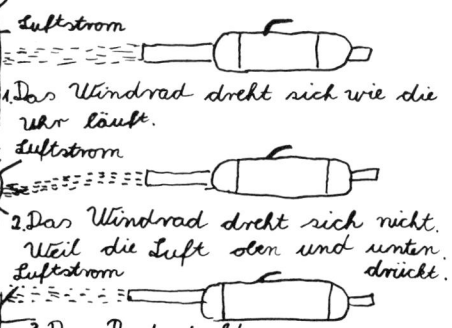

280 J 9

281 J, M 9

schwieriger zu erkennen als beim Wasserrad. Wie die Luft von den schräg stehenden Flügeln abgleitet und das Rad in Bewegung setzt, kann der Schüler nur an der Wirkung sehen und von der Wirkung her erklären. – Die Drehrichtung wird von der rechts- oder linksschrägen Stellung der Flügelblätter bestimmt. Diesen Wirkungszusammenhang von Flügelstellung und Drehrichtung erfahren die Schüler am einfachsten, wenn sie von vorn und von hinten gegen das Rad blasen.

Zu Lernziel 2: Ein Windrad mit Steuerflosse hat zwei Drehachsen: die horizontale Achse des Flügelrades und die vertikale, um die es sich im Gestell dreht. Die einfachste und für den Schüler lösbare Konstruktionsform zeigt Abb. 275. Die Trägerleiste für Flügelrad und Steuerflosse wird als zweiarmiger Hebel auf

272, 279: Funktionsprobe durch Blasen und mit Hilfe des Ventilators.
273: Windräder aus Karton. Beispiele für einfache und komplexe Lösungen vom vierflügligen Rad mit geknickten Flügeln bis zum vielflügligen Rad mit gewölbten und gedrehten Flügelblättern.
274: Entwicklung der Zweiflügelschraube aus dem Windrad.

275: Windrad, das sich selbsttätig in den Wind stellt. Material: Styroporleisten, Alu-Blech.
276: Zeichnung und Bericht eines Neunjährigen.
277: Vier- und zweiflüglige Windräder. Problemstellung: Ein Kartonstreifen ist so zu biegen, daß er sich wie ein Propeller dreht (rechts herum, links herum).
280, 281: Versuche mit dem Windrad, das nach dem Prinzip des Wasserrades für seitlichen Antrieb durch gebündelten Luftstrahl konstruiert ist.

282 J, M 10

283 J 10

284

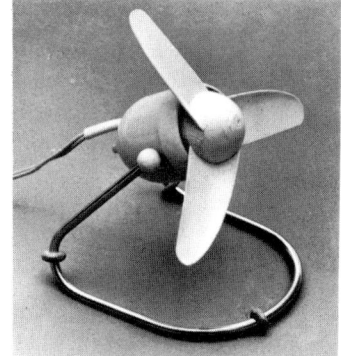

285

286

einer senkrechten Stütze drehbar gelagert. Diese funktionalen und konstruktiven Grundbedingungen sollten vorgeklärt werden. Die eigentliche Problemaufgabe besteht in der Konstruktion und der Anordnung von Flügelrad und Steuerflosse. – Der Schüler erfährt: 1. Das Flügelrad muß mit horizontaler Drehachse an der Stirnseite des Trägers gelagert, die Steuerflosse am anderen Hebelarm (hinter dem Drehpunkt) angebracht sein. 2. Die Steuerflosse muß senkrecht stehen, damit der Wind einen seitlichen Druck ausüben kann, der das Rad in den Wind stellt und in Windrichtung hält. 3. Die Steuerfunktion der Flosse ist um so wirkungsvoller, je weiter sie vom Drehpunkt entfernt angebracht ist.

282: Warmluftträder. Der Antrieb erfolgt durch die aufsteigende Wärme. Material: dünnes Alu-Blech, Stangendraht, Styropor.
283: Modell einer „Windkraftmaschine" mit Untersetzungsgetriebe. Vom Staubsaugergebläse angetrieben hebt die Winde in kürzester Zeit ein 200 g-Gewicht vom Fußboden auf den Tisch.
284: Flugkreisel. Mit einem Zugfaden wird das Flugrad in schnelle Rotation versetzt, so daß es vom Gestell abhebt und sich hoch in die Luft schraubt (Prinzip des Hubschraubers).
286: Spielzeugwindrad aus Kunststoff mit Steuerflosse und verstellbaren Flügeln. Ein Gerät, das sich gut als Versuchsmodell eignet, um den Einfluß verschiedener Flügelstellungen auf Drehrichtung und -geschwindigkeit zu untersuchen.
284–286: Flugkreisel, Ventilator, Windrad: das Funktionsprinzip des Windrades in unterschiedlichen Wirkungsprinzipien. Während das Windrad durch Windkraft in Drehbewegung versetzt wird (Energiemaschine, die Windkraft in Drehenergie umwandelt), wird in Umkehrung des Prinzips der Ventilator durch elektrische Energie angetrieben und „macht Wind" (Arbeitsmaschine). Der Flugkreisel funktioniert nach dem gleichen Prinzip, nur daß er sich als Luftschraube selbst fortbewegt.

M 7 Schwimmen – Schiffe

Didaktische Hinweise

Aus dem komplexen Sachverhalt „Schwimmen – Schiffe" werden einige grundlegende Inhalte ausgewählt, die den Lernmöglichkeiten und Lernbedürfnissen des Schülers der Primarstufe entsprechen. Unterrichtsinhalte sind folgende Grundprobleme: 1. Die Form des Schiffskörpers als funktionsbedingte Form. 2. Die Gliederung des Schiffskörpers in Rumpf und Aufbauten (Schiffsarchitektur). 3. Die Lenkmöglichkeit durch das Ruder. 4. Der Antrieb durch Segel und einfachen Gummi- und Warmluftmotor. 5. Die Stabilität des Schiffes und sein Gleichgewicht. 6. Das Schwimmen von Körpern. 7. Das Schwimmbarmachen durch Hohlraumbildung.

Die Probleme werden im Sinne der didaktischen Reduktion so vereinfacht und elementarisiert, daß sie vom Schüler in konstruierendem und experimentierendem Tun selbständig erarbeitet werden können.

Sachinformation

Schwimmen: Ein Körper, der in eine Flüssigkeit getaucht ist, wird von einer Kraft emporgehoben, die dem Gewicht der verdrängten Flüssigkeit entspricht (Auftrieb). Ein Körper schwimmt, wenn der Auftrieb größer ist als sein Gewicht (Holz). Ein Stück Metall sinkt unter. Wird dieses selbe Stück Metall zu einer flachen Schale geformt, so schwimmt es. Die vergrößerte Oberfläche verdrängt jetzt mehr Wasser, und eine Kraft, die dem Gewicht des verdrängten Wassers entspricht, treibt die Schale nach oben. Bei Schiffen wird die Schwimmfähigkeit durch Hohlraumbildung bewirkt.

Form des Schiffskörpers: Ein Schiff ist so geformt, daß es bei seiner Fortbewegung dem Wasser möglichst wenig Widerstand bietet. Der Schiffskörper ist „stromlinienförmig".

Ruder: Die Vorrichtung zum Lenken des Schiffes bezeichnet man als Ruder. Der Hauptteil des Ruders, das Ruderblatt, ist drehbar angebracht. Wird das Ruder zur Seite ausgeschlagen (ausgelegt), so wird das Heck nach der dem Ruderausschlag entgegengesetzten Seite gedreht. Die Fahrrichtung wird in Richtung des Ruderausschlags geändert.

Kiel, Schwert: Die Aufgabe von Kiel und Schwert besteht darin, die Schwimmlage des Schiffs zu stabilisieren und das Umschlagen (Kentern) zu verhindern. Bewegliche Kiele, die eingezogen werden können, bezeichnet man als Schwert. Kiele mit Bleiballast heißen Flossenkiele.

Stabilität: Ein Schiff besitzt Stabilität, wenn es sich aus einer Seitwärtsneigung (Querstabilität) und aus einer Neigung um die Querachse (Längsstabilität) wieder aufrichten kann. Von Wichtigkeit für die Stabilität ist die Symmetrie der beiden Rumpfhälften, die sich spiegelbildlich entsprechen müssen.

Antrieb: Die Fortbewegung des Schiffes geschieht beim Segelschiff durch Ausnutzung der Windkräfte. Das Segel dient als Windfang und bewirkt so den Vortrieb. Motorschiffe werden durch einen oder mehrere Propeller (Schiffsschrauben), einige Binnenschiffe (Raddampfer) noch durch Schaufelräder angetrieben, die nach dem Prinzip des Wasserrades arbeiten.

Für unsere Schiffsmodelle kommen neben dem Segel der einfache Warmluftantrieb und der Gummimotor mit Radschaufel in Betracht.

287 J, M 5

288 J, M 4–5

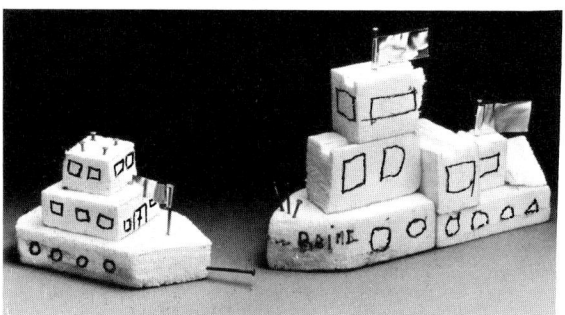

289 J, M 8

290 M 8

M 7.1 Schiffe aus Hartschaumstoff und Holz

(ab Eingangsstufe)

Lernziel 1 (Schiffe mit Aufbauten): Die Schüler sollen
- ein Schiff aus Styropor oder Holz (ab 3. Schuljahr) herstellen;
- den Schiffsrumpf ausarbeiten und Aufbauten anbringen, die in Form und Größe auf den Schiffskörper abgestimmt sind;
- die Schiffe auf ihre Schwimmfähigkeit überprüfen.

Lernziel 2 (Lenkbares Schiff, ab 4. Schuljahr): Die Schüler sollen
- aus Styropor ein Schiff bauen, das lenkbar ist;
- den Schiffskörper stromlinienförmig ausbilden, die Schwimmlage durch einen Flossenkiel stabilisieren und ein bewegliches Ruder anbringen;
- in Schwimmversuchen die Stabilität überprüfen und die Ruderfunktionen erkunden.

Erweiterung: Schiffe mit Antrieb (Segelschiff, Raddampfer mit Gummimotor, Schiff mit Warmluftantrieb)

287: Erste Schwimmversuche.
288: Die Schiffe der Vier- und Fünfjährigen zeigen noch eine sehr einfache Struktur. Der Schiffskörper ist noch nicht ausgeformt, die Aufbauten sind wie Bauklötze geschichtet. Ein wichtiges Merkmal des Schiffes sind für das Kind die Fähnchen, die zahlreich angebracht werden.

289–291, 294, 295: Schiffe aus Styropor und Abachi. Entwurf des Rumpfes im Papierfaltschnitt. Die Formgebung der Schiffskörper ist weniger von der Funktion bestimmt als von der Erscheinungsform her übernommen. Wie die Keilform des Bugs als funktionsbedingte Form einsichtig gemacht werden kann, zeigt der Versuch 292.

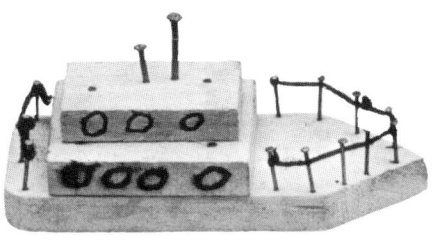

291 J 8

292

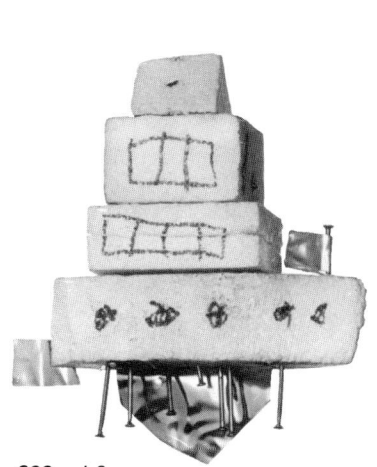

294 J 8

293 J 8   *295* M 8

296 J 10

Grundbegriffe: Boot, Schiff, Dampfer, Schiffskörper, Bug, Heck, Deck, Aufbauten, Stromlinienform, Gleichgewicht, Schlagseite; kentern, Ruder, Kiel, Schwert, backbord, steuerbord

Arbeitsmaterial: Styropor, Holz, Alu-Blech, Stangendraht, Nägel, Schrauben; Säge, Raspel, Feile, Schleifpapier

Unterrichtshinweise: In dieser Einheit sollen dem Schüler funktionale Probleme des Schiffes (Schwimmen, Stabilität, funktionsgerechte Formgebung, Steuerung, Antrieb) in eigenen Konstruktionsübungen und Versuchen einsichtig werden. Der technische Sachverhalt ist komplex. Das macht erforderlich, Teilprobleme auszugliedern und nach Schwierigkeitsgrad in Lernsequenzen anzuordnen.

Beim Thema „Schiff" ist – wie bei Inhalten ähnlicher Struktur – die Intention des Kindes primär auf die Verwirklichung der Erscheinungsform gerichtet. So werden in subjektiver Deutung die dem Kinde markant erscheinenden Merkmale mit den zur Verfügung stehenden Materialien körperhaft verwirklicht oder aufgemalt. Funktional untergeordnete Teile wie Fähnchen, Masten, Geländer haben im

292: Zwei Styroporleisten, eckig und zugespitzt, werden durch eine Schicht Sand geschoben. Die eckige Form staut den Sand vor der Stirnseite, die spitze Form läßt ihn seitlich abgleiten.

293: Styroporschiff. Um das Kippen zu verhindern, hat der Junge an der Unterseite große Nägel als Gewichte angebracht und das Schiff zusätzlich durch ein Schwert stabilisiert. Ein ins Heck eingeschobenes Stück Blech dient als Ruder.

295: Segelschiff aus Styropor. Technisches Problem: Formgebung des Schiffskörpers, Konstruktion des Segels, Stabilisierung durch Schwert, Konstruktion des Ruders.

297 J 9

298 J 9

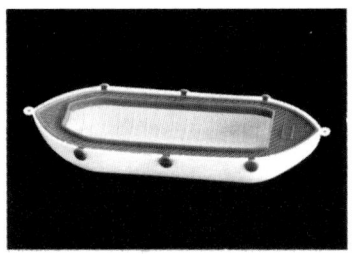

299

300

301

Bewußtsein des Kindes einen hohen Stellenwert. Funktionsbedingte Formgebung – wie die stromlinienförmige Ausbildung des Rumpfes – wird vom Erscheinungsbild her übernommen.

Das formalästhetisch sicher ansprechende Segelschiff 290 ist weit weniger funktionstüchtig als das primitiv anmutende Schiff 293, das richtungsbestimmt schwimmt, gewichtsstabil und lenkbar ist.

Die ersten einfachen Schiffe (Lernziel 1) treiben mehr auf dem Wasser als sie fahren. Dem Kinde wird es jedoch schon zum Erlebnis, daß sein Schiff schwimmt, nicht kippt, sich fortbewegt, wenn es angestoßen wird, und vielleicht beladen werden kann. Schwimmfähigkeit und Kippsicherheit stehen als erste technische Probleme im Vordergrund. Die Kinder beobachten, daß ein Schiff Schlagseite bekommt oder gar kentert, wenn die Aufbauten einseitig angebracht oder zu hoch sind, und sie erfahren, wie das Gleichgewicht durch ein Gegengewicht (Schrauben, Nägel) stabilisiert werden kann. Sie beobachten, daß ein Schiff beim Beladen tiefer einsinkt.

Zu Lernziel 2: Die Funktion der Stromlinienform kann in unseren bescheidenen Schwimmversuchen nicht verdeutlicht wer-

297: Schiff aus Styropor mit „Warmluftmotor". Die aufsteigende Luft wird nach hinten abgeleitet und treibt das Boot nach vorn. Das Modell ist lenkbar und manövrierfähig.

298: „Rennboot mit Gummimotor". Der Antrieb der Radschaufeln erfolgt durch den auf die Radwelle aufgewickelten Gummistrang. Das Modell legt im freien Wasser eine Fahrstrecke von ca. 10 m zurück. Länge des Bootes 30 cm.

299–301: Spielzeugschiffe aus Kunststoff. Boot, Dampfer mit Batteriemotor, Segelschiff als Beispiele für geeignete Anschauungs- und Versuchsobjekte zur Lernübertragung.

	im Wasser	über Wasser
Buche 104 g	6 mm	14 mm
Abachi 55 g	15 mm	5 mm
Styropor 3 g	19 mm	1 mm

Buche   Abachi   Styropor
                          über Wasser
                          unter Wasser

Das Buchenholz sinkt am tiefsten ein weil es am schwersten ist. Das Abachiholz taucht ungefähr ½ ein weil es leichter ist. Das Styropor ist so leicht, daß es beinahe auf dem Wasser liegt.

302 J 9

303 J 9

den, sie läßt sich aber – zumindest was die Keilform des Bugs angeht – gut simulieren (292).
Die Aufgabe, das Schiff durch Flossenkiel zu stabilisieren und durch Ruder lenkbar zu machen, ist technisch für den Schüler ohne Schwierigkeiten lösbar, sie wird jedoch ohne die Möglichkeit einer funktionalen Erprobung problematisch. Während für Versuche mit der Gewichtsstabilität eine Schüssel genügt, wird für die Erkundung des Fahrverhaltens ein hinreichend großes Becken erforderlich, etwa die Zinkwanne des Sandkastens. – Steuerfunktionen des Ruders können erst sinnvoll erkundet werden, wenn eine einwandfreie Geradeausfahrt gelingt. Wird ein Schiff durch Anstoßen in Bewegung gesetzt, muß es ein entsprechendes Eigengewicht besitzen. Styroporboote sind ohne zusätzliche Belastung zu leicht. Ein Segelboot wird am einfachsten durch Pusten, besser durch einen Ventilator angetrieben. Am besten lassen sich Steuerversuche mit einem Schiff durchführen, bei dem der Antrieb nicht von außen, sondern vom Schiff aus erfolgt, wie beim Schiff mit „Warmluftmotor" (297). Mit diesem Modell können die Ruderfunktionen instruktiv veranschaulicht und Steuermanöver gezielt durchgeführt werden (Kreisfahrt eng und weit, Ansteuern einer vorbestimmten Stelle).

M 7.2 Versuche mit dem Schwimmen

(ab 4. Schuljahr)

Lernziel 1 (Einsinktiefe von Materialien): Die Schüler sollen

– drei gleichgroße Körper aus Styropor, Abachi- und Buchenholz auswiegen und im Schwimmversuch messen, wie weit sie im Waser einsinken;
– erkennen, daß die Einsinktiefe vom Gewicht des Körpers abhängig ist.

Lernziel 2 (Schwimmfähigkeit durch Hohlraumbildung): Die Schüler sollen

– ein Stück Aluminiumblech und eine Plastilinkugel zu Hohlformen umformen und schwimmen lassen;
– erkennen, daß ein Körper, der im Wasser untergeht, durch Hohlraumbildung schwimmfähig gemacht werden kann.

302, 303: Die Versuchskörper werden vorsichtig ins Wasser gelegt, die Einsinktiefe wird gemessen. Die Schüler tragen die Meßwerte in eine Tabelle ein, fertigen eine maßstabgerechte Zeichnung im Maßstab 1:1 an und berichten über ihre Beobachtungen.

304

305

Die Plastilinkugel und das Boot aus Plastilin wiegen jedes 80 g. Die Kugel geht gleich unter wie ein Stein. Das Boot ist geschwommen, weil es hol ist. Das Alublech ist untergegangen es ist nämlich schwerer als das Wasser. Das Boot aus Blech schwimmt und und man kann eine Last sogar drauflegen.

306   M 9

Lernziel 3 (Gleichgewicht, Stabilität): Die Schüler sollen
- Probleme des Gleichgewichts und der Stabilität beim Schiff untersuchen;
- konstruktive Möglichkeiten erkunden, die Gleichgewichtslage zu stabilisieren.

Arbeitsmaterial: Styropor, Abachi- und Buchenholz, dünnes Aluminiumblech, Plastilin

Unterrichtshinweise: Die beim Bau von Schiffen gewonnenen Erfahrungen werden hier durch experimentelle Untersuchungen vertieft und um das Schwimmfähigmachen durch Hohlraumbildung erweitert.

Zu Lernziel 1: Für den Versuch sind Materialien gewählt, die der Schüler bereits beim Bau von Schiffen verwendet hat. Als schweres Material wurde Buchenholz hinzugenommen, um signifikante Ergebnisse zu erhalten.

Zu Lernziel 2: Die Schüler erfahren, wie Materialien mit einem höheren Artgewicht als Wasser schwimmbar gemacht werden können. Der Versuch beantwortet die Frage, warum Schiffe aus Eisen nicht untergehen.

Zu Lernziel 3: Die Schüler haben erfahren, daß Schiffe mit hohen Aufbauten leicht kentern. In einer Versuchsreihe sollen sie erkennen, welchen Einfluß der Schwerpunkt auf die Gleichgewichtslage eines Körpers ausübt und wie die Schwimmlage durch Gegengewicht und Verbreiterung der Schwimmfläche (Doppelrumpf, Ausleger) stabilisiert werden kann.

304–306: Schwimmfähigmachen durch Hohlraumbildung. Boote aus Blech und Plastilin schwimmen, obwohl beide Materialien schwerer als Wasser sind. Die Herstellung der Bootskörper ist einfach. Aluminiumblech wird mit einem Kunststoffhammer auf einer Dämmplatte als Unterlage zur Hohlform getrieben. Das Plastilinboot wird aus der Kugel als Daumenschale (siehe G 3,2) modelliert.

307–313: Versuchsreihe zum Thema „Gleichgewicht, Stabilität". Material: Styropor, Knetwachs, Stangendraht. Eine Kugel aus Knetwachs kann am Draht verschoben werden, so daß sich der Schwerpunkt verlagert. Eine zweite Versuchsreihe befaßt sich mit der Untersuchung der Stabilität bei Doppelrumpf- und Auslegerfahrzeug.

314, 315: Anwendung der bei den Gleichgewichtsversuchen gewonnenen Erkenntnissen bei konkreten Themen: Doppelrumpf- und Auslegerboot.

314: „Trampelboot". Durch die weit auseinanderliegenden Schwimmkörper ist eine sichere Schwimmlage gewährleistet.

315: „Seeräuberschiff". Im Schwimmversuch wird die Doppelfunktion des Auslegers deutlich. Er sichert das Schiff gegen ein Kippen nach Backbord als Schwimmkörper und nach Steuerbord als Gegengewicht.

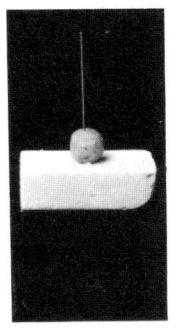  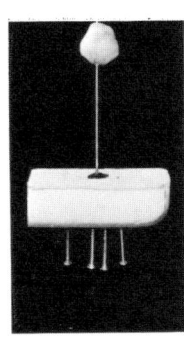 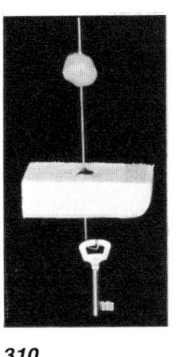 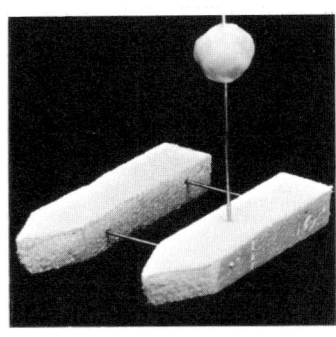

307   **308**   **309**   **310**   **311**

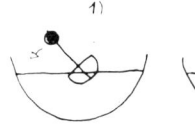 

Das Boot und das Gleichgewicht

1) Wenn die Kugel ganz oben am Draht ist, kippt das Boot um.
2) Wenn wir die Kugel nach unten schieben, kann das Boot schwimmen.
3) Die Kugel ist ganz oben. Das Boot kippt nicht um, weil unten ein Gegengewicht dran ist. Wenn ich das Boot umlege, steht es von selbst wieder auf wie ein Stehaufmännchen.

312   M 9   **313**

314   J 9   **315   J 9**

91

M 8 Fliegen – Gleitflugzeuge

Didaktische Hinweise

Ein Unterricht über Fliegen kann an die elementaren Erfahrungen anknüpfen, die das Kind im Umgang mit Papierschwalben, Drachen und Flugspielzeugen gewonnen hat. Bei der Unterrichtsplanung kann der Lehrer auf die theoretischen Erkenntnisse und fertigungstechnischen Erfahrungen eines hochentwickelten Modellbaus zurückgreifen. Die dem Schüler der Primarstufe zugänglichen Grundprobleme des Fliegens werden jedoch nicht durch ein Bauen nach fertigen Konstruktionsplänen, sondern weitgehend in eigenem konstruktivem Tun erarbeitet. Unterrichtsprozesse sollten demnach so angelegt werden, daß Selbstfinden, Erforschen und Entdecken im Vordergrund der Lernbemühungen stehen. Die Aufgaben der folgenden Einheiten sind nach Schwierigkeitsgrad in Lernsequenzen angeordnet. Der Schüler begegnet beim Bau eines Wurfpfeils zunächst dem Problem der Schwerpunktlage. Die Konstruktion eines einfachen Wurfgleiters bringt Einsichten in die Tragefunktion des Tragflügels. In einer dritten Sequenz lernt der Schüler die Funktionen der Steuerorgane kennen.

Sachinformation

Die nachfolgenden Hinweise beziehen sich auf Grundlagen des Flugmodellbaus, soweit sie für diese Einheit Bedeutung haben.

Modelltyp: Von den verschiedenen Grundtypen kommt für unsere Flugversuche nur das Normalmodell in Betracht, bei dem die Tragflügel im Vorderteil des Rumpfes und das Leitwerk am Rumpfende angebracht sind.

Rumpf: Der einfachste Rumpf ist der Stabrumpf. Er dient ausschließlich als Träger für Tragflügel und Leitwerk.

Der Flachrumpf, eine relativ einfache Konstruktionsform, hat außer der Trägerfunktion noch die Aufgabe, die Fluglage zu stabilisieren, und übt damit eine ähnliche Funktion aus wie Kiel und Schwert beim Schiff.

Die aufwendigste Konstruktion ist der Hohlrumpf. Bei Hochleistungsmodellen werden Antriebsaggregate (Motormodelle) und Fernsteueranlagen im Rumpf untergebracht.

Tragwerk: Der Tragflügel, gewöhnlich Tragfläche genannt, nimmt die Auftriebskräfte auf, die das Schweben bewirken. Sein Profil ist stromlinienförmig ausgebildet. Er wird mit einem „Anstellwinkel" bis zu + 5° schräg gestellt. Durch die Luftströmung entsteht an der Oberseite des Flügels ein Unterdruck und an der Unterseite ein Überdruck, wodurch der Auftrieb bewirkt wird. Um die Querstabilität zu erhöhen, wird der Tragflügel leicht V-förmig gestellt.

Leitwerk: Steuerorgane sind das Höhen- und das Seitenleitwerk sowie die Querruder. Die Leitwerke bestehen jeweils aus der festen Flosse und dem beweglichen Ruder. Mit dem Höhenruder wird das Flugzeug um die Querachse, mit dem Seitenruder um die Hochachse gesteuert. Die Querruder sind als bewegliche Klappen an der Hinterkante beider Tragflächenseiten angebracht. Sie dienen zur Stabilisierung um die Längsachse (Querlage).

Trimmen: Als „Auswiegen" oder „Trimmen" bezeichnet man das Herstellen der Gleichgewichtslage des Modells. Der Schwerpunkt liegt ungefähr im ersten Drittel der Tragfläche. Zum Trimmen werden an der Rumpfspitze Gewichte (Trimmgewichte) angebracht. Bei unseren Wurfgleitern dienen als Trimmgewichte Nägel und Schrauben, die an der Stirnseite des Rumpfes eingesteckt und eingedreht werden.

Start: Man unterscheidet Handstart, Hochstart und Katapultstart. Beim Handstart wird das Modell am Rumpf im Schwerpunkt gehalten und mit leichtem Schwung in die Flugbahn geworfen. Der Hochstart erfolgt nach dem gleichen Prinzip wie der Start eines Segelflugzeugs mit Seil und Startwinde. Das Modell wird wie ein Drachen an einem dünnen Seil gegen den Wind gestartet. Beim Katapultstart wird das Modell durch ein elastisches Zugmittel (Gummistrang) in die Luft „geschossen".

M 8.1 Bau eines Wurfpfeils
(ab 4. Schuljahr)

Lernziel: Die Schüler sollen
- einen Wurfpfeil aus Hartschaumstoff herstellen, der zielgerichtet fliegt;
- Einsichten in die Probleme der Schwerpunktlage bei Flugkörpern gewinnen.

Grundbegriffe: Pfeil, Flugrichtung, Schwerpunkt, Gleichgewichtspunkt; trimmen

Arbeitsmaterial: Styroporleisten, Schrauben, Nägel, Karton; Feile, Schleifpapier

Unterrichtshinweise: Der Bau eines Wurfpfeils aus einem so leichten Material wie Styropor ist ungefährlich. Wurfversuche können ohne Bedenken im Klassenzimmer durchgeführt werden. Dennoch sollte der Lehrer ein Minimum an Vorsicht walten lassen und das Werfen nur unter Aufsicht gestatten. – Einstieg: Eine Styroporleiste wird wie ein Pfeil in die Luft geworfen. Das Objekt erweist sich als fluguntauglich. – Für die konstruktive Lösung ergeben sich folgende Schritte:
1. Gezielte Beobachtung des Flugverhaltens. – Die Schüler erkennen, daß die Leiste vorn zu leicht ist, um als Pfeil fliegen zu können.
2. Verlagerung des Schwerpunkts. – An der Stirnfläche werden Schrauben eingedreht und Nägel eingesteckt, bis der Pfeil zielgerichtet fliegt.
3. Feststellen der Schwerpunktlage. – Die Schüler stellen durch Auswiegen die Gleichgewichtslage her und markieren den Schwerpunkt.
4. Formgebung. – Die Schüler geben dem Wurfpfeil mit Feile und Schleifpapier eine funktionsgerechte Form.

Erweiterung: Die Fluglage wird durch Leitflächen am Pfeilende stabilisiert.
Die Schüler führen zum Abschluß ein Zielwerfen auf eine große Scheibe durch.

316   M 9

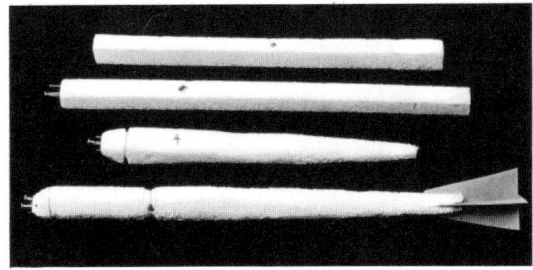

317   J, M 8–9

Mein Pfeil aus Styropor

Gleichgewichtspunkt in der Mitte

Nägel

Gleichgewichtspunkt

Ich habe ein Stab aus Styropor in die Luft geworfen. Es ist schlecht geflogen. Es ist getorkelt und hat sich überschlagen. Dann habe ich Nägel in das Stück Styropor gebort. Ich habe es noch einmal geworfen und es hat nicht getorkelt. Es ist geradeaus geflogen wie ein Pfeil. Bei dem Stück Styropor war der Gleichgewichtspunkt genau in der Mitte. Bei dem Pfeil war der Gleichgewichtspunkt viel weiter vorn.

318   M 9   *Petra Ritter 9 Jahre*

316: Durch „Auswiegen" wird der Gleichgewichtspunkt (Schwerpunkt) einer Styroporleiste festgestellt.
317: Entwicklungsreihe des Wurfpfeils, von oben nach unten: a) stabförmiger Ausgangskörper, b) Verlagerung des Schwerpunkts durch eingesteckte Nägel, c) funktionsgerechte Formgebung, d) Stabilisierung durch Leitflächen (Karton).

319 J 9–10

320 J 9–10

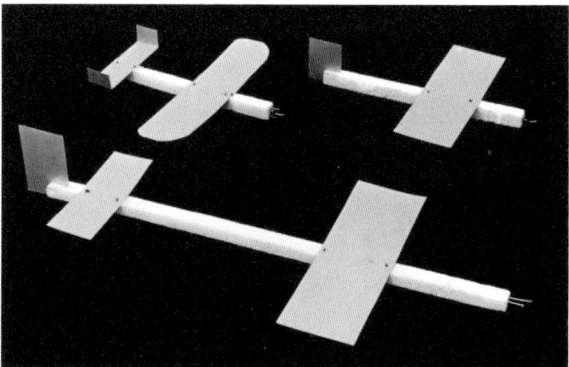

321 J 9–10

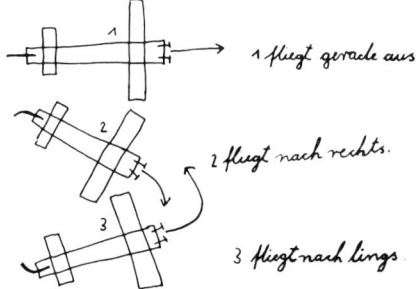

322 J 9

M 8.2 Konstruktion eines Wurfgleiters

(ab 4. Schuljahr)

Lernvoraussetzungen: M 8.1

Lernziel 1 (einfacher Wurfgleiter): Die Schüler sollen

— einen einfachen Wurfgleiter mit Rumpf und Tragfläche konstruieren;
— die Flugtüchtigkeit erproben und den Geradeausflug durch ein Seitensteuer stabilisieren.

Lernziel 2 (Wurfgleiter mit Steuerung): Die Schüler sollen

— den Wurfgleiter durch Seiten- und Höhenleitwerk lenkbar machen;
— in Flugversuchen die Steuerfunktionen erkunden und Steuerstellungen gezielt anwenden.

Grundbegriffe: Wurfgleiter, Rumpf, Tragfläche, Leitwerk, Seitensteuer, -ruder, Höhensteuer, -ruder; trimmen, kopflastig, schwanzlastig

Arbeitsmaterial: Styroporleisten ca. 1,0 × 1,5 cm, 25 bis 40 cm lang; Aktendeckelkarton in Streifenbreiten von 6–8 cm für Tragflächen, 4–6 cm für Leitwerke; Nägel, Schrauben,

319: Schüler bauen ihre Flugleiter zusammen. Tragflächen und Leitwerk werden zunächst mit Nadeln aufgesteckt, später mit Kleber fest verbunden.
320: Einfache Wurfgleiter. Das Ausgangsmodell mit gerader Tragfläche erweist sich als wenig flugstabil. Gerät es aus der normalen Fluglage, „schmiert" es über die hängende Fläche seitlich ab. Durch einfache und doppelte V-Form wird die Querstabilität verbessert.
321: Modelle mit einfachem Leitwerk. In das Rumpfende ist ein senkrechter Schlitz gesägt, in den ein

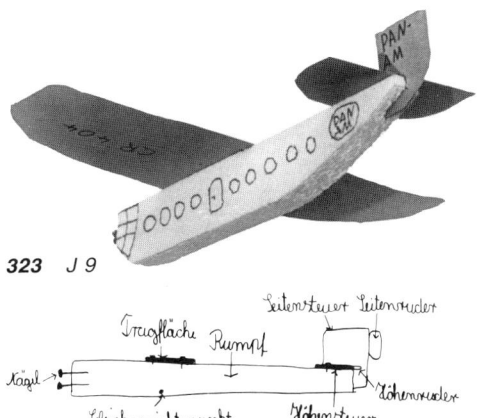

323 J 9

324 J 9

326 J 10

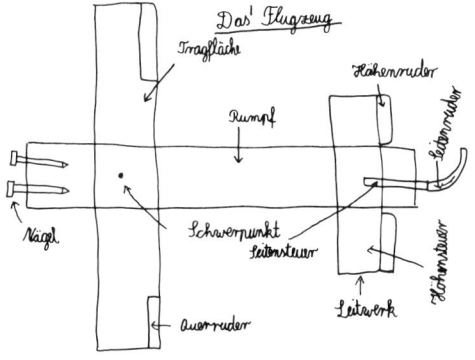

325 J 9–10

327 J 9–10

Glaskopfstecknadeln, Styroporkleber; Säge, Schere, Lineal

Unterrichtshinweise: Der Bau eines flugtüchtigen Modells ist hier so vereinfacht, daß der Grundschüler die Aufgabe fertigungstechnisch bewältigen kann und in Versuchen mit dem selbstgebauten Modell grundlegende flugtechnische Erkenntnisse zu gewinnen vermag. Als Grundform ist das Normalmodell gewählt. Die Bauteile werden auf die einfachste Form reduziert: Rumpf als Stabrumpf, Tragflügel und Leitwerk als einfache Rechteckflächen ohne Profil. Die Tragfläche wird ohne Anstellwinkel auf dem Rumpf befestigt. Diese Stabrumpfmodelle haben trotz des einfachen konstruktiven Aufbaus gute Flugei-

Stück Karton als Seitensteuer eingesteckt ist. Das Höhensteuer wird wie die Tragfläche aufgesetzt. Das mittlere Modell besitzt ein Leitwerk mit doppeltem Seitensteuer.
322: Steuerfunktionen des Seitenleitwerks werden zeichnerisch dargestellt. Der Junge hat die Steuerstellung eingezeichnet, die Richtungsänderung markiert und das Flugzeug selbst in die neue Flugrichtung gedreht.
323: Modell mit Flachrumpf. Rumpf, Tragfläche und Leitwerk haben in Anlehnung an einen bestimmten Flugzeugtyp die entsprechende Funktionsform erhalten. Das Modell ist flugtüchtig.
324, 325: Seitenansicht und Draufsicht von zwei Modellen. Die Teile werden benannt.
326: Fachmännischer Start vor kritischen Augen.
327: Gleiter mit funktionsgerecht geformten Tragflächen und vervollständigtem Leitwerk. Bei den unteren Modellen sind Höhen-, Seiten- und Querruder beweglich angebracht. Die Modelle sind manövrierfähig, Steuerfunktionen können gezielt erprobt werden.

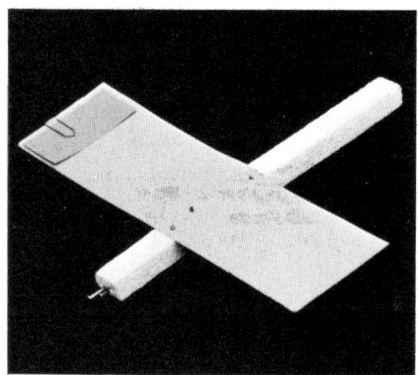
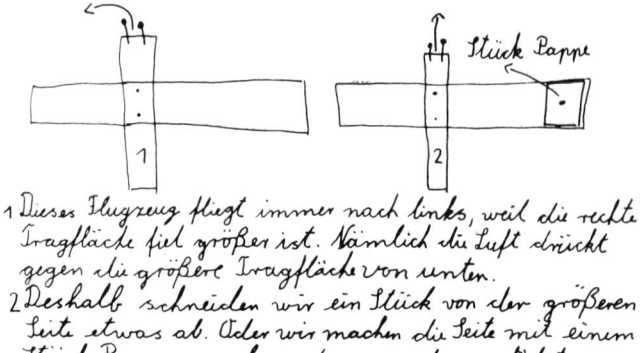

328

329 J 9

genschaften. Dennoch wäre der Schüler überfordert, sollte er eigenständig mit dem zur Verfügung stehenden Material ein flugtüchtiges Modell entwickeln. Proportions-, Größen- und Gewichtsverhältnisse von Rumpf, Tragfläche und Leitwerk unterliegen einer Gesetzmäßigkeit, der durch entsprechend vorgeformtes Material Rechnung getragen werden muß. Hier sind die o. a. Abmessungen zugrunde zu legen. Die Modelle haben eine Spannweite von 25 bis 35 cm. Sie können im Klassenzimmer erprobt werden.

Zu Lernziel 1: Die Bedeutung der Schwerpunktlage und das Trimmen sind dem Schüler vom Bau des Wurfpfeils her bekannt. Als nächstes lernt er die Tragefunktion des Tragflügels kennen. Der Tragflügel wird zunächst mit Stecknadeln aufgesteckt, das Modell so ausgewogen, daß der Schwerpunkt im ersten Drittel der Tragfläche liegt. Erfahrungsgemäß werden die ersten Flüge nur unvollkommen gelingen, da das Modell noch eine Reihe von Fehlern aufweist und der Schüler noch lernen muß, sein Modell richtig zu starten. Die Erprobung des Modells ist die für den Lernprozeß bedeutsamste Phase. – Fehlerhaftes Flugverhalten kann verschiedene Ursachen haben. Verläuft die Flugbahn zu steil, ist das Modell kopflastig, d. h. vorn zu schwer; verläuft sie wellenförmig, ist das Modell schwanzlastig (es „pumpt"). Seitliches Abweichen von der Flugrichtung kann durch ungenaue Fertigung oder durch ungenauen Start verursacht sein. Ein gerader Flug wird erst zu erzielen sein, wenn der Tragflügel leicht V-förmig aufgebogen und ein Seitensteuer angebracht wird (Nachtrimmen!). Durch leichtes Biegen des Seitensteuers kann die Flugrichtung bis zum einwandfreien Geradeausflug korrigiert werden.

Zu Lernziel 2: Der weitere Ausbau des Modells durch funktionstüchtige Steuerorgane ist weniger schwierig, da die wesentlichen flugtechnischen Grundlagen beim Bau des einfachen Gleiters bereits erarbeitet sind. – Die Größen von Höhen- und Seitenleitwerk sollten vorgegeben werden. Als Richtmaß kann gelten, daß das Flächenverhältnis von Tragfläche zu Höhenleitwerk 4:1 bis 3:1 und von Höhenleitwerk zu Seitenleitwerk ungefähr 2:1 beträgt. Da das Höhenleitwerk neben der Steuerfunktion als verkleinerte Tragfläche auch Tragefunktion ausübt, muß das Modell durch Gewichtsausgleich oder Versetzen der Tragfläche neu getrimmt werden. – Ideale Bedingungen für Flugversuche bietet die Turnhalle. Hier lassen sich auch Katapultstarts durchführen. Flugversuche im Freien sind mit diesen leichten Zimmermodellen nur bei völliger Windstille möglich.

328, 329: Problemsituation: Ein Modell mit ungleichgroßen Tragflächenhälften soll zum Geradeausflug gebracht werden. Die Schüler vermuten zunächst, daß der Gleiter nach der Seite mit der größeren Fläche kurvt, „weil die Seite schwerer ist". – Problemaufgaben dieser Art vertiefen nicht nur gewonnene Einsichten, sie fördern in besonderem Maße die Entwicklung eines forschenden Lernens durch Erkunden von Ursache und Wirkung und tragen dazu bei, technisches Wissen verfügbar zu machen.

Zweiter Themenkreis: # Technische Grundsachverhalte aus dem Bereich „Bau" (B)

Didaktische Hinweise

Das Bauen in der Grundschule hat allgemein das Ziel, dem Kinde in elementarer Weise die gebaute Umwelt zu erschließen. Bauen läßt sich in zwei Schwerpunktbereiche gliedern: das statisch-konstruktive Bauen, das mehr unter technischer Fragestellung sich mit Grundsachverhalten der Statik und den in der Bautechnik angewandten Konstruktionsprinzipien befaßt, und das räumlich funktionale Bauen, das elementar Raumordnungen von der Einrichtung des Wohnraums über den Hausbau bis zu Fragen des Städtebaus erschließt. Für beide Bereiche werden die Lernziele nachfolgend kurz definiert, obwohl im Rahmen dieses Buches die Inhalte auf Bauaufgaben mit vorrangig statisch-konstruktivem Charakter beschränkt werden müssen.

Inhalt der hier dargestellten Einheiten sind einfache Grundsachverhalte der Statik wie Standsicherheit und Gleichgewicht, die Überbrückung nach dem Prinzip von Stütze und Träger sowie durch Kragbogen, die Materialverfestigung durch Umformung am Beispiel von einfachen Profilen und die in ihrer Struktur leicht durchschaubaren Konstruktionsverfahren der Massivbauweise und des Skelettbaus.

Als Lern- und Arbeitsmaterial wird in erster Linie der Holzklotzbaukasten mit genormten Bauelementen eingesetzt. Für Aufgaben, bei denen der Schüler den Vorgang der Materialverfestigung erfahren soll und für konstruktives Bauen mit Profilen werden Papier und Karton verwendet.

Lernziele (Grobziele):

Statisch-konstruktives Bauen.

Der Schüler soll

– sich in elementarer Weise mit statisch-konstruktiven Problemen seiner gebauten Umwelt auseinandersetzen;
– in Bauaufgaben mit Bauklötzen erste Einsichten in statische Grundgesetzlichkeiten der Standsicherheit, des Gleichgewichts und der Stabilität gewinnen;
– in Faltversuchen mit Papier erfahren, daß unstabiles Material durch Verformung Festigkeit erlangen kann; Profile aus Papier herstellen und ihre Belastbarkeit erkunden;
– Konstruktionsprinzipien der Massiv- und Skelettbauweise kennenlernen; grundlegende Bauteile in tragende und getragene Bauteile unterscheiden.

Räumlich-funktionales Bauen.

Der Schüler soll

– sich in elementarer Weise mit räumlich-funktionalen Ordnungen und gesellschaftlichen Problemen seiner gebauten Umwelt auseinandersetzen;
– in einfachen Bauaufgaben aus dem Wohnbereich erste Einblicke in Funktionen des Raums und die funktionale Zuordnung von Räumen gewinnen;
– mit Problemen des Wohnungsbaus und der Stadtplanung bekannt werden; erkennen, daß Bauen sich an den Bedürfnissen und Ansprüchen des Menschen orientieren muß.

Sachinformation

Standsicherheit: Ein Körper steht um so sicherer, je größer seine Unterstützungsfläche und sein Gewicht sind und je tiefer sein Schwerpunkt liegt. (Beispiele aus der Bautechnik: Türme und freistehende Gittermasten mit stufenförmig oder schräg nach unten verbreiterten Fundamenten.)

Schwerpunkt und Gleichgewicht: Der Schwerpunkt ist derjenige Punkt eines Körpers, in dem man sich sein ganzes Gewicht vereint denken kann. Wird ein Körper in seinem Schwerpunkt unterstützt, befindet er sich im Gleichgewicht. Die Lehre vom Gleichgewicht der Kräfte ist die Statik. Die Baustatik hat die Aufgabe, das Tragwerk eines Bauwerks auf Tragfähigkeit und Steifigkeit zu berechnen.

Stütze: In der Bautechnik ist die Stütze ein senkrecht stehender Bauteil, der die Aufgabe hat, Bauwerklasten zu tragen und hierbei Druckkräfte vertikal auf die Auflager abzuleiten. Stützen werden als Pfeiler, Säule, Stiel und Gitterstütze ausgeführt und können aus Holz, Stahl, Stahlbeton oder Mauerwerk bestehen. Stützen werden vor allem einer Knickbeanspruchung ausgesetzt.

Träger: Ein Träger ist ein waagerecht verlegter langgestreckter Bauteil, der in zwei oder mehreren Punkten unterstützt ist und Baulasten trägt. Er leitet äußere Kräfte horizontal zu den Stützen weiter und wird hauptsächlich auf Biegen beansprucht. Im einfachsten Falle ist der Träger ein Holzbalken, oder er besteht aus Profilstahl oder Stahlbeton. Andere Trägerformen sind der Kasten-, der Vollwand- und der Fachwerkträger.

Gestell: Zwei senkrechte Stützen bilden zusammen mit einem waagerecht aufruhenden Balken das „Gestell" (nach Soeder), eine Urstruktur des Bauens, die bereits in vorgeschichtlichen Kultstätten, wie in den Steingestellen von Stonehenge, auftaucht und in abgewandelten Formen in fast allen Baukulturen zu finden ist.

Strebe: Als Strebe wird ein schräg eingeordnetes stabförmiges Konstruktionsglied aus Holz, Stahl oder Stahlbeton bezeichnet, das mit anderen Bauteilen ein unverschiebliches Dreieck bildet.

Überkragen: Bauteile wie Balken, Träger oder Platten, die über ihre Unterstützung hinausragen, „kragen" aus. Das technische Prinzip, einen Zwischenraum durch Überkragen zu überbrücken, gehört zu den ältesten Bauverfahren überhaupt. Wir finden es in alten Baukulturen im Steinkragbogen, im Kraggewölbe und bei Kragbrücken.

Skelettbau: Die moderne Skelettbauweise ist ein aus dem Fachwerkbau abgeleitetes Konstruktionssystem für Bauausführungen in Stahl und Stahlbeton. Die Abmessungen der tragenden Bauteile sind hierbei auf das statisch erforderliche Mindestmaß reduziert. Im Gegensatz zur Massivbauweise, bei der die Wand tragende und raumtrennende Funktion hat, erfolgt beim Skelettbau eine klare Trennung zwischen tragendem Gerippe und raumabschließenden nichttragenden Bauteilen. – Das gleiche Konstruktionsprinzip findet sich in ebenen und räumlichen Fachwerken bei Gittermasten, Brücken, Kränen und bei Gerüsten.

Profilstähle: Für Stahlkonstruktionen verwendet man vorwiegend gewalzte Profile in Form von L-, T-, I-, U-Profilen und Rohre. Durch diese Profilgebung wird eine hohe Festigkeit und Belastbarkeit der Bauteile erreicht. Gleichzeitig spart man Material ein und verringert das Gewicht der Baukonstruktion.

330 J 5

330: *Spielerisches Bauen mit einfachen Bauelementen. In den Bauwerken des Kindes sind bereits alle Komponenten des Bauens enthalten. Im spontanen Spiel macht das Kind statisch-konstruktive und räumlich-funktionale Erfahrungen. Es schichtet Bausteine turmartig übereinander, überbrückt, baut in der Waagerechten und grenzt Räume ein. Spontanes Bauen bildet die Grundlage für zielgerichtetes und themengebundenes Bauen.*

B 1 Standsicherheit und Gleichgewicht

B 1.1 Turmbauten
(ab Eingangsstufe)

Lernziel 1 (Klotzturm): Die Schüler sollen
– aus Bauklötzen einen möglichst hohen Turm bauen;
– die Bauten betrachten, die verschiedenen Konstruktionsweisen vergleichen und beurteilen.

Lernziel 2 („Fernsehmast"): Die Schüler sollen
– aus Bausteinen des Technikbaukastens einen hohen Masten bauen;
– die Standfläche des Masten so vergrößern, daß er seitlichem Winddruck (Pusten) standhält;
– erkennen, daß die Standsicherheit von der Größe der Standfläche und der Schwerpunktlage abhängig ist.

Erweiterung: Mast mit Seilverspannung

Grundbegriffe: Turm, Mast, stabil, standsicher, lotrecht; Standfläche, Schwerpunkt, Fuge, versetzte Fuge

Arbeitsmaterial: Genormte Bauelemente aus Holz (Uhl-Bausteine), fischer-technik-Bausteine

331 M 7 *332 M 6* *333 J 6*

Unterrichtshinweise: Die Schüler machen hier Grunderfahrungen mit der Standsicherheit von Türmen an zwei strukturell und konstruktiv unterschiedlichen Formen: dem aus geschichteten Bausteinen lose gefügten Turm und dem in sich stabilen stabförmigen Masten.

Zu Lernziel 1: Die Aufgabe braucht nicht sonderlich motiviert zu werden, da es sich beim Turmbau um eine Grundform des Bauens handelt, die das Kind im spontanen Spiel selbst erprobt. Statische Erkenntnisse im hier gemeinten Sinne kann das Kind jedoch nur gewinnen, wenn geeignetes Baumaterial zur Verfügung steht. Ein Bauen mit Abfallklötzen oder einer Vielzahl von Klotzformen scheidet aus. Die Bauelemente müssen genormt und so bemessen sein, daß ein systematisches Bauen möglich ist. Am besten eignet sich der hier verwendete quaderförmige Baustein in den Maßverhältnissen des Backsteins 1 : 2 : 4.

Im freien und gelenkten Tun kann der Schüler im einzelnen erfahren, daß

1. die Steine genau geschichtet werden müssen und der Turm lotrecht stehen muß,
2. die Standsicherheit weitgehend von der Größe der Standfläche abhängt,
3. der Turm innere Festigkeit gewinnt, wenn die Steine im Verbund (mit versetzter Fuge) angeordnet werden,
4. massiv und skelettartig gebaut werden kann,
5. bei skelettartiger Bauweise weniger Baumaterial benötigt wird.

Zu Lernziel 2: Die Aufgabe wird hier auf die konstruktive Möglichkeit beschränkt, die Standsicherheit des freistehenden Masten durch Verbreiterung der Standfläche zu erzielen. Mit Bausteinen des Technikbaukastens ist es einfach, die Standfläche als Kreuzfuß auszubilden. Der Schüler erfährt, wie der Mast durch Ansetzen der einzelnen Schenkel nach allen Richtungen gegen ein Kippen abgesichert wird, und erkennt in gezielt angelegten Versuchen, wie die Standfestigkeit einerseits von der Länge der Schenkel, andererseits aber auch vom Gewicht des Fußes und damit von der Schwerpunktlage abhängig ist. Die Lage des Schwerpunkts läßt sich einfach ermitteln, indem der Mast wie der Balken einer Waage auf den Zeigefinger gelegt und ins Gleichgewicht gebracht wird.

331: Turm aus Bauklötzen und quadratischen Pappscheiben.
332: Ein Mädchen erklärt, wie es den runden Turm gebaut hat. Der kuppelartige Bau ist aus ringförmigen Bausteinschichten gebildet, deren Durchmesser nach oben abnimmt.

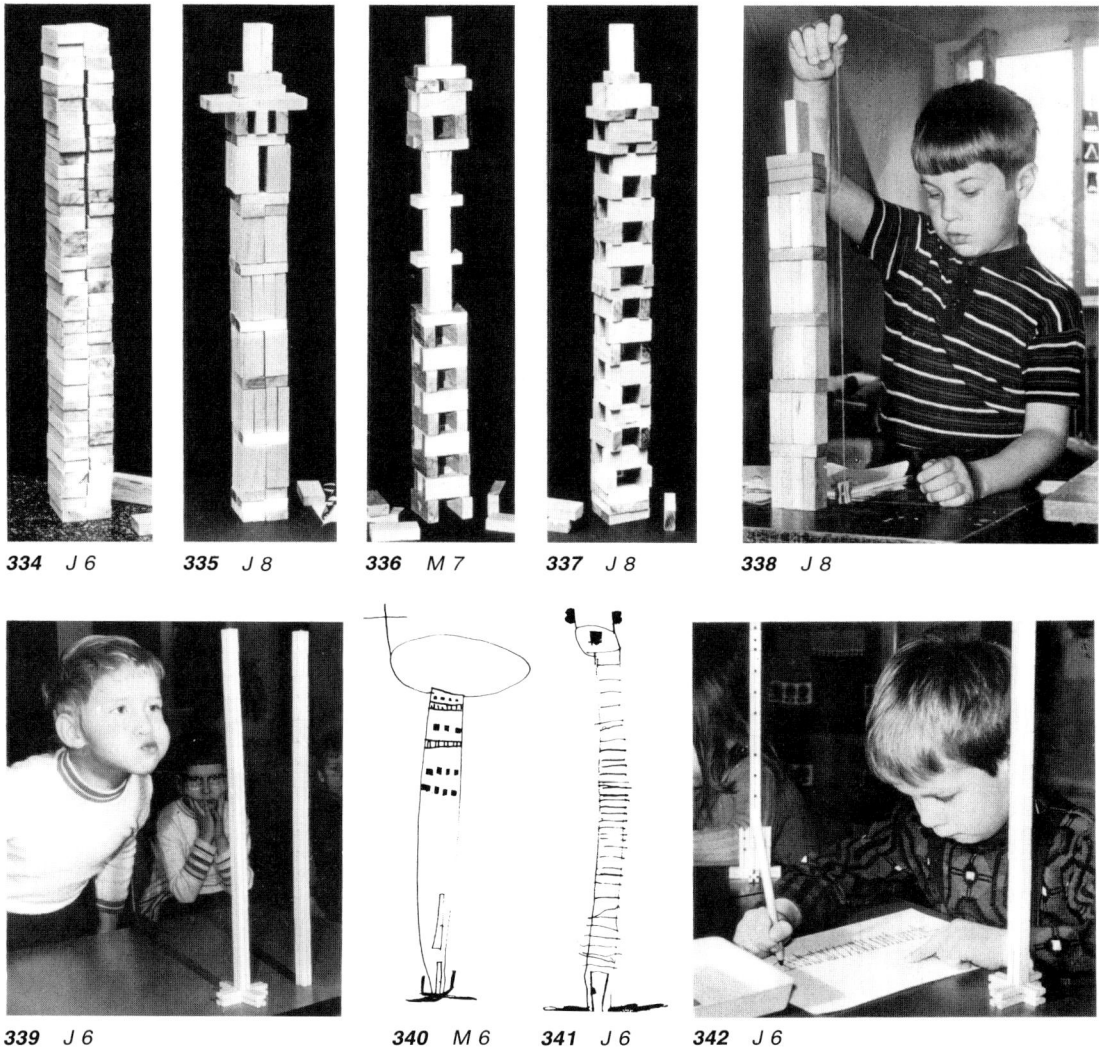

334 J 6   *335* J 8   *336* M 7   *337* J 8   *338* J 8

339 J 6   *340* M 6   *341* J 6   *342* J 6

333: Klar gegliederte Turmkonstruktion in skelettartiger Bauweise im Wechsel von Stütze und Träger.
334: Turm, der durch eine senkrecht durchgehende Fuge in zwei unverbundene Säulen zerfällt und dadurch leicht auseinanderbricht.
335–337: „Aussichtstürme" in Massiv- und Skelettbauweise.
338: Die Kinder lernen das Lot als Hilfsmittel kennen. „Wir machen es wie der Maurer und messen, ob wir lotrecht gebaut haben".
339: „Der Wind bläst gegen einen hohen Fernsehmast". Der Versuch ergibt, daß der Mast mit der kleinen Standfläche kippt, während der Mast mit Kreuzfuß stehen bleibt.

340–342: Der „Fernsehmast" wird gezeichnet. Die Bezeichnung „hoher Fernsehmast" ist vom Kinde her zu verstehen. Das hier angesprochene Problem der Standfestigkeit durch Vergrößern der Standfläche ist nicht Konstruktionsprinzip eines Masten, sondern das Prinzip des Ständers mit Fuß (Stehlampe, Sonnenschirm). Die Aufgabe kann dann problematisch werden, wenn das Kind das Prinzip des Ständers auf den Fernsehmast überträgt und z. B. einen Turm mit Kreuzfuß zeichnet, wie es Abb. 340 zeigt. Hier wird der Lehrer zu entscheiden haben, ob und wie weit er auf Konstruktionsprinzipien des Masten näher eingehen muß, um falsche Vorstellungen zu vermeiden (Ausbildung als Pfahl, Seilverspannung, Ausbildung als Mehrbeinmasten).

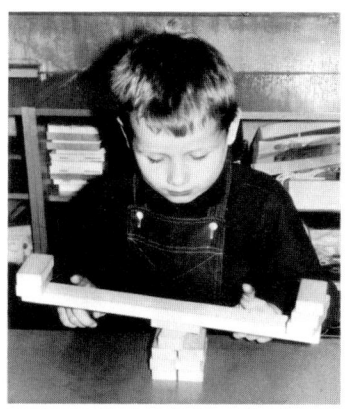

343 J 7   **344** M 8   **345** M 7

B 1.2 Spiele mit dem Gleichgewicht

(ab 1. Schuljahr)

Lernvoraussetzungen: Freies Bauen, B 1.1.
Lernziel 1 (Gleichgewichtsspiel mit dem gleicharmigen Balken): Die Schüler sollen
- einen Balken in seinem Mittelpunkt auf einem Bauklotz als Stütze lagern;
- auf beiden Balkenarmen Bauklötze auflegen und möglichst hoch türmen;
- durch Gewicht und Gegengewicht den Ausgleich finden und Gleichgewichtsverhältnisse herstellen;
- ihre Arbeit beschreiben und Störungen des Gleichgewichts begründen.

Lernziel 2 (Gleichgewichtsspiel mit dem ungleicharmigen Balken): Die Schüler sollen
- einen Balken außerhalb seines Mittelpunkts auf einer Stütze lagern und durch Belasten des kurzen Armes ins Gleichgewicht bringen;
- auf beiden Seiten Bauklötze so aufschichten, daß die Gleichgewichtslage gewahrt bleibt;
- erste Einsichten in die Prinzipien des Gleichgewichts beim ungleicharmigen Hebel gewinnen.

Lernziel 3 (Gleichgewichtsspiel mit mehreren übereinanderliegenden Balken): Die Schüler sollen
- ein Bauwerk errichten, das auf einer Stütze ruht und aus mehreren auskragenden Armen besteht;
- die Bauelemente auf beiden Seiten so aufschichten, daß die Last ausgeglichen ist und Gleichgewicht besteht;
- ihre Bauwerke beschreiben und zeichnen.

Grundbegriffe: Balken, Träger, Stütze, Balkenarm, gleicharmig, ungleicharmig, Auflagepunkt, Gleichgewicht, überstehen, auskragen

Arbeitsmaterial: Langhölzer und Bausteine

343: „Wippenspiel" mit Bauklötzen. Im spielenden Tun lernt das Kind Gesetzmäßigkeiten des Gleichgewichts kennen. Auf der rechten Seite des Balkens liegen drei Bausteine, auf der linken nur zwei; die schwerere Last will den Balken nach unten drehen. Mit den Zeigefingern beider Hände wird das gestörte Gleichgewicht zunächst „erfühlt", bevor das Gegengewicht aufgelegt wird.
344: Mit aller Behutsamkeit werden die letzten Bausteine mit beiden Händen aufgelegt. Die Lasten müssen auf jeder Seite gleichmäßig verteilt werden, um das empfindliche Gleichgewicht nicht zu stören. Das Mädchen hat Feinkorrekturen durch seitliches Verschieben der Klötze vorgenommen und dabei erfahren, daß auf diese Weise mit einem relativ schweren Gewicht geringe Gewichtsdifferenzen ausgeglichen werden können. „... wenn ich den Klotz nach außen schiebe, wird die Seite schwerer".

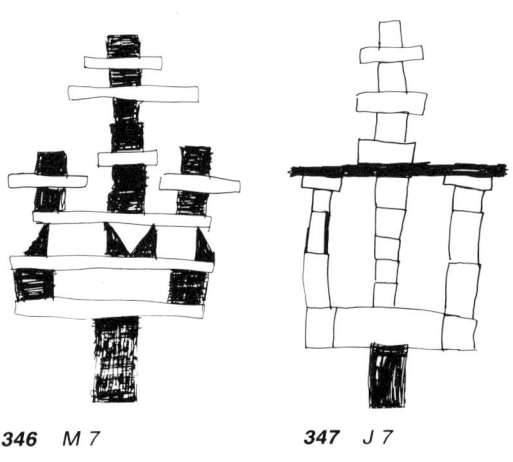

346 M 7   *347 J 7*

Unterrichtshinweise: Die Aufgaben dieser Einheit sind ungleich schwieriger als der Bau eines hohen Klotzturmes, nicht nur weil auf labilem Grund gebaut wird, sondern weil auf beiden Seiten gleichzeitig und gleichmäßig gebaut werden muß. Jedes Auflegen eines Bausteins und jede geringfügige Korrektur bleiben nicht ohne Einfluß auf die Gegenseite und erfordern die entsprechende Gegenmaßnahme. Dem Kinde wird somit ein Höchstmaß an Konzentration und Feinempfinden abverlangt. Gleichgewichtsspiele dieser Art fördern in besonderem Maße das für das Kind so bedeutsame beidhändige Arbeiten und die Entwicklung der Feinmotorik. Das hier im Spiel erworbene Erfahrungswissen bildet eine Grundlage für ein bewußteres Durchdringen und rationales Erfassen statischer Grundsachverhalte in den Bereichen Bau (Überbrückung, Kragbauweise) und Maschine (Wippe, Waage).

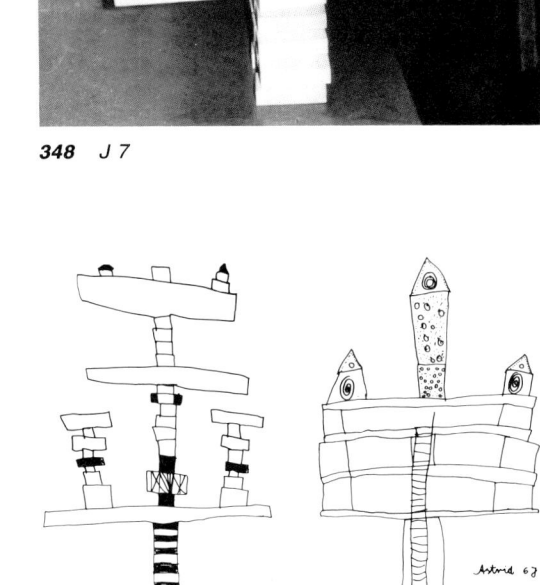

348 J 7

349 J 7   *350 M 6*

345: *Gleichgewichtsspiel mit dem ungleicharmigen Balken. Das Kind erfährt, daß der kurze Arm stärker belastet werden muß. Ein genaueres Erfassen dieser Gesetzmäßigkeit erfolgt beim Thema ,,Wippe und Waage'' (4,3). Variante: Wer kann die Stütze am weitesten von der Mitte wegschieben?*
346–350: *Themen: ,,Kletterbaum'', ,,Bauwerk mit vielen Stockwerken, das auf einem Bein steht.''*
348: *Mit äußerster Konzentration wird das letzte Stockwerk des Bauwerks errichtet. Aus dem beidhändigen Hantieren ergibt sich eine symmetrische Ordnung. Bei jedem der sechs waagerechten Trägerelemente muß der Ausgleich zwischen den auskragenden Teilen neu gefunden werden.*
346, 347: *Bauzeichnungen nach fertigen Bauwerken. Bei 346 sind die Bauteile nach ihren Funktionen als Stütze und Träger farblich gekennzeichnet.*
349, 350: *Entwürfe aus der Vorstellung.*

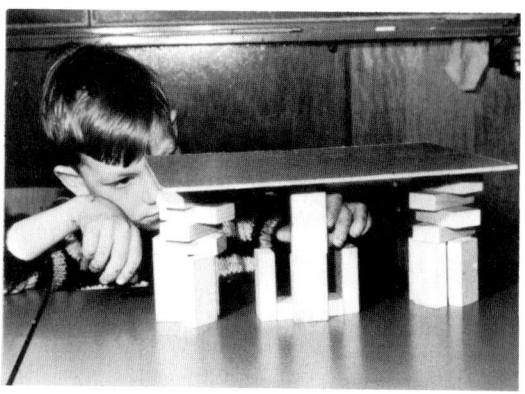

351 J 7

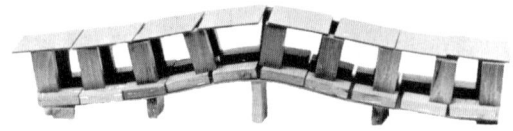

352 M 6

353 M 7

B 2 Tragen und Lasten

B 2.1 Überbrückung mit Stütze und Träger

(ab Eingangsstufe)

Lernziel 1 „Brücke": Die Schüler sollen
- mit genormten Bauteilen eine einfache Balkenbrücke bauen;
- die Brückenbauten vergleichen, Funktionen und Konstruktionsmerkmale beschreiben;
- die Bauteile nach ihrer statischen Funktion in tragende und getragene Teile unterscheiden.

Lernziel 2 „Überbrückung" (ab 4. Schuljahr): Die Schüler sollen
- in Bauversuchen mit dem quaderförmigen Baustein konstruktive Möglichkeiten der Überbrückung nach dem Prinzip von Stütze und Träger erkunden;
- Arten der Zuordnung von Stütze und Träger erproben;
- Überbrückungen in ein-, zwei- und dreidimensionaler Ausdehnung herstellen.

Grundbegriffe: Brücke, Fahrbahn, Geländer, Auffahrt, Stütze, Träger, Pfeiler, Spannweite

Arbeitsmaterial: Genormte Bauklötze, Pappscheiben, Leistenstücke, Hartfaser-, Spanplattenabschnitte

Unterrichtshinweise: Im freien Brückenspiel erfährt das Kind die Grundfunktionen der Brücke als Überführung und Unterführung („man kann über die Brücke gehen und auch drunter durchgehen"). – Konkrete Aufgabenstellungen werden aus entsprechenden Problemsituationen abgeleitet. Beispiel 1: Ein Fluß (Papierstreifen bestimmter Breite) soll überbrückt werden. Spielzeugautos sollen in beiden Richtungen fahren können (Problem der Brückenlänge und der Fahrbahnbreite). Beispiel 2: Über einen Schiffskanal soll eine Straße führen. Ein Schiff bestimmter Größe muß durchfahren können (Problem der Brückenhöhe und der Spannweite). Entscheidend ist, daß für jede Aufgabe das den konstruktiven Erfordernissen entsprechende Baumaterial zur Verfügung gestellt wird. Zu Lernziel 2: Systematische Untersuchungen ohne Bindung an gegenständliche Themen werden erst vom 4. Schuljahr an sinnvoll sein. Die Bauteile werden hier auf ein Element, den quaderförmigen Baustein, beschränkt. Von der einfachsten Grundform, dem Gestell, ausgehend können die verschiedenen Möglichkeiten der Zuordnung von Stütze und Träger erkundet werden.

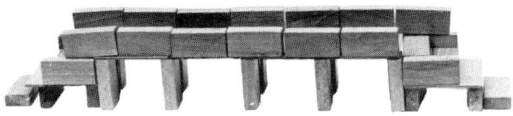

354   J 8

355   J 8

356   J 9

351: Freies Bauen. Das elementare Prinzip des Tragens und Lastens wird bereits im spielenden Tun erprobt und erfahren. Drei senkrechte Stützen tragen eine waagerechte Platte. Das Gebaute wird später als Tankstelle gedeutet und auch im Spiel dafür benutzt.

352: Brückenkonstruktion eines Mädchens. Als Fahrbahn wurde ein Pappstreifen vorgegeben, der jedoch nicht so stabil ist, daß er ohne Unterstützung trägt. Das Kind hat zusätzlich zur Mittelstütze zwei Außenstützen untergeschoben, da die Fahrbahn durchhängt. Diese Stützen sind bewußt niedrig gehalten. „Die Brücke muß unten sein (Auffahrt), sonst kann man nicht drauf."

353: Brücke aus Bauklötzen und einer schmalen Spanplatte. Obwohl die Platte auf der ganzen Länge trägt, werden Stützen gesetzt. Begründung: „Bei einer langen Brücke stehen immer Wände (Pfeiler) drunter, damit die Fahrbahnen genau abgeteilt werden." (Fehldeutung der Funktion des Pfeilers).

354: Brücke aus Bausteinen und quadratischen Pappscheiben. Die Stützweite wird hier von der Größe der Pappscheiben bestimmt. Der Junge hat die Anzahl der Stützen auf das konstruktiv erforderliche Maß beschränkt. Die Platten sind in der Mitte der Stütze auf Stoß gesetzt. „Wenn ich das so mache, brauche ich weniger Klötze und die Durchfahrten werden breiter."

355: Klar konzipierte Brückenkonstruktion. Die Steine sind im Verbund gesetzt, die als Stützen senkrecht stehenden Steine durch einen quer liegenden Klotz verbunden, der das Auflager für die Klötze der Fahrbahn verbreitert.

356–359: Erkundung des Konstruktionsprinzips von Stütze und Träger in thematisch nicht gebundenen Bauversuchen von der linearen Reihung des einfachen Gestells bis zum räumlichen Überbrücken in mehreren Ebenen.

357   M 8

358   J 9

359   J 9

105

 360 J 7
 361 J 7
 362 J 7

363 J 9   364 J 9   365 J 9

B 2.2 Überbrückung mit Kragbogen

(ab 1. Schuljahr)

Lernvoraussetzungen: B 1 und B 2.1
Lernziele: Die Schüler sollen
- mit Bausteinen einen Abstand überbrücken, der größer ist als die Länge der verwendeten Bauelemente;
- im probierenden Tun das technische Prinzip der Kragüberbrückung entdecken;
- beim Bauen die Erfahrung machen, daß überkragende Bauteile durch Gegengewicht gesichert sein müssen;
- in elementaren Bauaufgaben die Gleichgewichtsverhältnisse überkragender Bauteile näher erkunden und Einsichten in die Grundprinzipien der Kragbauweise gewinnen;
- über Erfahrungen und Erkenntnisse berichten; die statischen Grundsachverhalte zeichnerisch darstellen.

Erweiterung: Einwölben von Räumen in Form der Kragkuppel und der Halbtonne
Grundbegriffe: überstehen, überkragen, Kragbogen, Gewicht, Gegengewicht, Gleichgewicht.
Arbeitsmaterial: Genormte Klotzbausteine
Unterrichtshinweise: Als Spielaufgaben sind Überbrückungen in Kragbauweise schon vom Schüler des ersten Schuljahrs in praktischem Tun lösbar; gezielte Untersuchungen der statischen Verhältnisse im Sinne der definierten Lernziele scheinen uns in einfacher Form ab 3. Schuljahr möglich. – Der zu überbrückende Zwischenraum kann auch hier durch einen Papierstreifen (Fluß, Straße) vorbestimmt werden, der für die erste Aufgabe schon doppelt so breit sein darf wie die Kantenlänge des

366 M 8, 9

367 M 8

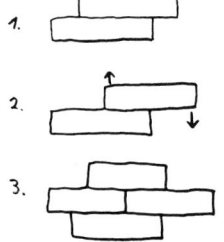

1.

2.

3.

Der obere Stein liegt fest, weil er nur wenig übersteht.
Wenn der Stein mehr überragt als die Hälfte, kippt er um. Das ist wie bei einer Waage, wenn auf der einen Seite mehr Gewichte liegen.
Der Stein kippt nicht nach unten, weil auf der kurzen Seite ein Gewicht drauf liegt.

368 J 9

369 J 9

370 J 9

Bausteins. – Die Bauaufgaben sollen über die Problemstellung hinaus keine Einengung erfahren, so daß genügend Raum für spielerische Lernerfahrung bleibt und das Kind auch über konstruktive Lösungen hinaus eigene inhaltliche Vorstellungen verwirklichen kann. – Die statischen Verhältnisse in einem Baugefüge aus überkragenden Bauteilen lassen sich recht anschaulich in einer einfachen Bauaufgabe untersuchen: Bausteine werden zu einer Säule geschichtet und von unten beginnend wechselweise so weit wie möglich seitlich herausgeschoben, so daß die Standsicherheit gerade noch gewahrt bleibt. Hierbei wird deutlich sichtbar, daß die Auflageflächen der auskragenden Steine von oben nach unten, durch den zunehmenden Druck bedingt, immer kleiner werden. Wie das Gewicht der obe-

360: „Brückenspiel". Bausteine werden treppenartig geschichtet und von beiden Seiten zusammengeführt. Das Bauwerk wird in individueller Sinngebung durch Aufbauten vervollständigt.
361: Von der Bauweise her bezeichnet der Junge seinen Bau als „Treppenbrücke".
362: Einseitiges Auskragen wird erprobt. Senkrecht gestellte Steine dienen als Gegengewichte.
366: Spontan bilden sich beim Bauen Zweiergruppen. Aus Erfahrung beim ersten mißglückten Versuch haben die Kinder den Brückenbogen gegen seitliches Wegrutschen durch Mauern gesichert.
369, 370: Konstruktiv und formal gut gelöste Kragbögen.
363–365, 368: Im elementaren Bereich werden die Gleichgewichtsverhältnisse kragender Teile untersucht. Jeder überkragende Stein bildet einen ungleicharmigen Balken, dessen Auflageseite entsprechend belastet sein muß.

371 J 8

372 J 9

373 J 9

So darf man die Brücke nicht bauen sonst fällt sie zusammen.

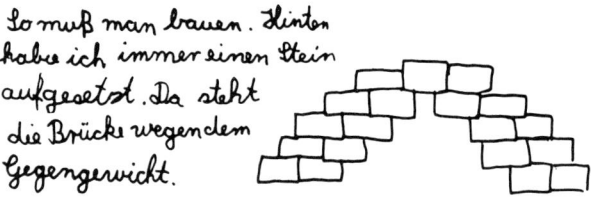

So muß man bauen. Hinten habe ich immer einen Stein aufgesetzt. Da steht die Brücke wegen dem Gegengewicht.

374 J 9

ren Steine die auskragenden Bauteile stützt, zeigt sich, wenn bei dem sensibel ausgewogenen Bau der oberste Stein abgenommen wird und das Bauwerk zusammenfällt. – Eine Kragüberbrückung kann auch in subtraktivem Verfahren aus einer geschlossenen Steinmauer mit versetzter Fuge entwickelt werden. Bausteine lassen sich unten herauslösen, ohne daß die Mauer einbricht, bis der von oben wirkende Druck nicht mehr ausreicht, kragende Steine zu stützen. Bei diesem Verfahren sind in der kritischen Phase die Kipp- und Hebelbewegungen der Steine, die im ganzen Mauergefüge durch das gestörte Gleichgewicht auftreten, besonders gut zu beobachten.

371: Aufgabe: Eine große Pappschachtel (hier ca. 25 × 25 cm) soll mit möglichst wenig Baumaterial frei überbrückt werden. Der Junge hat zunächst Pfeiler in Höhe der Schachtel aufgeführt und überbrückt nun den Zwischenraum in freiem Vorbau.
372: Eindrucksvoller als das Bauen auf der Tischfläche ist die Überbrückung von Tisch zu Tisch. Spannweite der Kragbrücke ca. 35 cm.
373: Eine Lösung, die sowohl in konstruktiver als auch formaler Hinsicht überzeugt.
374: Untersuchung der statischen Verhältnisse im Kragbogen. Beobachtungen und Erkenntnisse werden in Wort und Skizze festgehalten.

B 3 Stabilität durch Materialumformung

B 3.1 Träger aus Papier

(ab 3. Schuljahr)

Lernvoraussetzungen: B 1 und B 2
Lernziele (Brücke mit Fahrbahn aus Papier):
Die Schüler sollen
- aus einem vorgegebenen Papierstreifen eine Fahrbahn herstellen, die auf zwei Pfeilern aus Bauklötzen aufliegt (Träger-Stützen-Konstruktion);
- durch Verformen des Papiers die Fahrbahn so tragfähig machen, daß sie ein Spielzeugauto trägt;
- im probierenden Tun entdecken, daß sich Papier durch Falten stabil machen läßt;
- Belastungsproben durchführen und die Ergebnisse sprachlich und zeichnerisch darstellen;
- die Querschnittform der hergestellten Bauteile beschreiben, ihre Bezeichnung kennenlernen (U-Profil) und sie in der Wirklichkeit wiederentdecken.

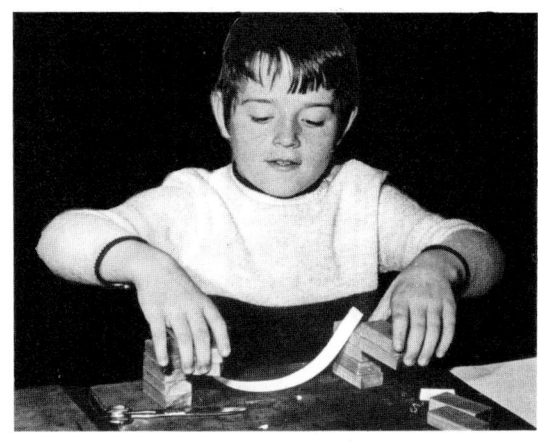

375 J 8

376 J 8

375: Aufgabe: Über einen Fluß soll eine Straße geführt werden. Zwei Brückenpfeiler aus Bauklötzen sind bereits gebaut. Für die Fahrbahn steht nur Zeichenkarton zur Verfügung. In einer Reihe von Probierhandlungen wird nach einer Lösung gesucht. Der erste Probeversuch, den Zwischenraum durch bloßes Auflegen zu überbrücken, scheitert. Der Streifen ist so unstabil, daß er durchhängt.
376: Eine erste konstruktive Lösung wird versucht. Der Junge spannt den Streifen zwischen den Bauklötzen ein. Der Raum ist zwar überbrückt, aber der Streifen trägt nicht. Außerdem wird die „Zufahrt" zur „Fahrbahn" versperrt.
377: Der Nachbar kommt zu Hilfe. Er hat ein Blatt Papier gefaltet, um das Material zu verdoppeln. Seine Vorstellung, das Material müsse „dicker gemacht" werden, entspricht der kindlichen Denkweise. Der Junge glaubt seine Ansicht durch den Erfolg bestätigt. Das Papier hat sich jedoch nur durch das Falten versteift, nicht durch die vermeintliche Materialverstärkung. Die Tragfähigkeit bleibt unzureichend.

377 J 8

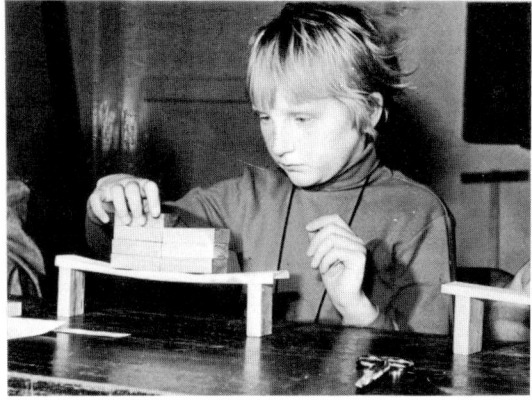

378 M 8

379 J, M 8–9

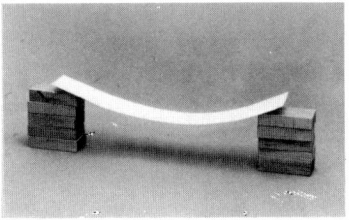

380

381

382

Grundbegriffe: Träger, Fahrbahn, Stütze, Pfeiler; stabiles, unstabiles Material, verformen, U-Profil, U-Form, U-Schiene

Arbeitsmaterial: Bauklötze, Papier, leichter Zeichenkarton

Unterrichtshinweise: Während bei den bisherigen Bauaufgaben mit Stütze und Träger die Bauteile aus stabilem Material bestanden, wird hier der Träger insofern problematisiert, als er aus einem unstabilen Material hergestellt werden soll. Der Schüler lernt hierbei das Grundphänomen kennen, daß unstabiles Material durch Verformen Festigkeit erhält.

Der Transfer auf die im Metallbau verwendeten Trägerprofile liegt nahe. – Bei der Lösung der Aufgabe wird der Schüler zunächst in Probierhandlungen das Material erkunden und nach Lösungen suchen, bis er schließlich entdeckt, daß sich der Papierstreifen durch Falten verfestigt und als Träger aufgelegt werden kann. Als geeignetste Profilform erweist sich hier die U-Schiene. – Die Entdeckung, daß die Fahrbahn trägt, gibt Anlaß, die Tragfähigkeit der U-Schiene näher zu erkunden. Für diese Belastungsversuche, die sich auch als Wettbewerb motivieren lassen, müssen einheitliche Bedingungen gesetzt werden: gleichgroße Papierstreifen, gleiche Stützweite, gleiche Art der Belastung.

378: Nach mehreren Versuchen ist die Lösung gefunden. Durch Hochfalten der Kanten – ursprünglich als Geländer gedacht – ist der Kartonstreifen stabil geworden. – Hier wird bereits in einem gezielt angelegten Belastungsversuch die Tragfähigkeit der U-Schiene untersucht.

380–382: Demonstrationsversuch mit stärkerem Zeichenkarton (300 g-Karton). Der flach aufgelegte Kartonstreifen hängt durch, zur U-Schiene gefaltet versteift er sich und trägt ein Vielfaches seines Eigengewichts. Die bei 382 verwendete U-Schiene trägt bei einem Eigengewicht von 7,5 g in dieser Versuchsanordnung mehr als einen Kilostein.

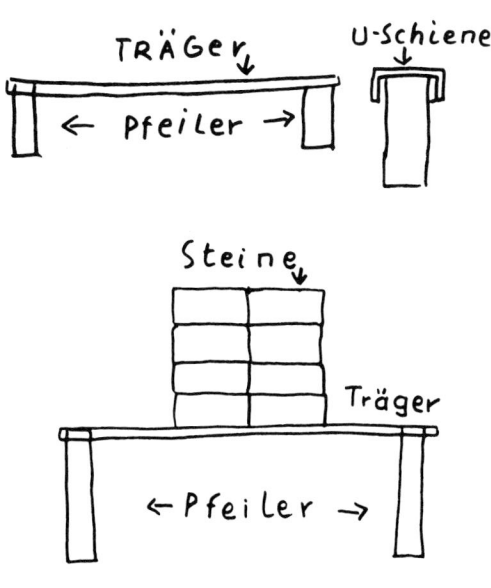

383   M 8

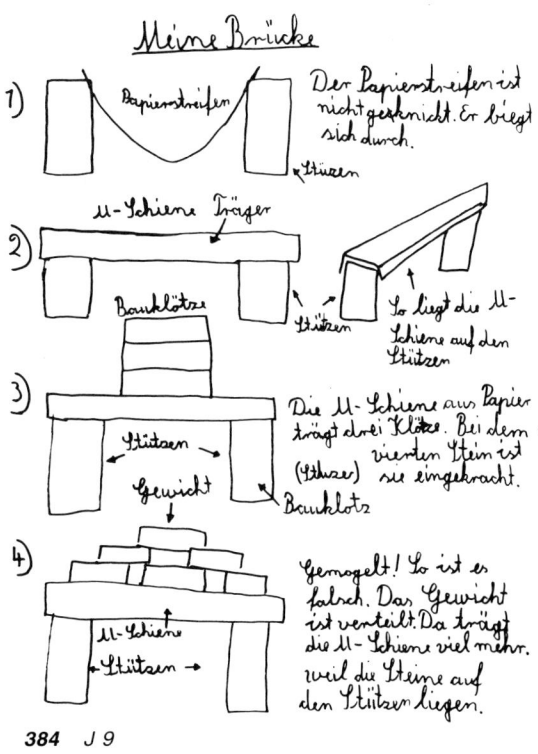

384   J 9

379, 383, 384: Bauaufgabe und Versuch werden nach der praktischen Durchführung reflektiert, in einzelne Arbeitsabschnitte gegliedert und in Form eines Arbeitsberichts festgehalten. Als Material ist hier ein etwas stärkeres Schreibmaschinenpapier (80 g-Papier) verwendet.

B 3.2 Stütze aus Papier

(ab 3. Schuljahr)

Lernvoraussetzungen: B 1 und B 2
Lernziele (Überdachung mit Stützen aus Papier): Die Schüler sollen
- mit Papier und einer Platte eine einfache Überdachung bauen;
- aus Papier Stützenformen entwickeln, die so stabil sind, daß sie die Platte tragen;
- erkennen, daß geschlossene Profile (Rohre) stabiler sind als offene Profilfaltungen;
- die Tragfähigkeit verschiedener Rohrformen durch Belasten experimentell erkunden;
- Einsichten in die Abhängigkeit der Stabilität von der Art der Verformung gewinnen.

Grundbegriffe: Stütze, Rohr, Rundrohr, Vierkantrohr, Dreikantrohr, Querschnitt, Profil
Arbeitsmaterial: Schreibmaschinenpapier, leichter Zeichenkarton; Plattenstücke: Reste von Hartfaser-, Span-, Dämm- oder Tischlerplatte; Schere, Alleskleber; Bauklötze
Unterrichtshinweise: Das technische Problem sollte thematisch eingekleidet werden. Als Themen bieten sich an „Tankstellenüberdachung", „Überdachung der Bushaltestelle". – In Anlehnung an die Erscheinungsform wird ein Teil der Schüler von vornherein geschlossene Profilformen als Stützen verwenden, andere werden auf Erfahrungen mit

385 J 8, 9   *386 M 8, 9*

dem Papierträger zurückgreifen und zunächst versuchen, mit einfachen Faltformen, Winkelschienen und U-Schienen das Dach zu stützen. Profilschienen erweisen sich jedoch als wenig tragfähig; sie stehen schlecht und verformen sich schon bei relativ geringer Belastung. Durch die Beobachtung, daß sich die offenen Kanten bereits bei geringem Druck verbiegen, die Faltkanten dagegen viel stabiler sind, finden die Schüler gewöhnlich von selbst zu den tragfähigeren geschlossenen Rohrformen. – Auch hier werden die Kinder spontan erproben wollen, wieviel „das Dach" trägt. Dieses natürliche Interesse motiviert zu einer experimentellen Untersuchung verschiedener Stützenformen, die bei entsprechender gründlicher Vorbereitung auch von Grundschulkindern mit Gewinn durchgeführt werden kann. Hier bietet sich Gelegenheit, in gemeinsamer Überlegung die Kinder auf der Basis praktischer Erfahrung weitgehend selb-

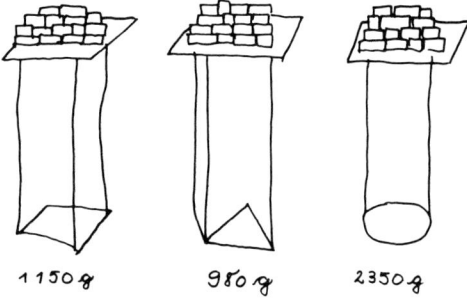

387 J 9

ständig ein Verfahren für eine solche Untersuchung entwickeln und erproben und im eigenen Tun erste Einsichten in Methoden experimenteller Untersuchung gewinnen zu lassen. Für den Versuch empfiehlt es sich, die Vielzahl der Profile auf wenige Grundformen (Querschnitte), etwa Kreis, Quadrat und Dreieck zu beschränken. Im einzelnen wäre zu beachten: gleiche Materialmenge für jede Form,

385: *Ein spannungsvoller Augenblick: werden die Stützen noch eine weitere Platte aushalten? Die beiden Jungen haben in Partnerarbeit Vierkantrohre hergestellt, die die massive Spanplatte tragen.*
386: *Spontan wird erprobt, wieviel das Dach trägt. Die Mädchen haben bis jetzt 47 Klötze gezählt.*
389: *Noch eindrucksvoller ist dieser Demonstra-*

tionsversuch. Vier Zeichenblockblätter tragen eine Dämmplatte mit drei schweren Schultaschen. Die Erfahrung des tragenden Papiers wird zum Erlebnis.
388: *Ein Rechteckrohr wird belastet. Es beginnt bereits sich an den Flanken zu verformen.*
387, 390: *Bericht über eine Versuchsreihe mit zeichnerischer Darstellung. Die Grenzwerte sind hier*

388 J 9

389 J, M, 8–10

Ich habe aus Schreibmaschinenpapier ein Rundrohr, ein Dreieckrohr und ein Viereckrohr geklebt. Dann habe ich ausprobiert, welches Rohr am meisten trägt. Auf jedes Rohr kam ein Stück Pappe und darauf Bausteine bis das Rohr zusammenbrach. Das Rundrohr hat am meisten getragen. Bei den beiden anderen Rohren haben sich die Seiten viel eher eingebogen. Dann habe ich die Holzklötze gewogen. Ergebnis: Rundrohr 2350 g, Viereckrohr 1150 g, Dreieckrohr 950 g.

390 J 9

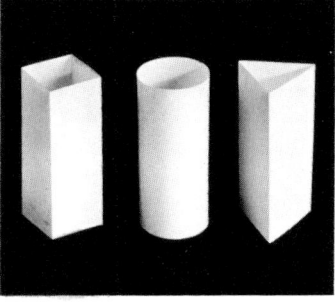

391

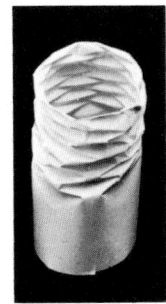

392

gleiche Klebfalzbreite, gleichmäßiges vorsichtiges Belasten. Als Material eignet sich am besten Schreibmaschinenpapier, wobei jeweils ein DIN-A4-Bogen für eine Rohrform verwendet wird. Bei Belastung mit Bauklötzen ergeben sich deutliche Unterschiede. Das Rundrohr trägt am meisten, am wenigsten das Dreikantrohr. Die Tragfähigkeit wird im allgemeinen aus Erfahrung mit dem U-förmigen Träger weit unterschätzt werden. – Differierende Meßergebnisse bei Versuchen mit gleichen Grundformen geben Anlaß, die Methode zu überprüfen, nach Ursachen zu forschen, Fehlerquellen zu erkennen und zu beheben. – Auch hier wird der Transfer auf Rohr- und Profilformen des Metallbaus zu leisten sein.

noch nicht erreicht, doch zeichnet sich klar ab, daß die beste Profilform das Rundrohr ist.
391: Rundrohr, Vierkantrohr und Dreikantrohr aus Schreibmaschinenpapier als Grundformen für experimentelle Untersuchung der Tragfähigkeit.
392: Rohre knicken bei Belastung meist seitlich ein, so daß der optimale Tragwert kaum zu erreichen ist.

Gelingt eine gleichmäßige Belastung, wird ein Rohr gestaucht, wenn die Grenze seiner Tragfähigkeit überschritten wird. Bei der gestauchten Form wird der Fluß der Kraftlinien deutlich sichtbar. In der ornamentalen Gliederung zeigt sich ein Falt- und Verrippungsprinzip, wie man es von der Faltbauweise her kennt.

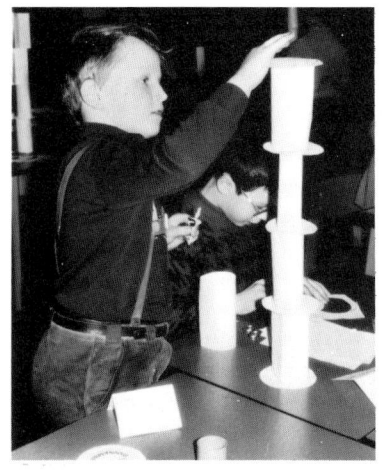
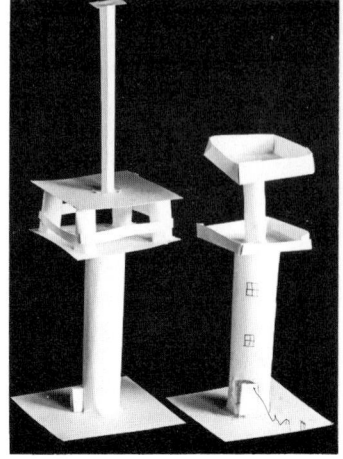

393 J 7–8 *394 J, M 9* *395 J 9*

B 3.3 Bauwerke aus Papier

(ab 3. Schuljahr)

Die Schüler sollen hier die Erfahrungen und Erkenntnisse, die sie im Herstellen von Bauteilen aus unstabilem Papier gewonnen haben, in konkreten Bauaufgaben anwenden. Die Abbildungen dieser Doppelseite zeigen Ergebnisse von acht verschiedenen Aufgabenstellungen. Sie sind als Orientierungshilfe für den Unterrichtenden bei der Unterrichtsplanung gedacht. – Die Themen sind komplex. In ihrer Struktur weisen sie sowohl technisch-konstruktive als auch räumlich-funktionale und formale Komponenten auf. – Bei allen Aufgaben ist hier von der Zweckbestimmung des Bauwerks auszugehen, d. h., in der Vorbesprechung werden seine räumlich-funktionale Gliederung und die Funktionen der Bauteile eingehend zu klären sein. Für die konstruktive Lösung sollte den Schülern weitgehend Freiheit zur Verwirklichung eigener Vorstellungen gelassen werden. Da das Schwergewicht im konstruktiven Bereich bewußt bei der Verfestigung unstabilen Materials durch Verformung liegen soll, werden als Werkstoff nur Papier und leichter Karton zur Verfügung gestellt, aus denen die Schüler die für die einzelnen Bauteile zweckentsprechenden Formen entwickeln.

393: Bau mehrstöckiger Türme, mit denen Belastungsversuche durchgeführt werden sollen. Als Bauglieder finden Rund- und Vierkantrohre und Kartonscheiben Verwendung.
394: „Fernsehturm mit Restaurant" und „Leuchtturm". Grundelement ist die Papierröhre.
395: „Hochsitz". Die Plattform mit Geländer ruht auf vier Rohrstützen. Die abgewinkelte Treppe ist aus zwei längeren Kartonstreifen gefaltet.
396, 397: „Straßenbrücke über die Autobahn" und „Fußgängerbrücke". Der Oberbau ist aus breiten U-Schienen hergestellt, deren Schenkel zugleich als Geländer gedacht sind. Die Stützen bestehen aus Winkelschienen und Vierkantrohren.

398, 400: „Rutschbahnen". Lösungen auf unterschiedlichen Leistungsstufen.
399: „Reparaturstand für Spielzeugautos". Baugruppen: schräge Auffahrt, Plattform mit Aussparung, Stützen und Grundplatte.
401, 402: „Überdachte Tankstelle". Die Größenverhältnisse werden von den vorgegebenen Streichholzschachteln als Tanksäulen und den verwendeten Spielzeugautos bestimmt.
403: „Hochgarage". Baugruppen: Parkflächen, schräge Auffahrten, Stützkonstruktion. Ein besonderes technisches Problem stellt sich hier in der Verfestigung größerer Kartonflächen durch Abkanten und Stützkonstruktion.

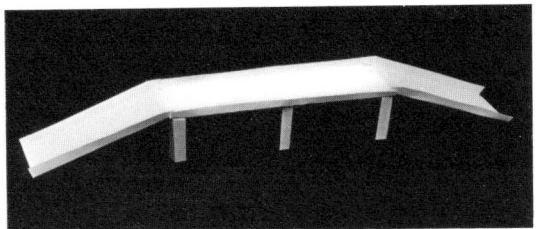

396 J 8

397 M 8

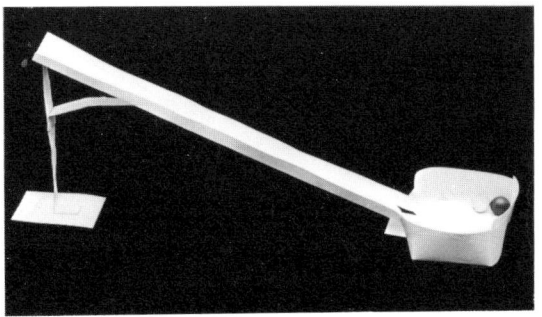

398 J 8

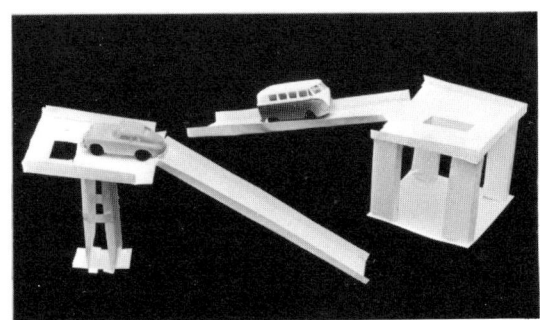

399 J, M 8

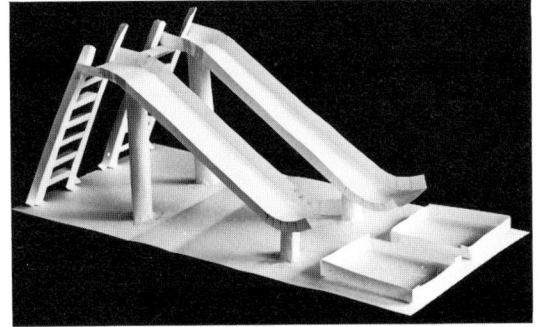

400 J 10

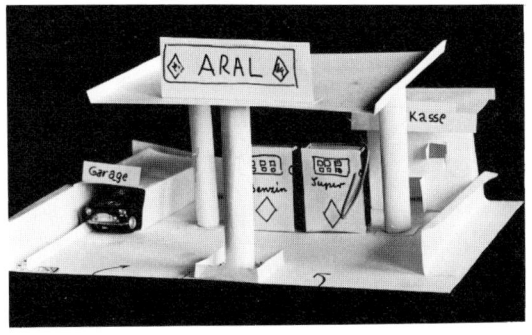

401 M 9

402 J 9

403 J 10

404 J 9   405 J 9

B 4 Gerüst- und Skelettbauweise

B 4.1 Türme und Brücken

(ab 4. Schuljahr)

Lernvoraussetzungen: B 3 (Stabilität durch Materialumformung)
Lernziele (Aussichtsturm aus Winkelschienen): Die Schüler sollen
- im konstruktiven Bauen mit der Papierwinkelschiene das Prinzip der Gerüst- und Skelettbauweise kennenlernen;
- aus Kartonstreifen stabile Winkelschienen herstellen;
- auf quadratischer Grundfläche mit Winkelschienen ein hohes Gerüst bauen;
- die Gerüstkonstruktion durch Streben so aussteifen, daß sie fest steht;
- die Strebe als stabilisierenden Bauteil kennenlernen;
- im Transfer Gerüst- und Skelettkonstruktionen ihrer Umgebung erkunden.

Erweiterung: Brückenkonstruktionen
Grundbegriffe: Gerüst, Skelett, Skelettbauweise, Fachwerk, Stütze, Träger, Strebe, Winkelschiene
Arbeitsmaterial: Kartonstreifen 20–30 mm breit, mindestens 40 cm lang; Schere, Stahlschiene, Messer, Schneidunterlage, Alleskleber

Unterrichtshinweise: Der Einstieg kann von einer Demonstration her erfolgen, in der das Grundphänomen, die Verfestigung durch Knicken, veranschaulicht und die statische Funktion der hier als Bauelement verwendeten Winkelschiene geklärt wird. – Mögliche Themen: Aussichtsturm, Funkturm, Hochsitz. – In einem ersten Arbeitsabschnitt werden die Winkelschienen hergestellt. Der Lehrer wird hierfür die erforderlichen technischen Hinweise geben und den Kindern zeigen müssen, wie der Streifen mit dem Messer an der Stahlschiene vorgeritzt und mit dem Einschnitt nach außen zur Winkelschiene gefaltet wird. – Hier bietet sich auch die Möglichkeit eines arbeitsteiligen Fertigungsverfahrens mit Anreißen, Vorritzen, Falten und Prüfen als einzelnen Arbeitsgängen. – Da die Kinder beim Bauen auf gegenseitige Hilfeleistung angewiesen sind, wird am besten partnerschaftlich gearbeitet.

Die Größe des quadratischen Rahmens sollte mindestens 25 × 25 cm betragen, um eine ausreichende Größe des Bauwerks zu gewährleisten. Nur in Dimensionen, wie sie aus den Abbildungen ersichtlich sind, wird ein Bauen sinnvoll sein und der Schüler die beabsichtigten Erkenntnisse gewinnen können.

Die Kinder erfahren, daß die Gerüstkonstruktion mit zunehmender Größe unstabil wird und sich schon bei geringer Belastung verschiebt und verdreht, so daß ein Aussteifen durch Schrägstreben erforderlich wird. – Die stabilisierende Funktion der Schrägstrebe läßt sich in einem einfachen Demonstrationsversuch veranschaulichen: vier Holzleisten mit vier Nägeln zu einem Rahmen genagelt, bilden ein verschiebbares Viereck. Wird eine Leiste als Diagonalstrebe eingefügt, entstehen zwei unverschiebliche Dreiecke; der Rahmen ist stabil.

Der Transfer auf die Bauwirklichkeit ist hier einfach, da sich in der Umwelt des Kindes genügend in ihrer Struktur leicht durchschaubare Skelettkonstruktionen finden: Gittermasten der Hochspannungsleitung, die Tragwerkkonstruktion des Baukrans, der Fachwerkträger der Eisenbahnbrücke, das Fachwerkhaus, das Baugerüst auf der Baustelle, ein im Bau befindlicher Skelettbau.

406 J 9, 10

404: „Fernsehturm mit Restaurant". Durch den vorgegebenen quadratischen Rahmen als Grundfläche wird die Größe, und mit dem rechten Winkel die kubische Grundform des Baukörpers weitgehend vorbestimmt. Die Schüler bauen nach freier Vorstellung und ändern das Konzept während des Bauens nach Bedarf. Bauteile werden nach Augenmaß eingepaßt, Verstrebungen dort eingefügt, wo es die Stabilität erfordert. Trotz dieses freien Bauens haben die Schüler in der Anordnung der Bauteile zu einer strukturellen Ordnung gefunden.

405: „Brücke"; frei gestellte Aufgabe. – Skelettkonstruktion einer „Doppelbrücke" für Schienen- und Straßenverkehr. Der kastenförmige Fachwerkträger hat eine den zugedachten Funktionen entsprechende Bauform erhalten. So sollen die parallelen Querstreben der oberen Trägerwand zugleich als Schwellen für die Eisenbahnschienen dienen, während die in der unteren Etage liegende Autostraße über Kreuz geführte Streben als Auflager für die Fahrbahn aus Zeichenkarton erhält. Die für den Schüler ungewöhnliche Verwendung von V-Stützen mit punktförmigem Auflager erklärt sich daraus, daß die Brücke „über eine Schlucht" führt und „unten auf den Felsen nur wenig Platz für die Pfeiler ist". Im Gegensatz zu der klaren Gliederung des kubischen Fachwerkträgers bereitet den Kindern die Verstrebung der nicht durch den rechten Winkel bestimmten Stützen sichtlich Schwierigkeiten.

406: Auf quadratischer Grundfläche soll ein mindestens 150 cm hohes Gerüst gebaut werden, das ein schweres Stahllineal zu tragen imstande ist. Material: 250 g-Karton. Der Bauaufgabe liegt Vorerfahrung mit dem freien Gerüstbau zugrunde. Die Funktion der Schrägstrebe als flächenstabilisierender Bauteil ist den Schülern aus Erfahrung bekannt; die Stabilisierung eines räumlichen Fachwerks gegen Zug-, Druck- und Torsionskräfte durch Flächen- und Raumdiagonalen wurde am Würfel im Vorversuch geklärt. – Ein besonderes technisches Problem stellt sich beim Einfügen der Streben in die Ecken, für die es die entsprechende Paßform zu finden gilt, vornehmlich dort, wo mehrere Streben strahlenförmig zusammenlaufen.

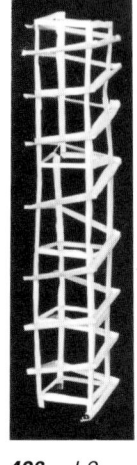

407 J 8   408 J 9   409 J 9–10

B 4.2 Kugelbahnen

(ab 4. Schuljahr)

Lernvoraussetzungen: B 3, B 4.1 Gerüstbau
Lernziele: Die Schüler sollen
- eine Kugelbahn bauen, auf der eine Kugel auf einem möglichst langen Laufweg abrollt;
- das tragende Gerüst und die Laufrinne aus Profilschienen herstellen;
- konstruktive Möglichkeiten finden, die Richtung der Laufrinne zu ändern;
- die Konstruktion auf Funktionstüchtigkeit überprüfen; den Bewegungsablauf der Kugel beobachten und beschreiben, ihr Rollverhalten aus der Bahnform begründen.

Grundbegriffe: Kugelbahn, Gerüst, Laufbahn, Laufrinne, Gefälle, Kurve, Spirale, Serpentine
Arbeitsmaterial: Kartonstreifen 50–60 mm breit für die Laufrinne, Kugeln; sonst wie 4.1

Unterrichtshinweise: Der Bau einer Kugelbahn kann vom Grundschulkind bewältigt werden, wenn er – wie hier vorgeschlagen – in zwei getrennten Konstruktionsphasen vorgenommen wird: 1. dem Bau des Traggerüsts, 2. der Konstruktion der Laufrinne als dem eigentlichen Funktionsteil, der additiv angefügt, nicht konstruktiv integriert wird. – Die Bewegung der Kugel ist hier das bestimmende Moment. Die Kinder sollten daher zunächst die Rolleigenschaften „ihrer" Kugel im Spiel erkunden. Sodann werden Formen des Kugellaufs in der Bahn und die technischen Möglichkeiten, die Laufrinne entsprechend zu formen, zu erörtern sein, z. B. für a) den geraden Lauf in der geneigten Rinne, b) die Richtungsänderung durch Kurve, c) den geraden Lauf in Auf- und Abbewegung, d) die Bewegung in Spirale, Serpentine und in Stufen. Differenziertere Bewegungen wie Umleiten, Springen, Überschlagen sind vom Grundschüler nur in Einzelfällen zu lösen.

407, 408: Im Bau befindliche Kugelbahnen. Die Laufrinne wird hier noch in Anpassung an das Traggerüst als gerade U-Schiene in rechtwinkligen Kurven um das Gerüst herumgeführt. Der Lauf der Kugel ist „eckig" und wird in Einzelläufe zerhackt.
409: Die Laufrinne ist um das Gerüst herum und durch das Gerüst geführt. Die weiche Führung der Bahn in großen Bogen mit überhöhten Außenkurven und wechselndem Gefälle ist technisch durch vielfaches Einschneiden der U-Schiene und durch Zusammensetzen aus kleinen Schienenstücken gelöst. Die Kugel rollt harmonisch mit Beschleunigung und Verzögerung in einer großen Spiralbewegung ab. – Die rechte Kugelbahn weist eine differenziertere Struktur auf. Der Lauf der Kugel ist in drei Bewegungsphasen gegliedert: Gerader Anlauf, Spirale, gerader Auslauf. Am Ende der Spirale wird die Kugel gestoppt, fällt auf den Auslauf und rollt in die Auffangvorrichtung.

Dritter Themenkreis: # Technische Grundsachverhalte aus dem Bereich „Gerät" (G)

Didaktische Hinweise:

Geräte und Werkzeuge gehören zu denjenigen technischen Gegenständen, mit denen das Kind bereits im frühen Alter elementare Umgangserfahrungen gewinnt. Im Handhaben von Eßgeräten und einfachen Werkzeugen wie Hammer, Zange, Schaufel erfährt es deren Funktion und Wirkungsweise. Bei einer Analyse der Sachstruktur von Geräten und Werkzeugen, die in erster Linie funktionsbestimmt sind, ergeben sich eine Reihe unterschiedlicher Aspekte, die im Unterricht schwerpunktmäßig hervorgehoben und behandelt werden können. Geräte und Werkzeuge enthalten sowohl funktionale und formale als auch technologische, materiale, physikalische und sozioökonomische Aspekte. Sie werden im folgenden kurz dargestellt.

funktionaler Aspekt: Geräte und Werkzeuge erfüllen bestimmte Funktionen und dienen dazu, die Arbeit des Menschen zu erleichtern. Sie müssen so konstruiert sein, daß sie ihren Zweck gut erfüllen.

formaler Aspekt: Form und Funktion stehen in einem engen Zusammenhang und bedingen sich gegenseitig. Die Form ist nicht nur vom Zweck, sondern auch vom verwendeten Material, von den Fertigungsverfahren und von menschlichen Bedingungen abhängig (z. B. Griffform, die der Hand angepaßt ist).

materialer Aspekt: Geräte und Werkzeuge bestehen aus verschiedenen Materialien wie Holz, Metall, Keramik, Kunststoff usw. Diese Materialien haben bestimmte Eigenschaften, die besondere Bearbeitungsverfahren bedingen und sich auf die Formgebung auswirken. Der Einsatz richtet sich nach den Anforderungen, die an den jeweiligen technischen Gegenstand gestellt werden.

technologischer Aspekt: Zur Herstellung von Geräten und Werkzeugen werden bestimmte Fertigungsverfahren angewendet. Zu den grundlegenden Verfahren der Materialbearbeitung gehören das Urformen, Umformen, Trennen und Verbinden. Technische Gegenstände können in Hand- oder Maschinenarbeit, in Einzel- oder Serienfertigung hergestellt sein.

physikalischer Aspekt: Geräten und Werkzeugen liegen physikalische Gesetzmäßigkeiten zugrunde, die ihre Wirkungsweise entscheidend bestimmen. Keil und Hebel gehören zu den physikalischen Prinzipien, die bei vielen Werkzeugen und Geräten angewendet werden.

sozioökonomischer Aspekt: Gebrauchsgeräte gehören zum Konsumbereich. Als Verkaufsware unterliegen sie den ökonomischen Bedingungen der Preisgestaltung, Aufmachung, Verpackung und Werbung.

Die dargestellten Aspekte und die daraus abzuleitenden Unterrichtsziele können keinesfalls alle in die besondere Zielsetzung eines Einzelthemas eingehen. Um dem Schüler gezielte Erfahrungen zu ermöglichen, werden einzelne Aspekte schwerpunktmäßig behandelt, so der materiale Aspekt in Themen wie „Untersuchung von Eigenschaften des Holzes"; der technologische Aspekt in Themen wie „Untersuchung von Raspel, Feile und Schleifpapier"; der sozioökonomische Aspekt im Thema „Werbung durch Verpackung" (im Themenkreis „Polytechnik/Arbeitslehre"). Auf diese Weise wird es dem Schüler möglich, sich intensiver mit den grundlegenden Sachverhalten zu beschäftigen.

Der Themenkreis „Gerät" gliedert sich in drei Aufgabengruppen: 1. Geräte und Werkzeuge aus Holz, 2. Geräte und Werkzeuge aus Metall, 3. Gefäße aus Ton. Die Geräte, die hergestellt werden, haben den Charakter von Spielgeräten und stellen vereinfachte Modelle im Sinne einer didaktischen Reduktion dar.

Lernziele (Grobziele):
Der Schüler soll
- elementare Einsichten in die Funktion und die Wirkungsweise von Geräten und Werkzeugen gewinnen; erkennen, daß Handwerkzeuge die Arbeit des Menschen erleichtern;
- einfache Geräte und Werkzeuge selbst konstruieren und herstellen; dabei ihre funktionalen und konstruktiven Merkmale erfassen und ihre technischen Prinzipien erkennen;
- lernen, Werkstoffe zu bearbeiten und Werkzeuge zu handhaben; dabei die grundlegenden Fertigungsverfahren wie das Urformen, Umformen, Trennen und Verbinden kennenlernen;
- erkennen, daß Werkstoffe unterschiedliche Eigenschaften haben, die sich bei der Bearbeitung und Formgebung auswirken; Werkstoffe untersuchen und ihre Merkmale feststellen;
- erfahren, daß Werkzeugen physikalische Wirkungsprinzipien zugrunde liegen, die ihre Wirkungsweise bestimmen (Keil bei Messer, Raspel, Säge; Hebel beim Schraubenschlüsse, bei Scheren);
- erkennen, daß Geräte zu den Konsumgütern gehören, für die als Verkaufsware auch ökonomische Gesichtspunkte bestimmend sind (Design, Werbung, Aufmachung, Verpackung, Preis).

Sachinformation
Die Sachhinweise beschränken sich auf einen Überblick über die grundlegenden Fertigungsverfahren und die wichtigsten Werkzeuggruppen.
In der Technik wird eine Vielzahl von Verfahren angewendet, mit denen ein Stoff bzw. ein Werkstück ver- oder bearbeitet wird. Die Fertigungsverfahren lassen sich unter dem Gesichtspunkt des Stoffzusammenhalts und seiner Änderung in vier Hauptgruppen gliedern.
1. *Urformen:* Durch „Urformen" entstehen aus einem formlosen Stoff Werkstücke bestimmter Form. Der Stoffzusammenhalt wird beim Urformen erst geschaffen. Beispiele: Gießen von Gips in eine Gießform (G 2.6), Pressen und Formen eines weichen Tonklumpens zu einer Hohlform (G 3.2).
2. *Umformen:* als „Umformen" wird das Ändern der Form eines festen Körpers unter Beibehaltung seines Stoffzusammenhalts bezeichnet. Beispiele: Falten von Papier, Biegen von Draht, Treiben von Blech.
3. *Trennen:* Beim „Trennen" wird der Stoffzusammenhalt örtlich aufgehoben. Man unterscheidet das spanende und das zerteilende Trennen. Das Wirkungsprinzip von trennenden Werkzeugen ist der Keil. Werkzeuge für spanendes Trennen z. B. Raspel, Säge, Bohrer; Werkzeuge für zerteilendes Trennen z. B. Schere, Zange, Seitenschneider.
4. *Verbinden* (Fügen): Durch „Verbinden" werden zwei oder mehrere Teile zusammengefügt. Es gibt lösbare und unlösbare Verbindungen; unlösbar: Kleben, Leimen, Nageln, Nieten; lösbar: Stecken, Schrauben.

Werkzeuge sind Mittel, mit denen ein Material oder ein Werkstück in seiner Form, seiner Lage oder auch in seiner Eigenschaft verändert werden kann. Man unterscheidet zwischen Handwerkzeugen und Maschinenwerkzeugen. Maschinenwerkzeuge werden in Werkzeugmaschinen eingesetzt und verrichten dort eine bestimmte Arbeit (Spiralbohrer in der Bohrmaschine, Bandsägeblatt in der Bandsäge). Die in der Grundschule verwendeten Werkzeuge werden im folgenden nach übergreifenden technologischen Gesichtspunkten geordnet in:
Werkzeuge zum Urformen (Gießformen für Gips, Sandförmchen zum Pressen von feuchtem Sand)
Werkzeuge zum Umformen (Kunststoffhammer zum Treiben, Flachzange und Rundzange zum Biegen von Draht)
Werkzeuge zum Spanen (Raspel, Feile, Säge, Messer, Bohrer)
Werkzeuge zum Schneiden (Papierschere, Blechschere, Seitenschneider, Lochzange, Locheisen)
Werkzeuge zum Verbinden (Schraubenzieher, Schraubenschlüssel).

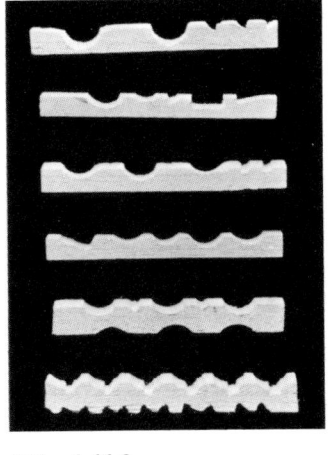

410

411 J, M 6

412 M 6

G 1 Geräte und Werkzeuge aus Holz

G 1.1 Ausprobieren und Erkunden der Raspel

(ab Eingangsstufe)

Lernziele: Die Schüler sollen
- im probierenden Tun die Raspel als spanabhebendes Werkzeug kennenlernen;
- erfahren, daß die halbrunde Raspel sowohl mit der flachen als auch mit der halbrunden Seite benutzt werden kann;
- lernen, den Schraubstock zu handhaben und seine Funktion erfassen;
- die Erfahrungen im Umgang mit Werkzeug und Material sprachlich darstellen.

Grundbegriffe: Raspel, Griff, Zähne; Schraubstock, Backen, Spindel, Schlüssel, Schutzbrett; auf- und zudrehen, einspannen

Arbeitsmaterial: Raspel (halbrund), Schraubstock, Schutzbrettchen; Leistenstücke aus Weichholz

Unterrichtshinweise: Die Raspel ist als Werkzeug so einfach, daß sie schon Vorschulkinder handhaben können. Die Erkundung der Raspel, die in den nächsten Einheiten zusammen mit der Feile als Hauptwerkzeug eingesetzt wird, kann sich in folgenden Schritten vollziehen: 1. Kennenlernen des Schraubstocks, Auf- und Zudrehen, Einsetzen der Schutzbacken, Einspannen des Werkstücks 2. Ausprobieren der Raspel: Handhabung, Führung, Möglichkeiten der Formgebung (flache und halbrunde Seite, Werkzeugspur) 3. Betrachten der Werkzeuge: Griff, Raspelblatt, Zähne 4. Freies Arbeiten: Gliederung einer Weichholzleiste. – Das Ausprobieren von Werkzeugen sollte sich als durchgängiges Unterrichtsprinzip auf die wichtigsten Grundwerkzeuge erstrecken.

410: Parallelschraubstock und selbstgefertigte Schutzbrettchen aus starkem Buchensperrholz. Die Brettchen dienen zum Schutz des eingespannten Werkstücks und verhindern zugleich die Beschädigung des Werkzeugs durch die gehärteten Schraubstockbacken.
411: Probestücke. Nachdem die Kinder mit dem Werkzeug vertraut sind und die verschiedenen Möglichkeiten der Formgebung erkundet haben, wird ihr Arbeiten zielgerichteter. Die unteren Leistenstücke zeigen bereits eine rhythmische Ordnung (Musterung). Länge der Leisten ca. 15 cm.
412: Werkzeuge und Materialien üben auf Kinder einen starken Reiz aus und fordern unmittelbar zum praktischen Probieren und Erkunden auf.

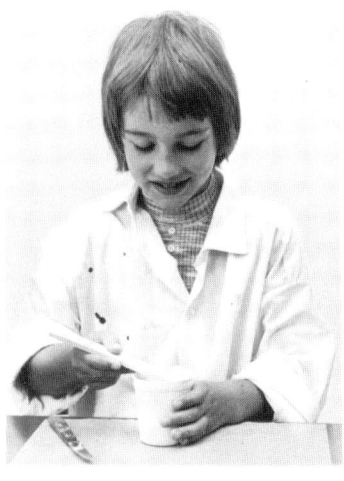

413   M 8   414   M 8   415   M 8

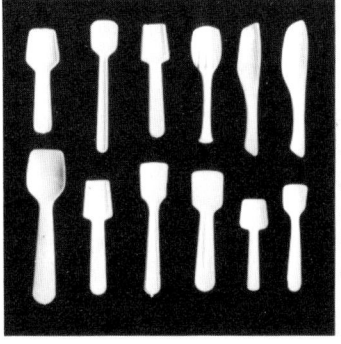
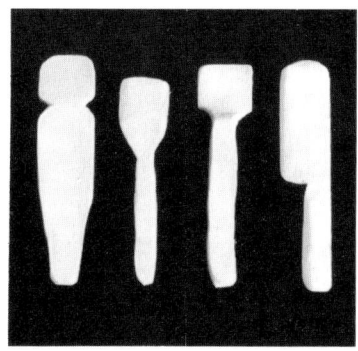

416   417   J, M 7–8   418

G 1.2 Kleine Eßgeräte

(ab 2. Schuljahr)

Lernvoraussetzungen: G 1.1

Lernziele: Die Schüler sollen
- kleine Eßgeräte herstellen und dabei Einsichten in den Zusammenhang von Form und Funktion gewinnen;
- aus Weichholzleisten durch Raspeln, Feilen und Schleifen Formen entwickeln, die den geforderten Funktionen entsprechen;
- die Geräte überprüfen, sie mit industriell hergestellten Eßgeräten vergleichen, Unterschiede und Gemeinsamkeiten in Form und Funktion feststellen.

Grundbegriffe: Eßgerät, Griff, Werkzeugteil, Klinge, Schneide, Laffe, Zinken, Keil

Arbeitsmaterial: Leistenabschnitte aus Weichholz von 10 × 20 mm bis 10 × 30 mm Stärke in Längen von 100 mm bis 200 mm; Raspel, Feile, Schleifpapier, Schleifklotz; Ton; Eislöffel, Pommes frites-Gäbelchen, Cocktail-Spießchen aus Kunststoff, Eßgeräte aus Metall

Unterrichtshinweise: Die hier als Beispiele für Eßgeräte dargestellten Aufgaben „Eislöffel", „Spießchen", „Buttermesser" und „zweizinkige Gabel" stellen unterschiedliche Anforderungen. Die Themen Spieß und Eislöffel sollten als die einfacheren zuerst behandelt werden, die Aufgaben Messer und Gabel werden für das 3. und 4. Schuljahr empfohlen. – Einstieg und Motivation können von einer Problemsituation her erfolgen: dem vergeblichen Bemühen, mit einer Holzleiste Eis aus ei-

419 J 8

420 J 8

421 J 8

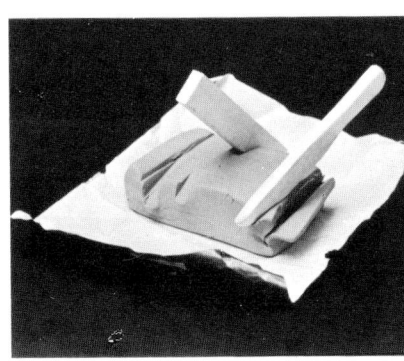
422

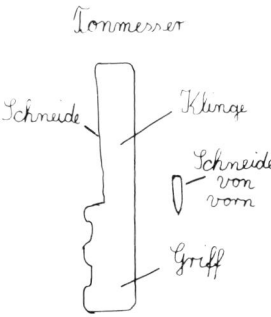
423 J 8

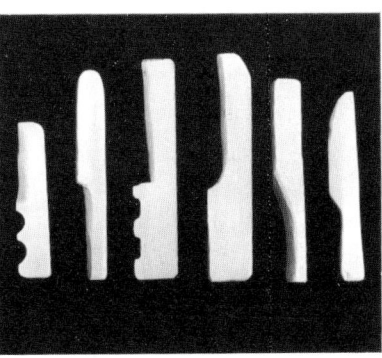
424 J, M 8

413–415: Thema „Eislöffel". Einstieg und Motivation. Ein Mädchen demonstriert Eisessen. Einem mit weichem Ton gefüllten Becher wird mit einem unbearbeiteten Leistenstück „Eis" entnommen. Die Kinder beobachten und beschreiben die Funktionen, die ein brauchbares Gerät erfüllen müßte: Stechen, Schneiden, Schaben, Schaufeln.
414: Die mit Raspel und Feile ausgearbeitete Form wird mit Schleifpapier geglättet.
415: Der Eislöffel wird am Tonkloß erprobt.
416: Eislöffel aus Kunststoff, die Eisbechern beigegeben sind. Die Geräte haben Proportionen von Miniaturwerkzeugen, deren Werkzeugteil größenmäßig dem Zweck entsprechen mag, deren Handgriff aber keineswegs der Greifhaltung angemessen ist. Die Schüler stellen bei der Erprobung fest, daß die meisten Geräte unstabil und unhandlich sind und auch die Werkzeugfunktionen nur unzureichend erfüllen. – Es muß hier jedoch geklärt werden, daß wirtschaftliche Gründe, vor allem der Kostenfaktor, die Herstellung bestimmen: Behelfsgerät als Wegwerfgerät, Verpackung, billigste Massenproduktion.
417: Von Kindern hergestellte Eislöffel.
418: Die Werkzeugspur an der „Eiskugel".
419–424: Thema „Buttermesser". Problemsituation: Ton, in Größe eines Stückes Butter geformt, soll mit einer Holzleiste durchgetrennt werden. Die Schüler beobachten, daß der Ton nicht geschnitten, sondern gequetscht wird.
420, 423: Umrißzeichnung und Benennung der Teile.
421: Die Schneide des Messers wird erprobt.
422: Verdeutlichung der Keilwirkung. Ein Stück „Butter" wird mit einer Leiste und einem Holzmesser eingeschnitten. Die keilförmige Messerklinge bildet in der Schnittfuge ein Dreieck, die Holzleiste in der Quetschfuge ein Viereck. Beim Schneiden mit dem Messer wird spürbar weniger Kraft benötigt.
424: Von Kindern hergestellte Buttermesser.

425 M 8   426 M 8

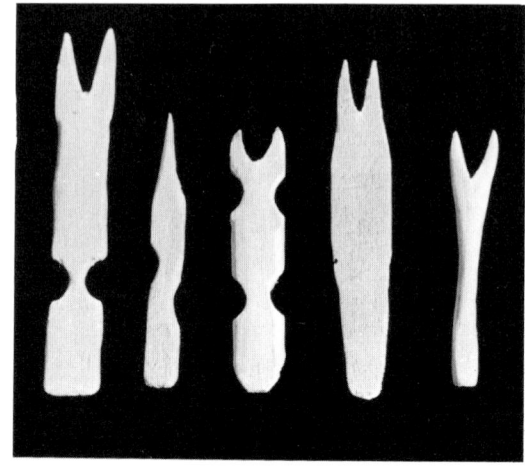

427 J, M 8

nem Becher zu löffeln oder gar Pommes frites aus der Tüte spießen zu wollen; dem mühseligen Schneiden eines Tonkloßes. – Die Aufgabe, aus der Holzleiste eine zweckentsprechendes Eßgerät zu entwickeln, bedarf einer Vorklärung der Funktionen des jeweiligen Geräts und des Herstellungsverfahrens. Als Funktionen sind die Größe, die Werkzeugfunktion, die Grifform zu klären. Eislöffel, Gabel und Spießchen sind kleinere Eßgeräte, mehr zum „Naschen" bestimmt. Jedes Gerät hat spezielle Werkzeugfunktionen zu erfüllen wie Schaben, Löffeln, Schaufeln, Greifen, Stechen, Spießen, Schneiden. Löffel, Gabel und Spieß sind „Mundgeräte", das Messer ist ein „Handgerät". Jedes Gerät erfordert eine bestimmte Greifhaltung. Löffel, Gabel und Spieß werden mehr mit zwei Fingern gefaßt, der Messergriff wird von der Hand umgriffen. Die Geräte müssen einen handlich geformten Griff besitzen. – Die Griffunktion ist unmittelbar haptisch erfahrbar, die Werkzeugfunktion dagegen nur mittelbar am „Material". Es wird besonders instruktiv sein, den Kindern gut geformte Werkzeuggriffe in die Hand zu geben, um Griffqualitäten haptisch erfahren zu lassen. Die Formgebung des Griffs wird später bei der Herstellung weniger optisch, sondern vornehmlich durch Fühlen und „Begreifen" zu kontrollieren sein. – Die praktische Arbeit der Schüler beginnt mit der Auswahl der geeigneten Holzleiste. Die Geräte werden ohne zeichnerischen Vorentwurf direkt durch Raspeln, Feilen und Schleifen entwickelt. Die Formgebung von Griff und Werkzeugteil wird während des Herstellungsprozesses ständig kontrolliert: der Griff durch Fühlen mit der Hand, der Werkzeugteil durch Erproben an Ton zum Stechen, Spießen, Schaben, Löffeln und Schneiden. – Die abschließende Besprechung sollte umfassen: 1. die Erprobung der selbst hergestellten Geräte; 2. die Verdeutlichung des allen Werkzeugen zugrunde liegenden technisch-physikalischen Wirkungsprinzips des Keils; 3. die Betrachtung industriell hergestellter Eßgeräte.

425–430: Thema „Gabel für Pommes frites".
427: Von Kindern hergestellte Holzgeräte. Die Zinken sind mit der Puksäge ausgesägt.
428: Zwei- und dreizinkige Kunststoffgäbelchen. – Bei der kritischen Betrachtung der Geräte sollte den Kindern deutlich werden, daß die Gestalt eines Geräts auch weitgehend vom Material und vom Herstellungsverfahren abhängig ist. Holz bedingt andere Größen und Formen als Kunststoff. Bei der Holzbearbeitung wird Materialsubstanz abgetragen; Kunststoff wird im Spritzguß verarbeitet. Hier Einzelherstellung, die in der individuellen Formge-

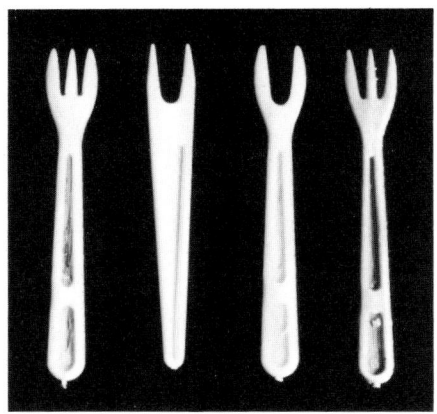

428

429 M 8

430 M 7

bung der Entwurfsarbeit des Designers vergleichbar ist – dort industrielle Fabrikation eines Massenartikels. – An den Stielenden der Plastikgabeln sind die Spritzzapfen noch deutlich zu erkennen.

429: Arbeitsbericht im Technikheft.
430: „So spießt man Käsewürfel und Weinbeeren auf, wenn man Gäste hat".

G 1.3 Schraubenzieher für Spielzeugschrauben

(ab 3. Schuljahr)

Lernvoraussetzungen: G 1.1
Lernziele: Die Schüler sollen
– einen Schraubenzieher (-dreher) herstellen, mit dem sie Spielzeugschrauben aus Holz oder Kunststoff anziehen und lösen können;
– die Klinge der vorgegebenen Form des Schraubenschlitzes anpassen und den Griff so formen, daß er gut in der Hand liegt;
– Schraubenzieher unterschiedlicher Form und Funktion betrachten und beschreiben.
Erweiterung: Kennenlernen von Holz- und Maschinenschrauben; Untersuchen der Festigkeit von Nagel- und Schraubenverbindung

Grundbegriffe: Schraubenzieher (-dreher), Griff, Klinge, Schraube, Kopf, Schlitz, Gewinde, Mutter; anziehen, lösen
Arbeitsmaterial: Weichholzleisten ca. 10 × 20 mm in verschiedenen Längen; Spielzeugschrauben mit Schlitz aus dem Baufix-Baukasten (einzeln erhältlich); Raspel, Feile, Schleifpapier, handelsübliche Schraubenzieher; Maschinen- und Holzschrauben
Unterrichtshinweise: Der Einstieg kann von folgender Problemsituation aus erfolgen: eine fest angezogene Baufix-Schraube soll von den Kindern ohne Werkzeug gelöst werden. Da die Kraft der Hand nicht ausreicht, wird vorgeschlagen, einen Schraubenzieher zu entwickeln. Im Gespräch und anhand von Tafelskizzen werden die Bedingungen erörtert, die an ein solches Werkzeug gestellt werden: die Größe des Werkzeugs muß der Schraube

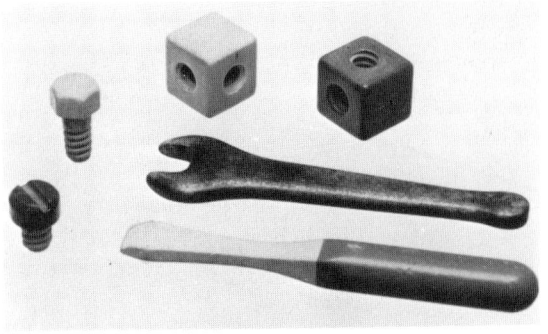
431

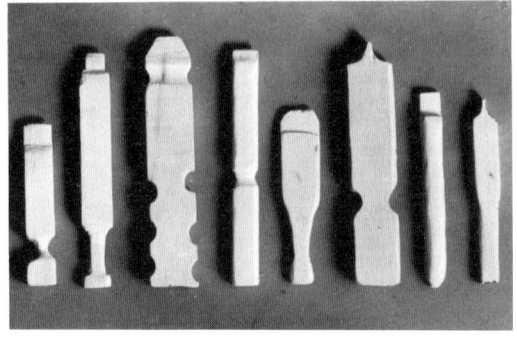
432 J, M 8–9

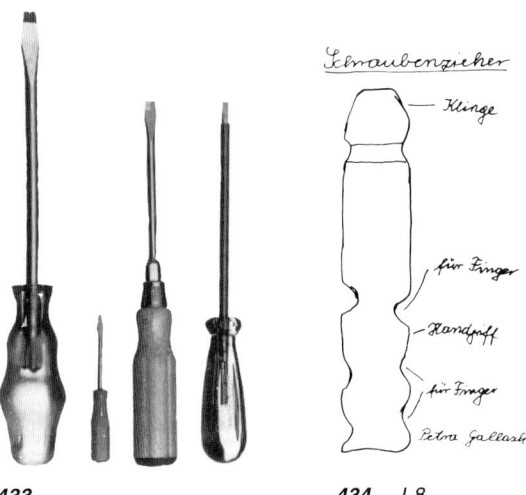

433   434 J 8   435 J 9   436   437

angepaßt sein, die Klinge in den Schraubenschlitz passen, der Griff gut in der Hand liegen. Jeder Schüler erhält eine Baufix-Schraube mit Schlitz, an der er seinen Schraubenzieher während der Herstellung ständig überprüfen kann. Die Kinder erarbeiten wie bei G 1.2 die Form direkt mit Raspel und Feile ohne vorherigen zeichnerischen Entwurf. – Zum Abschluß werden die Werkzeuge gemeinsam einer Funktionsprobe unterzogen, die Größe, die Griffform und vor allem die Klingen verglichen und beurteilt. Dabei können folgende Einsichten gewonnen werden: Ist die Klinge zu schmal, rutscht sie aus dem Schlitz, ist sie zu dick, paßt sie schlecht hinein, ist sie zu dünn, bricht sie aus. – Eine Betrachtung handelsüblicher Schraubenzieher unter den Gesichtspunkten des Verwendungszwecks, der Funktion und der Form vertieft und überträgt die gewonnenen Erkenntnisse auf die Wirklichkeit. – (Hinweis zur Sprachbetrachtung: Schraubenzieher werden neuerdings ihrer Funktion angemessener als „Schraubendreher" bezeichnet). – Das Thema legt nahe, eine Aufgabe anzuschließen, die sich näher mit der Schraube befaßt (Unterscheidung von Holz- und Maschinenschraube, Verwendungszweck, Wirkungsweise und Funktion des Gewindes, Festigkeit der Schraubenverbindung im Vergleich zur Nagelverbindung). Einige Hinweise geben hier die Bildbeispiele.

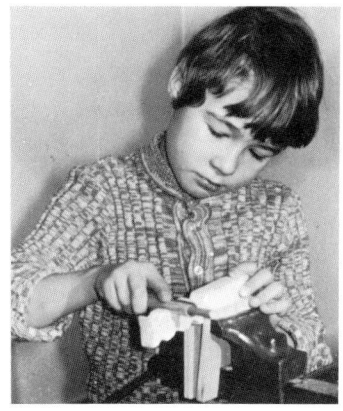
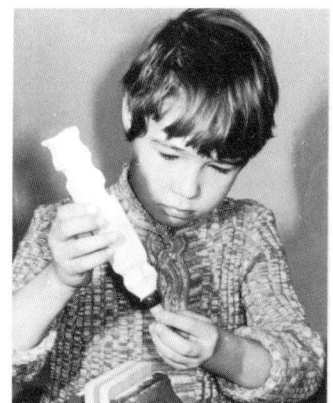

438 J 8   *439* J 8   *440* J 8

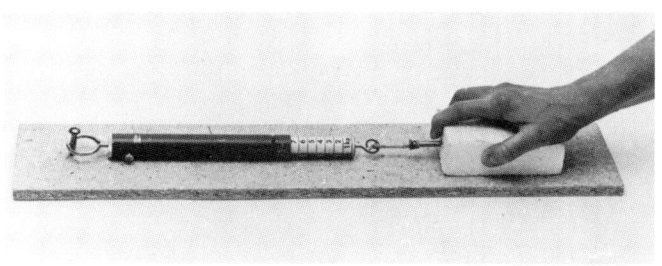

441   *442*   *443*

431: Spielzeugschrauben und Muttern aus dem Baufix-Baukasten mit Schraubenzieher und Schraubenschlüssel. Die Werkzeuge sind hier und in G 1,5 Gegenstand der handelnd-konstruktiven Auseinandersetzung des Schülers.

432: Von Kindern gefertigte Holzschraubenzieher. Trotz enger Funktionsbestimmung eine Vielfalt individueller Formen.

433: Gebräuchliche Schraubenzieher unterschiedlicher Zweckbestimmung. Von links: schwerer Schraubenzieher mit handgerechtem Plastikgriff, „Feinmechaniker"-Schraubenzieher aus dem Werkzeugkasten der Nähmaschine, Haushaltsschraubenzieher, Elektrikerschraubenzieher.

434: Umrißzeichnung mit Benennung der Teile.

435: Funktionsskizzen klären den Wirkungszusammenhang zwischen Werkzeug und Schraube.

436, 437: Kreuzschlitzschraubenzieher aus dem Autowerkzeug, oben Kreuzschlitzblechschraube mit selbstschneidendem Gewinde, unten Kreuzschlitzmaschinenschraube.

438: Die Fingermulden des Griffs werden mit Schleifpapier geglättet, das zur besseren Handhabung um einen Rundstab gewickelt ist.

439: Bei der Ausarbeitung des Werkzeugteils wird die Paßform der Klinge ständig am Schraubenschlitz überprüft.

440: Mit dem selbst hergestellten Werkzeug werden Bauteile des Baufix-Kastens zusammengeschraubt.

441: Links: Holzschraube mit „grobem" Gewinde und starker Gewindesteigung, die sich beim Eindrehen selbst ins Material einschneidet. Rechts: Maschinenschraube mit „feinem" Gewinde, geringer Gewindesteigung und der dazugehörigen Sechskantmutter. – Holzschrauben werden vom Schüler bei Arbeiten mit Styropor und Holz, Maschinenschrauben u. a. beim Thema „Schere" und im Bereich „Elektrotechnik" verwendet.

442: Untersuchung, wie fest Nagel und Schraube in Styropor halten. Der Nagel läßt sich mit der Hand eindrücken und herausziehen; die eingedrehte Schraube hält einem Zug von 7 kp stand.

443: Wir vergleichen den Weg, den ein Nagel und eine Schraube gleicher Länge im Material zurücklegen. Der Nagel wird in gerader Richtung eingeschlagen, die Schraube muß eingedreht werden. Wie lang der Weg der Schraube ist, zeigt der vom Gewinde abgewickelte Faden.

444 J, M 8

G 1.4 Untersuchung von Raspel, Feile und Schleifpapier
(ab 3. Schuljahr)

Lernvoraussetzungen: G 1.1 bis G 1.3
Lernziele: Die Schüler sollen
- die Wirkungsweise und das Wirkungsprinzip von Raspel, Feile und Schleifpapier genauer kennenlernen;
- in einer vergleichenden Untersuchung die Gemeinsamkeiten und Unterschiede in der Funktion herausfinden;
- erkennen, daß die Werkzeuge spanabhebende Wirkung haben und keilförmige Schneiden besitzen.

Grundbegriffe: Zähne, Schneide, Keil, Späne, Schleifpapier, Körnung; raspeln, feilen, schleifen

Arbeitsmaterial: Raspel, Feile, feines Schleifpapier; Leistenabschnitte und Brettstücke aus Weichholz; Lupe

Unterrichtshinweise: Die Kinder sollen Werkzeuge nicht nur gebrauchen und handhaben, sondern auch als technische Geräte untersuchen und verstehen lernen. Die vorliegende Aufgabe ist als exemplarisches Beispiel für andere Werkzeuguntersuchungen gedacht.

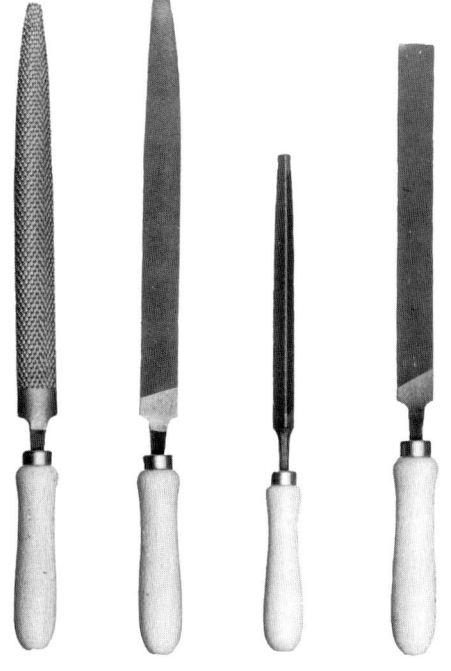

445

446 *447* *448*

444: Werkzeugerprobung in Partnerarbeit. Raspelspäne werden mit einem Papierbogen aufgefangen und später mit Spänen der Feile und des Schleifpapiers verglichen. Beobachtung der Kinder: Die Raspel hat grobe Späne gemacht „wie Splitter"; „große Fetzen" und „Fasern" hat sie herausgerissen. Beim Schleifpapier gibt es ganz feine Späne, wie „Mehl", „Staub", „Puder".

445: Raspeln und Feilen haben eine gemeinsame Grundfunktion: sie heben Späne ab. Ihr Wirkungsprinzip ist der Keil. Von links: halbrunde Raspel, Halbrundfeile, Dreikantfeile, Flachfeile. Man unterscheidet Raspeln und Feilen nach ihrer Größe, nach der Form ihres Querschnitts und nach ihrem Hieb.

446–448: Die Oberflächen einer Raspel und zweier Feilen im gleichen Vergrößerungsmaßstab. Von links: der Pockenhieb einer Raspel, der Einhieb einer Werkstattfeile und einer Schlüsselfeile. – Ein Blick durch die Lupe zeigt den Kindern, daß auch die feinste Metallfeile nach dem gleichen Prinzip arbeitet.

Wichtig ist, daß solche Untersuchungen nicht isoliert, sondern im Zusammenhang mit konkreten Aufgaben durchgeführt werden. Der Anstoß für die Untersuchung kann von der Betrachtung einer Tabelle an der Tafel ausgehen, die die wesentlichen Untersuchungsgesichtspunkte enthält. – In der vergleichenden Erprobung erkennen die Kinder, daß Raspel und Feile gleich gehandhabt werden, nur unterschiedlichen Krafteinsatz erfordern und unterschiedliche Wirkung haben. Beide Werkzeuge arbeiten auf „Schub" oder „Stoß" und quer zur Holzrichtung wie die Säge (im Gegensatz zum Spalten in Längsrichtung durch Messer oder Beil). – Die Kinder betrachten und befühlen das Raspel- und Feilenblatt und erkennen, daß beide Werkzeuge nach vorn gerichtete keilförmige Zähne besitzen. Das Schleifpapier erfordert keine bestimmte Arbeitsrichtung. Unter der Lupe zeigt sich, daß auch das Schleifkorn spitz und scharfkantig ist (wenn auch unterschiedlich groß), wie ein Keil wirkt und im Prinzip ebenso reißt wie die Raspel- und Feilenzähne. Die Schüler fangen Holzspäne auf, betrachten und vergleichen sie, beobachten die Wirkung der Werkzeuge am Holz. Die Raspel ist tief ins Holz eingedrungen und hat viel Material abgetragen. Das Holz ist zersplittert und zerfasert. Die Feile hat weniger Material abgetragen; das Holz ist weniger zerstört. Beim Schleifen mit Schleifpapier ist ein Materialabtrag kaum feststellbar, die Schleifspur jedoch zu erkennen. Der letzte Schliff muß in Holzrichtung erfolgen; Querschliff bleibt sichtbar. – Die Beobachtungen und Erkenntnisse werden im Gespräch zusammengefaßt, geordnet und tabellarisch festgehalten.

	Werkzeug		Holz	
	Handhabung	Wirkung	Oberfläche	Späne
Raspel	auf Stoß	reißt tief ein, nimmt viel ab.	sehr rauh	Splitter, Fasern
Feile	auf Stoß	nimmt mittelmäßig ab	mittel glatt	kleinere Splitter
Schleifpapier	nach allen Seiten	nimmt ganz wenig ab	sehr glatt	Mehl, Staub

G 1.5 Schraubenschlüssel für Spielzeugschrauben

(ab 4. Schuljahr)

Lernvoraussetzungen: G 1.1 bis G 1.4
Lernziele: Die Schüler sollen
- einen Schraubenschlüssel herstellen, mit dem sie Spielzeugschrauben aus Holz anziehen und lösen können;
- die Form des Schlüsselmauls dem Schraubenkopf anpassen und einen handlichen Griff formen;
- die kraftsparende Hebelwirkung erfahren;
- gebräuchliche Schraubenschlüssel kennenlernen.

Grundbegriffe: Schraubenschlüssel, Maul, Griff, Schraube, Sechskantschraube; anziehen, lösen
Arbeitsmittel: Weichholzleisten ca. 10 × 40 mm in Längen bis 200 mm; Säge, Raspel, Feile, Schleifpapier; Spielzeugschrauben mit Sechskantkopf und Muttern aus dem Baufix-Kasten (einzeln erhältlich); Schraubenschlüssel
Unterrichtshinweise: Die Aufgabe ist im Zusammenhang mit dem Thema „Schraubenzieher" zu sehen. Die Herstellung eines Schraubenschlüssels weist jedoch einen höheren Schwierigkeitsgrad auf. Der Einstieg kann wie bei G 1.3 erfolgen. Dort gewonnene Erkenntnisse werden wiederholt, vertieft und sinnge-

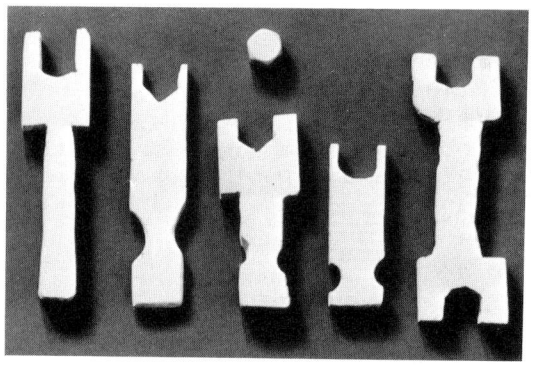

450 J, M 8–9

451 M 9

452 M 9

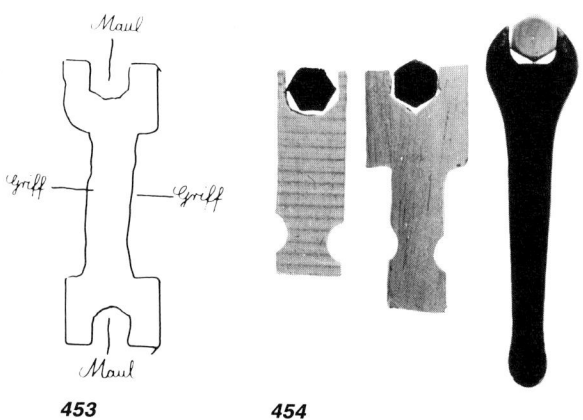

453   *454*

mäß auf die neue Situation übertragen. In der Planungsphase werden auch hier die Gesichtspunkte geklärt, die bei der Konstruktion berücksichtigt werden müssen: Paßform des Mauls, handlicher Griff, Hebelfunktion des Griffs. Die größeren Schwierigkeiten liegen vornehmlich im technologischen Bereich. Als Werkzeug wird zusätzlich die Säge benötigt. Sind die Schüler mit der Säge noch nicht hinlänglich vertraut, werden wie beim Erproben von Raspel und Feile (G 1.1) kleine Sägeübungen vorangestellt werden müssen. Der Lehrer wird im einzelnen vormachen und üben lassen: die Greifhaltung, das leichte, gerade ruckfreie Führen der Säge auf Stoß; die Führung des Sägeblattes am Daumen beim Ansetzen und Einschneiden, bis das Blatt im Sägeschlitz Führung hat; das vorsichtige Absägen, ohne daß das Holz einreißt. Für die Herstellung des Schlüsselmauls sollte den Schülern gezeigt werden, wie man viereckige Aussparungen durch Längs- und Schrägschnitte stückweise aussägen kann. – Nach Fertigstellung der Werkzeuge werden die verschiedenen Lösungen verglichen und auf Funktionstüchtigkeit geprüft. In der Phase der Lernübertragung wird der Schüler mit verschiedenen Schraubenschlüsseln bekannt gemacht. Dabei kann er erfahren, daß das gleiche Werkzeugprinzip in unterschiedlichen Konstruktionsformen und Ausprägungen auftreten kann. – Das Prinzip der kraftsparenden Hebelwirkung sollte besonders verdeutlicht werden. An den Griff des Schraubenschlüssels wird eine längere Holzleiste fest angebunden und eine Schraube mit kurzem und langem Hebelarm gelöst. Die Hebelwirkung unterschiedlich langer Kraftarme läßt sich mit einem Kraftmesser auch größenmäßig erfassen.

455   M 9   456   457   M 9

450: Von Schülern hergestellte Schraubenschlüssel aus Abachi- und Limbaholz. Der Gebrauchswert der verschiedenen Schlüssel wird durch Funktionsprobe ermittelt. Geprüft und beurteilt werden: Paßform der Schlüsselbacken, Handlichkeit und Länge des Griffs. Das Bemühen, den Griff durch Fingermulden handlicher zu machen, ist als geistige Leistung des Kindes anzuerkennen, wenn auch die Formgebung hier nicht der Greifhaltung entspricht. Einige Leisten sind zu kurz gewählt, so daß nur eine beschränkte Hebelwirkung erzielt wird.

451: Bei der Herstellung des Schraubenschlüssels wird zunächst das Schlüsselmaul ausgearbeitet. Erst wenn die Innenform fertiggestellt ist, werden Griff und Schlüsselbacken mit Raspel und Feile geformt. – Anreißen des Schlüsselmauls. Das Mädchen zeichnet den Kopf der Sechskantschraube im Umriß auf die Holzleiste.

455: Das Schlüsselmaul wird ausgesägt. Hierbei muß – durch die Umrißzeichnung bedingt – innen am Riß gesägt werden, damit das Maul nicht zu groß wird. Unebenheiten werden mit der Feile ausgeglichen.

456: Einpassen des Schraubenkopfes.

457: Mit der Raspel wird die Außenform erarbeitet.

452: Bericht: „Wie ich mir einen Schraubenschlüssel gemacht habe". – In der Phase der Vertiefung und Sicherung der Ergebnisse wird praktisches Tun in Zeichnung und Sprache übersetzt.

453: Umrißzeichnung eines Doppelmaulschlüssels (450).

454: Paßform des Schlüsselmauls. Links: das Maul ist zu groß, die Schraube läuft leer, die Schlüsselbacken sind zu dünn. Mitte und rechts: das Kind hat eine bessere Paßform entwickelt als sie der maschi-

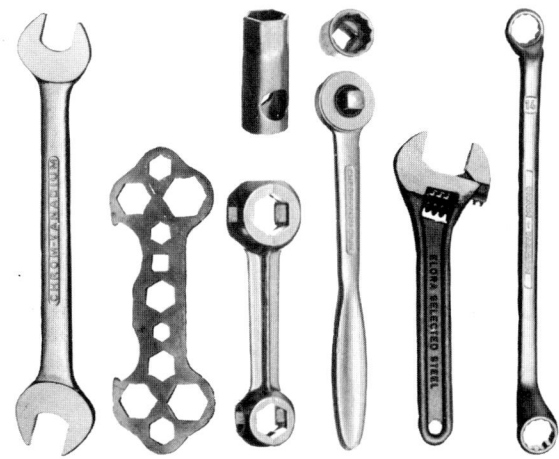

458

nell hergestellte Baukastenschlüssel aufweist. Die Sechskantschraube wird von den Backen an vier Seiten umschlossen, während das gefräste Maul des Spielzeugschlüssels die Schraube nur an zwei Seiten faßt.

458: Die bei der praktischen Arbeit gewonnenen Erkenntnisse werden auf die technische Wirklichkeit übertragen. Verschiedene Schlüssel, die den Kindern zum Teil schon vom Fahrrad- und Autowerkzeug her bekannt sind. Von links: Gabelschlüssel (gewöhnlich als Maulschlüssel bezeichnet); Flachschlüssel und „Totenkopfschlüssel" als Fahrradwerkzeug; darüber ein Steckschlüssel (Zündkerzenschlüssel); Steckschlüssel mit Ratsche (auch „Nußschlüssel" genannt); verstellbarer Rollgabelschlüssel; Ringschlüssel.

459 M, J 8–9

460

G 1.6 Untersuchen von Eigenschaften des Holzes

(ab 4. Schuljahr)

Lernvoraussetzungen: Geräte aus Holz
Lernziele: Die Schüler sollen
- an Hart- und Weichholz eine Materialuntersuchung durchführen;
- einfache Verfahren entwickeln und erproben, mit denen Eigenschaften der Hölzer erkundet werden können;
- am Beispiel von Buchen- und Abachiholz erkennen, wie die Eigenschaften eines Materials seine Verwendung bestimmen.

Grundbegriffe: Hartholz, Weichholz, Buche, Abachi; Materialprüfung, Untersuchung
Arbeitsmaterial: Leistenabschnitte aus Buche und Abachi; Nägel, Reißzwecken, Hammer, Raspel, Briefwaage
Unterrichtshinweise: Aus der Vielzahl der Holzarten sind für die Materialuntersuchung zwei Hölzer mit deutlich unterscheidbaren, fast extrem gegensätzlichen Eigenschaften ausgewählt: Buchenholz als Hartholz und Abachi als Weichholz. Beide Hölzer sind den Kindern bekannt; Abachi von der Werkarbeit, Buchenholz vom Klotzbaukasten. Die vergleichende Untersuchung soll sich auf wenige markante Merkmale beschränken: Aussehen, Gewicht, Härte, Spaltbarkeit. Da die Kinder aus der Umgangserfahrung zumindest einige Eigenschaften kennen, dürfte es ihnen nicht schwerfallen, selbst Untersuchungsverfahren vorzuschlagen, die nur geordnet und konkretisiert zu werden brauchen. Die hier angewandten Verfahren werden mit ihren Ergebnissen durch die Abbildungen vorgestellt. – Eine Materialuntersuchung sollte nicht isoliert durchgeführt, sondern in einen größeren Sinnzusammenhang gestellt werden. So sollten hier die Kinder über die Untersuchungsergebnisse und die sich daraus ergebenden Gesichtspunkte für die Materialverwendung hinaus Näheres erfahren über das Wachstum der Hölzer, über Herkunft, Transport, Verarbeitung, wirtschaftliche Bedeutung.

Sachhinweis: Abachi: Weichholz aus dem westafrikanischen Äquatorialurwald; sehr schnellwüchsig, grobporig, leicht, homogen in der Struktur, ohne ausgeprägte Jahresringe. Besonderer Vorteil: das Holz verzieht sich nicht, es „steht".

Buche: Neben Eiche das bekannteste einheimische Hartholz; langsamer Wuchs, feinporig, schwer, ein sehr festes Holz. Nachteilig ist ein starkes Verziehen; das Holz „wirft" sich. Buche findet für Gegenstände Verwendung, die starker Beanspruchung ausgesetzt sind. Die Kinder kennen es vom Stuhl, der Platte des Werktisches und der Hobelbank. Aus Buchenholz sind die Werkzeughefte, der Hobel, die Küchenbretter, die Kochlöffel. Abachi finden wir als Innenschichten von Sperrplatten und als Füllmaterial.

461

462 J, M 8–9

463 J 9

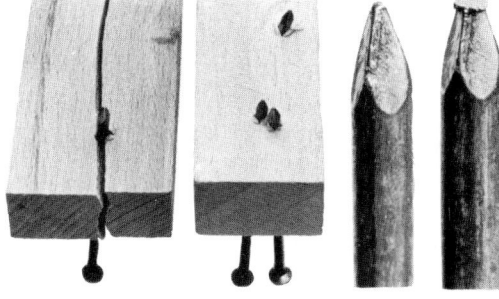

464 465

459: Untersuchung des Gewichts. Das zuvor geschätzte Gewicht wird mit der Briefwaage gemessen. Die Kinder stellen an gleichgroßen Leistenstücken fest, daß Buchenholz fast doppelt so schwer ist wie Abachiholz.

460: Untersuchung der Härte. Von links: Abachi- und Buchenleisten im Wechsel. In das Weichholz lassen sich Reißzwecken mühelos mit der Hand eindrücken, beim Buchenholz werden alle krumm. Nur mit Vorsicht kann ein Reißnagel mit dem Hammer ein Stück eingeklopft werden. – Abachiholz ist gut nagelbar. In Buchenholz werden die Nägel krumm; das Hartholz wird gespalten.

461: Härteprüfung durch Preßdruck und Raspeln. Oben: Abachiholz ist so weich, daß es beim kräftigen Einspannen in den Schraubstock förmlich zerquetscht wird. Links Abachi, rechts Buche: Die Backen des Schraubstocks haben sich tief ins Weichholz eingegraben, beigelegte Nägel werden vollständig eingedrückt. Trotz stärksten Preßdrucks haben die Nägel im Buchenholz nur flache Rillen hinterlassen, die Riffelung der Schraubstockbacken hat sich nur oberflächlich abgedrückt. – Unten: Abachiholz läßt sich mühelos raspeln, Buchenholz bietet erheblichen Widerstand. Beide Leisten sind mit der gleichen Anzahl von Raspelstößen bearbeitet.

462: Mit aller Kraft wird ein Stück Buchenholz im Schraubstock gepreßt.

463: Die Ergebnisse der Untersuchung werden tabellarisch festgehalten.

464, 465: Buchenholz wird von einem Nagel gespalten. In Abachiholz können Nägel selbst dicht nebeneinander eingeschlagen werden, ohne daß sich der Ansatz eines Risses zeigt. – Am Buchenholz erfahren die Kinder die spaltende Keilwirkung der Nagelspitze. Wird die Spitze des Nagels gestaucht, ist die Keilwirkung gebrochen und die Gefahr des Spaltens wesentlich verringert.

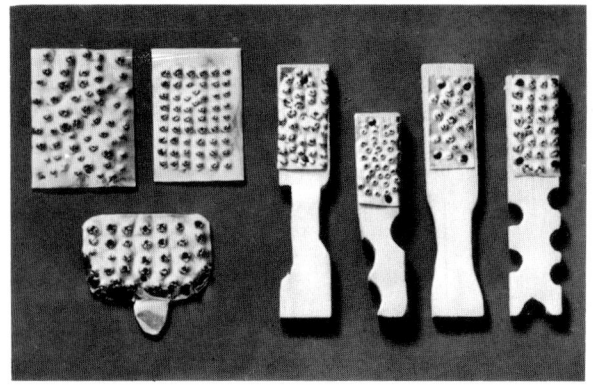

466 *J, M 6–8*

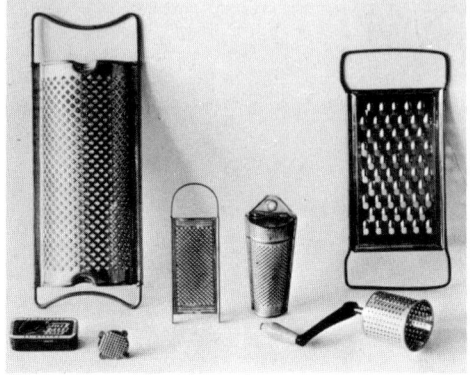

467

468 *J 7*

469

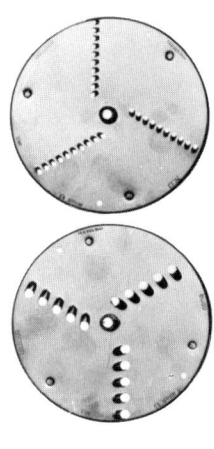

470

G 2   Geräte und Werkzeuge aus Metall

G 2.1 Reibe aus Aluminiumblech

(ab 1. Schuljahr)

Lernziele: Die Schüler sollen
- erste Grunderfahrungen mit dem Werkstoff Metall machen;
- weiches Aluminiumblech mit Hammer und Nagel lochen und am gelochten Blech das Prinzip der Reibe erkennen;
- aus einem Stück Aluminiumblech eine einfache Handreibe herstellen;
- Reiben und Reibemaschinen betrachten, das gemeinsame Wirkungsprinzip feststellen.

Erweiterung: Raspel mit Holzgriff

Grundbegriffe: Metall, Leichtmetall, Aluminium; lochen; Keil, Grat, Schneide

Arbeitsmaterial: Weiches Aluminiumblech 0,6 mm, Hammer, Nägel oder Vorstecher; Dämmplatte als Unterlage; Lupe; Zwieback zum Zerkleinern

Unterrichtshinweise: Die Erstbegegnung mit Metall bedingt, daß der eigentlichen Aufgabe eine Probierphase vorgeschaltet wird. Die Kinder erkunden das neue Material: Biegen mit der Hand; Beklopfen mit dem Hammer; Kratzen mit dem Nagel. Das Aluminiumblech erweist sich als weich und dehnbar. Beim Lochen mit Hammer und Nagel erfahren die Kinder, daß das Blech von der Nagelspitze ge-

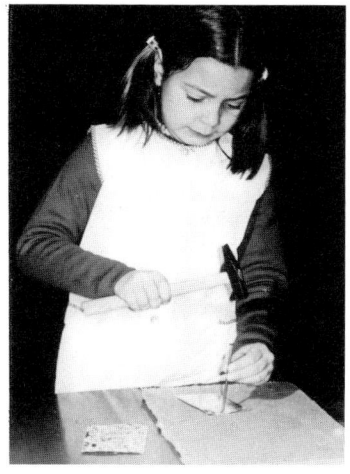
471 M 7

472 J 7

473 J, M 7

trennt wird, sich aufbiegt und scharfkantige Grate bildet, die sich „wie ganz scharfe Zähne" anfühlen. Das gelochte Blech hinterläßt auf dem Handrücken und auf Holz deutliche Kratzspuren. Die Erkenntnisse der Probierphase leiten unmittelbar zum Thema „Handreibe" über. – Der praktischen Arbeit folgen die Erprobung und die Auswertung: Reibeprobe am Zwieback. – Beschreibung der Wirkungsweise. – Betrachtung der Schneiden. – Versprachlichung des Beobachteten. – Vergleichende Betrachtung der selbst hergestellten Reibebleche mit Handreiben und Reibemaschinen.

474 J, M 7

466: Von Kindern gefertigte Reiben und Raspeln. Die Reiben zeigen die Entwicklung vom unregelmäßig gelochten Blech des ersten Versuchs über das regelmäßig gelochte Blech zur Reibe mit Griff. Bei den Raspeln ist die Formgebung der Griffe bemerkenswert; der Versuch, den Werkzeuggriff der Hand und den Fingern anzupassen.
467: Verschiedene Reiben. Von links: Küchenreibe, Reibwerkzeug zum Flicken des Fahrradschlauchs, kleine Gewürzreiben. Diese Geräte arbeiten wie die von den Kindern gelochten Bleche nach allen Richtungen. Die große Küchenreibe rechts und die Trommel der Mandelreibe besitzen einseitig ausgerichtete Schneiden. Das Werkzeugprinzip ist das gleiche.
468, 469: Betrachtung des gelochten Blechs durch die Lupe. Beobachtungen der Kinder: „Da sind Beulen im Blech, die Beulen sind geplatzt –, die Löcher sind gezackt und scharf –, die Spitzen sind wie Messer."
470: Reibeeinsätze einer Küchenmaschine für Fein- und Grobschnitt. Bei den schnell rotierenden Scheiben genügen drei Reihen mit Schneiden (die der Drehrichtung entsprechend nach vorn gerichtet sind).
471: Das Aluminiumblech wird auf einer weichen Dämmplatte mit Hammer und Nagel gelocht.
472: Fertigstellung der Raspel. Der Junge hat auf der Ober- und Unterseite unterschiedlich grob gelochte Blechstücke aufgenagelt. Er stellt sich ein „Doppelwerkzeug" her, „Raspel und Feile zusammen". – Beim Lochen wird das weiche Metall gestreckt und dabei so gehärtet, daß mit den Werkzeugen Styropor und weiches Holz bearbeitet werden kann.
473: Funktionsprobe an einem Zwieback.
474: Die fertigen Raspeln werden besprochen.

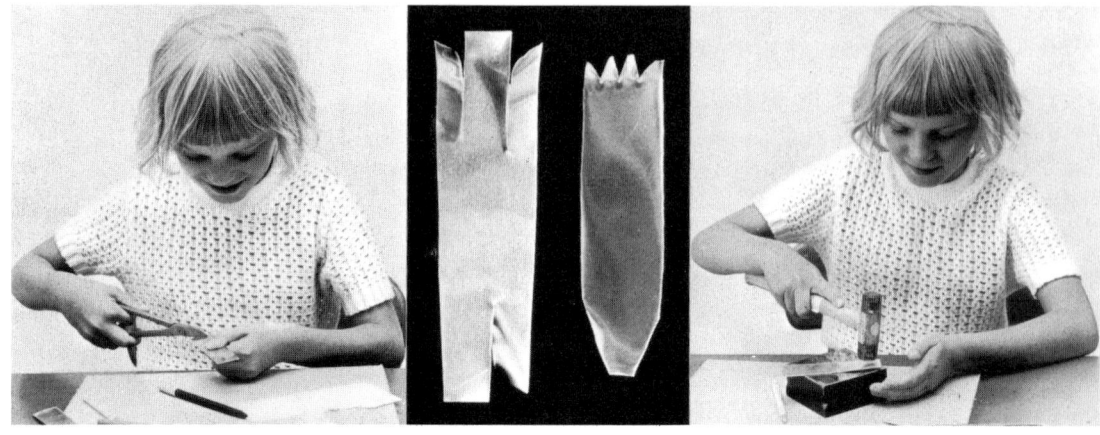

475　M 8　　　　　　476　　　　　　477　M 8

478　J, M 7–8　　　479　J 9–10　　　480

G 2.2 Geräte zum Schaben
(ab 3. Schuljahr)

Lernvoraussetzungen: G 2.1
Lernziele: Die Schüler sollen
– aus Blech kleine Schabegeräte für Wachsradierungen entwickeln;
– die Werkzeuge so formen, daß sie mindestens zwei unterschiedlich breite Schabespuren erzeugen können;
– Schaber aus Wachsfarbenkästen betrachten, ihre Formen und Funktionen beschreiben.

Grundbegriffe: Schaber; schaben, kratzen; Wachsfarbe, Grundschicht, Deckschicht; Blechschere, Kunststoffhammer, Amboß; scheren, richten

Arbeitsmaterial: Aluminiumblech weich oder halbhart ca. 0,6 mm; Goldarbeiterschere, Kunststoffhammer; Brettamboß oder kleine Richtplatte am Schraubstock; leichter Zeichenkarton, helle und dunkle Wachsmalfarben, Schaber aus Wachsfarbenkästen

Unterrichtshinweise: Die Herstellung eines funktionstüchtigen Werkzeugs setzt Einsicht in den Zweck voraus. Um einen Wachsschaber anfertigen zu können, muß dem Kinde die Technik der Wachsradierung bekannt sein. Ein bloßes Demonstrieren der Schabetechnik durch den Lehrer an einem vorbereiteten Blatt Papier dürfte hier nicht genügen. Die Kinder müssen den Schichtaufbau des Blattes genauer kennen, um zu wissen, wie die Farbwirkungen zustandekommen und wie das Werkzeug beschaffen sein muß, das die Deckschicht abtragen soll. Vor der eigentlichen Werkarbeit wird daher von jedem Schüler ein Radierkarton anzufertigen sein. – In der hier gestellten Aufgabe machen die Schüler erste Grunderfahrungen im Schneiden und Richten von Blech. Beides wird in einer kurzen Phase der Material- und Werkzeugerkundung vor der

Anwendung in der Aufgabe erprobt. Eine Vorbesprechung klärt die Funktionen, die das Werkzeug erfüllen soll. Während der Arbeit überprüfen die Schüler die Werkzeugfunktionen am Probeblatt. Bei der abschließenden Auswertung der Ergebnisse werden die Werkzeuge verglichen, erprobt und beurteilt.

Sachhinweis: Für eine Wachsradierung wird leichter Zeichenkarton mit hellfarbigen Wachsmalstiften so eingefärbt, daß die ganze Fläche von einer gleichmäßigen Farbschicht überzogen ist. Hierauf wird eine zweite Farbschicht aus schwarzer Wachsfarbe oder Plakafarbe als Deckschicht aufgetragen. Die untere helle Farbschicht haftet fest auf dem Papier, die Deckschicht läßt sich abschaben, so daß an den Schabestellen die Untergrundfarbe wieder hervortritt.

481 J, M 8

481: Die selbsthergestellten Werkzeuge werden erprobt.

475: Probierphase: Aluminiumblech wird mit einer kleinen Blechhandschere geschnitten.
476: Beim Schneiden von Blech erfährt das Kind, wie das Material sich durch das „Scheren" verformt und aufbiegt. Rechts ein Schaber mit zwei Funktionsteilen. Der wie ein Zahnspachtel geformte obere Teil erzeugt dünne parallel laufende Linien und eignet sich zur Musterung, der untere Teil dient zum Schaben einer breiteren, flächenhaften Spur. Das Blech ist noch nicht gerichtet.
477: Das Blechstück wird auf einem stählernen Brettamboß mit einem Kunststoffhammer gerichtet. Die Schaber aus weichem Blech lassen sich durch Hämmern mit einem Stahlhammer zusätzlich härten.
478: Von Kindern gefertigte Wachsschaber mit unterschiedlich geformten Werkzeugteilen für lineare und flächige Schabespuren. In der Anwendung erfährt das Kind den Unterschied von Schaben und Kratzen. Nicht einwandfrei gerichtete und zu scharfgratige und spitze Werkzeuge reißen in die Grundfläche ein. Die Schaber greifen einseitig nach derjenigen Seite besser, an der sich durch das Scheren ein kleiner Grat gebildet hat, ähnlich einer Ziehklinge, der beim Schärfen ein Grat angezogen wurde. Größe der Schaber ca. 15 × 80 mm.
479: Werkzeuge zum Ritzen von Gipsplatten, entstanden in Verbindung mit dem Thema „Gießformen für Gips" (G 2,6). Material: Schweißdraht 3 mm stark, Buchenrundstäbe für die Griffe.
480: Schaber aus Wachsfarbenkästen.

G 2.3 Untersuchung von Eigenschaften des Metalls

(ab 3. Schuljahr)

Lernvoraussetzungen: Herstellung von kleinen Geräten aus Metall, wie G 2.1, G 2.2
Lernziele: Die Schüler sollen

— in einer einfachen Materialuntersuchung an Aluminium erfahren, daß Metall sich in Kaltbearbeitung strecken und härten läßt;
— weiches Aluminiumblech und Aluminiumdraht hämmern und durch Biegeprobe feststellen, daß das Material hart und spröde geworden ist;
— verschiedene Drahtsorten untersuchen und vergleichen und die Ergebnisse in einer Tabelle festhalten;
— aus den Materialeigenschaften auf die Verwendungsmöglichkeiten schließen.

Grundbegriffe: Metall, Draht, Blech, Aluminium, Eisen, Kupfer, Messing; hämmern, strecken, treiben, härten, biegen

Arbeitsmaterial: Aluminiumblech, weich, ca. 0,6 mm stark, in Streifen; Aluminiumdraht, weich; Hammer, Brettamboß oder Richtplatte am Schraubstock; Drahtsorten wie Aluminium-, Eisen-, Kupfer-, Messing-, Stahldraht

482 J, M 8–9

483 M 9

484 J 9

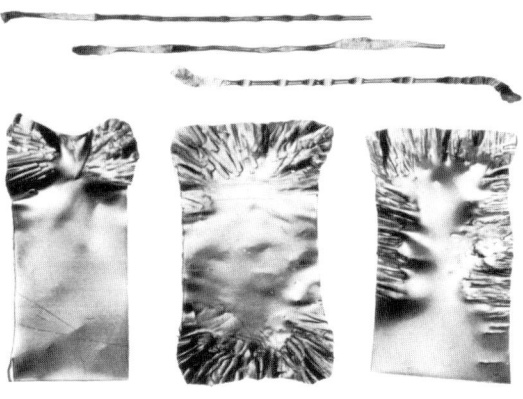

485

Unterrichtshinweise: Das Strecken und Härten von Metall hat das Kind bei der Herstellung der Reibe bereits im Ansatz erfahren. Eine gesonderte Materialuntersuchung wird sich nicht darauf beschränken, diese bereits gewonnenen Erfahrungen nur bewußt machen und vertiefen zu wollen. Das Strecken und das Härten sind durch Klopfen und Abbrechen eines Aluminiumdrahtes rasch zu erfahren. Die Schüler sollten über die Grobuntersuchung hinaus sensiblere Formen der Materialbehandlung entwickeln und in einer Feinuntersuchung erkunden, wie weit und zu welchen Formen das Strecken von Aluminium getrieben werden kann. – Die Kinder arbeiten „wie der Goldschmied" und strecken ein kleines

482: „Wir schmieden". Aluminiumdraht wird mit Hammerbahn und -finne auf dem Brettamboß gehämmert. Die Schüler notieren ihre Beobachtungen.
483: Mit der Finne des Hammers wird ein Stück Aluminiumblech auf dem Brettamboß gestreckt.
484: Untersuchung verschiedener Drahtsorten. Die Ergebnisse werden im Tafelanschrieb festgehalten.
485: Metall dehnt sich beim Hämmern und wird hart und spröde. Weiches Aluminiumblech und Aluminiumdraht.

486 J, M 9

487 J, M 8

Stück Blech durch leichtes, feinfühliges Klopfen mit der Finne des Hammers und zuletzt mit der Ecke der Finne bis zu Folienstärke. Hierbei können sie beobachten, wie das Material ausweicht, dünner wird, einreißt, sich Löcher bilden, an den Rändern ausfranst und – für das Kind von besonderem Reiz – Gebilde entstehen, die sich fast wie die Formen beim Bleigießen figürlich deuten lassen. Das zuvor biegsame Blech ist spröde und zerbrechlich geworden. – Steht die Materialuntersuchung nicht in konkretem Sachbezug zu einer Werkarbeit, sollten die Kinder Gelegenheit haben, ihre in der Erprobung entwickelte Treibtechnik in selbstgewählten Aufgaben, z. B. kleinen Schmuckformen, formal anzuwenden.

Die Untersuchung von Drähten wird sich auf einige Metalle mit markanten Unterscheidungsmerkmalen beschränken, wie die o. a. Drähte. – Untersuchungsgesichtspunkte: 1. Aussehen, Farbe. 2. Biegsamkeit (Biegen mit Hand und Zange). 3. Härte (Klopfen mit der Hammerfinne). 4. Gewicht (ggf. Wiegen mit der Briefwaage). 5. Elastizität (unelastische Weichdrähte – hochelastischer Stahldraht).

486: In Feinbearbeitung bis zu hauchdünner Folie getriebenes Aluminiumblech. Aus Aluminiumdraht gehämmerte Schmuckformen, von den Kindern im Verlauf der Materialuntersuchung eigenständig entwickelt. Arbeiten eines vierten Schuljahres.

487: Erste Formversuche mit den getriebenen Sandförmchen.

G 2.4 Sandschaufel und Sandförmchen

(ab 3. Schuljahr)

Lernvoraussetzungen: Grunderfahrungen in der Bearbeitung von Blech
Lernziele: Die Schüler sollen
– das Treiben von Metall kennenlernen und bei der Herstellung einfacher Gebrauchsformen anwenden;
– aus Aluminiumblech kleine Sandschaufeln und Sandförmchen selbständig entwickeln; dabei Einblicke in Zusammenhänge von Form und Funktion gewinnen;
– die hergestellten Geräte erproben und beurteilen; Sandspielzeuge betrachten und beschreiben.
Grundbegriffe: Schaufel, Schaufelblatt, Sandform, Hohlform; treiben, auftiefen
Arbeitsmaterial: Weiches Aluminiumblech, 0,6 mm stark. Größe für die Schaufel ca. 50 × 130 mm; Größe für die Sandform ca. 80 × 80 mm; Kunststoffhammer, Dämmplatte als Treibunterlage, Goldarbeiterschere, Metallfeile

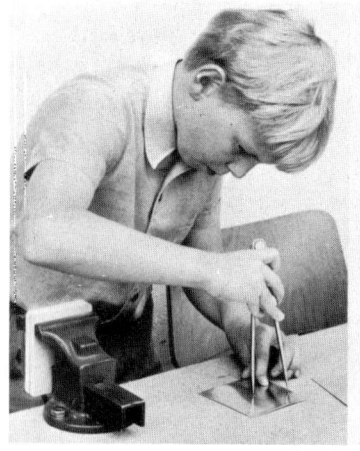
488 J 9

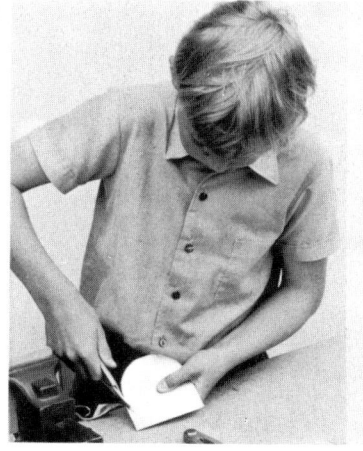
489 J 9

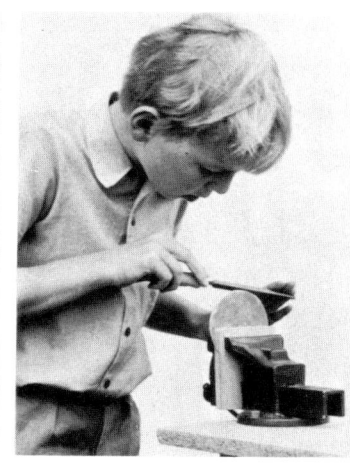
490 J 9

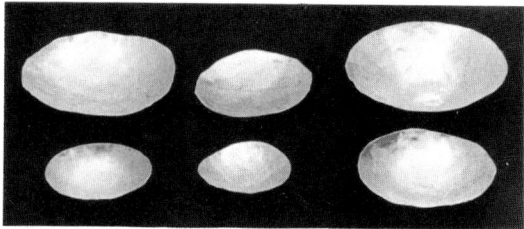
491 J, M 8

492

Unterrichtshinweise: Bei der Materialerkundung von Metall (G 2.3) haben die Kinder Aluminiumblech flächenhaft gestreckt. Hier erfahren sie, wie Metall zu einer Hohlform getrieben werden kann. – Von beiden Geräten ist die Schaufel die differenziertere und damit schwierigere Funktionsform. Da aber die Sandform weit mehr aufgetieft werden muß, sollte sie des schwierigeren Treibverfahrens wegen erst als zweite Aufgabe durchgeführt werden. Zum Thema „Sandschaufel": Für die praktische Arbeit sind das Treiben, ggf. auch das Schneiden und Feilen von Blech vom Lehrer zu demonstrieren und von den Schülern probeweise zu üben; im funktionalen Bereich die Werkzeugfunktionen der Schaufel und die Formgebung von Schaufelblatt und Griff zu klären. – Die Schaufel wird aus dem vorgegebenen Blechstück ohne zeichnerischen Vorentwurf entwickelt. Die Kinder treiben zunächst im vorderen Teil des Blechs das Schaufelblatt und schneiden erst dann die Außenform. Ein Vorentwurf könnte zwar flächenhaft die Proportionen klären, da sich aber beim Treiben das Material in einer für das Kind nicht vorhersehbaren Weise verformt, wäre

488–490, 493: Herstellung einer Sandform. Das quadratische Blech wird zunächst gerichtet und im Schnittpunkt der Diagonalen für das Ansetzen des Zirkels leicht angekörnt. Hier wird die Kreisform mit dem Spitzzirkel angerissen.
489: Ausschneiden der Kreisscheibe mit der Blechschere. Es wird außen am Riß geschnitten.
490: Der noch ungenaue und vom Schneiden scharfkantige Rand wird glatt gefeilt.

491: Auf der Dämmplatte getriebene Backförmchen. Die Hohlformen sind noch relativ flach.
492: Backförmchen aus Aluminium, dem gleichen Material, das die Kinder verarbeitet haben; Zuckerschaufel und kleine Mehlschaufel.
493: Mit einem Kunststoffhammer wird das Blech getrieben und aufgewölbt. Als behelfsmäßige Treibunterlage dient hier eine Dämmplatte, in die eine Treibmulde eingeklopft ist. Das Blech wird zunächst

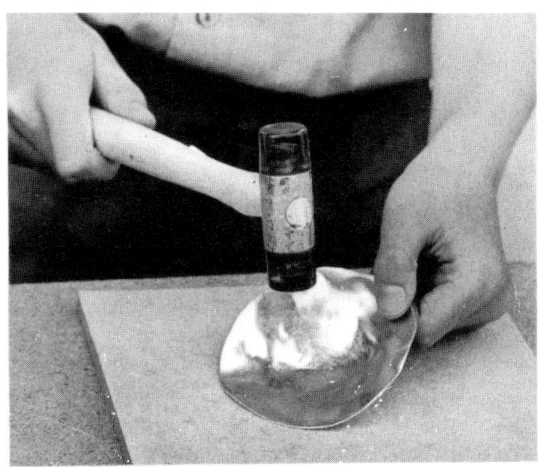

493 J 9

494 J 9–10

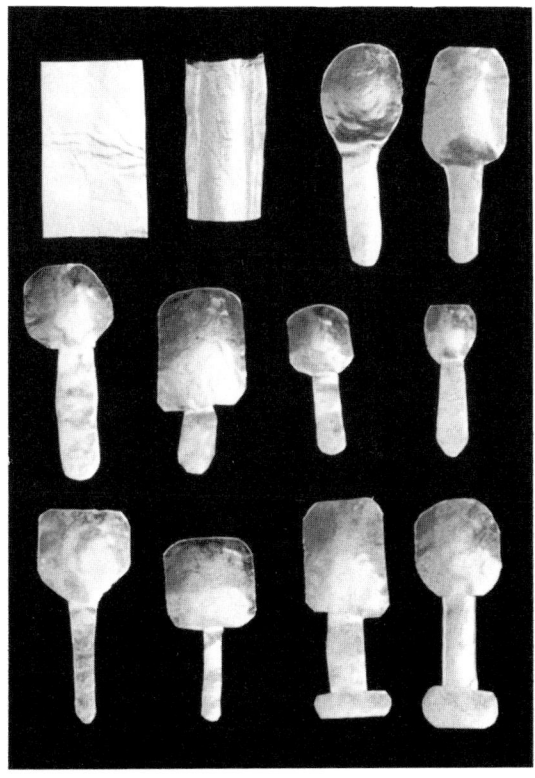

495 J, M 8–9

ein vorheriges Festlegen und Ausschneiden der Umrißform problematisch. Es erscheint daher sinnvoller, die Außenform von Schaufelblatt und Griff der entstandenen Hohlform anzupassen und zeichnerisch erst nachträglich festzulegen. – Unterrichtsphasen und Arbeitsabschnitte:
1. Heranführen an das Problem und Problemstellung.
2. Klären der Bedingungen und Erörterung des Arbeitsweges.
3. Praktische Arbeit, Herstellung der Schaufel: Treiben des Schaufelblattes; Aufzeichnen der Umrißform; Ausschneiden mit der Blechschere; Richten des Griffs.
4. Erprobung und Beurteilung der hergestellten Schaufeln; Transfer auf Geräte mit vergleichbaren Funktionen.

Zum Thema „Sandform": Bei der Sandform ist die Frage des Vorentwurfs gegenstandslos. Ausgangsform ist die Kreisscheibe. Hier kommt es darauf an, eine Hohlform mit möglichst großem Volumen zu entwickeln. Die einzelnen Arbeitsschritte werden in den Bildbeispielen erläutert.

in der Mitte ausgebeult und mit dicht nebeneinanderliegenden Schlägen unter ständigem Drehen von der Mitte aus zum Rand hin zur Hohlform getrieben.
494: Von Schülern des vierten Schuljahres gefertigte Schalen. Diese tiefen Formen sind auf Treibklötzen aus Hartholz getrieben und mit dem Hammer planiert. Arbeiten, die in Formgebung und handwerklicher Ausführung als überdurchschnittliche Leistungen zu bezeichnen sind.

495: Schülerarbeiten eines dritten Schuljahres. Links oben das Ausgangsmaterial; daneben ein gewölbtes Blech, bei der Vorklärung der Werkzeugfunktionen behelfsmäßig zum Schaufeln hergerichtet. – Die Form der Werkzeuge ist noch stark an Löffelformen angelehnt. In der unteren Reihe sind offensichtlich Schaufel und Spaten zum Vorbild genommen. Die beiden Geräte in der oberen Reihe werden der Funktion am besten gerecht.

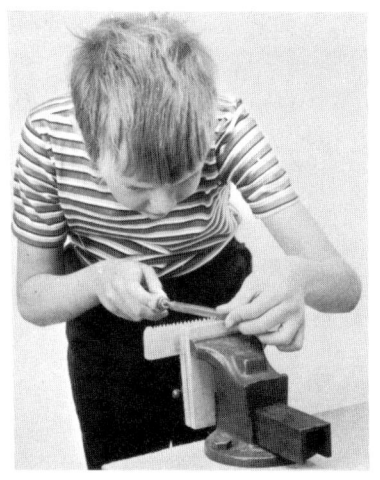
496 J 9

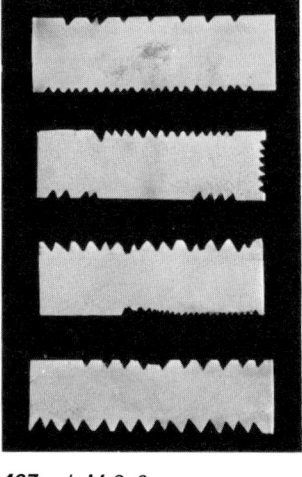
497 J, M 8–9

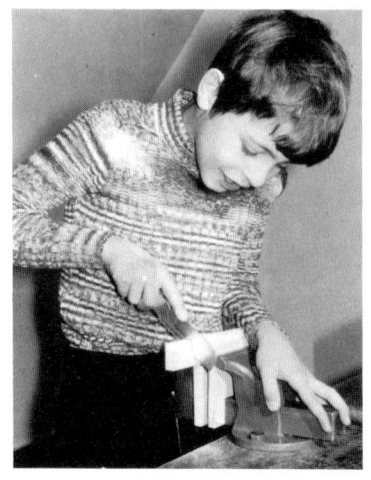
498 J 9

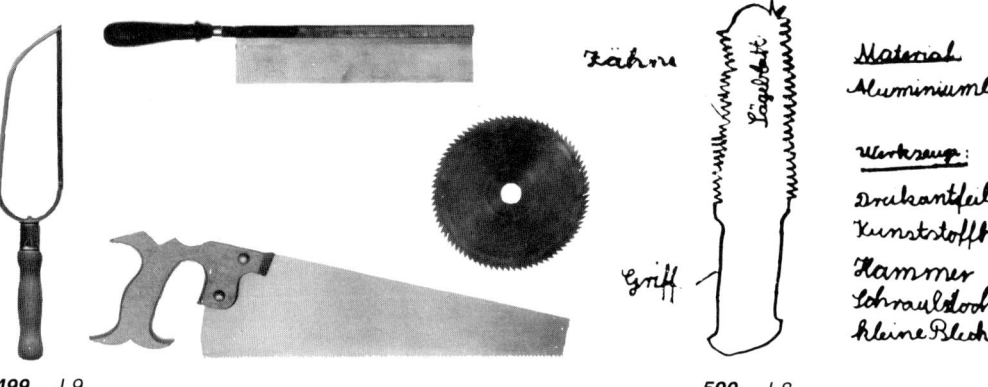
499 J 9   500 J 8

G 2.5 Sägen

(ab 3. Schuljahr)

Lernvoraussetzungen: Grunderfahrung in der Bearbeitung von Blech

Lernziele: Die Schüler sollen
- aus einem Blechstreifen eine Säge anfertigen, deren Zähne sie mit der Dreikantfeile herausfeilen;
- erkennen, daß das Sägeblatt aus einer Reihe von Zähnen besteht, die die Form des Keils besitzen;
- ihre Sägen erproben, mit wirklichen Sägen vergleichen und deren gemeinsame und unterschiedliche Merkmale feststellen.

Grundbegriffe: Säge, Sägeblatt, Zahn, Zahnreihe, Keil, Schneide; spitz, scharf, stumpf; Dreikantfeile, Metallspäne, Feilspäne

Arbeitsmaterial: Aluminiumblech halbhart, 0,6 mm stark in Streifen von ca. 30 × 180 mm; Reststücke für Feilübungen; Dreikantfeile, Goldarbeiterschere, Hammer, Kunststoffhammer, Brettamboß; Styropor, Weichholzreste

Unterrichtshinweise: Die Herstellung eines Sägeblattes ist einfach und setzt nur voraus, daß die Schüler mit der Dreikantfeile hinlänglich vertraut sind. In der Probierphase werden Material und Werkzeug erkundet, die Schüler lernen in kleinen Feilübungen die Handhabung und die Wirkungsweise der Feile kennen. Obwohl es nicht Aufgabe sein kann, sachgerechtes Feilen zu üben, sollten die Kinder doch zum richtigen Gebrauch der Feile angeleitet werden. Für die Feilübung wird ein Stück Blech möglichst kurz eingespannt, so daß es etwa nur 5 mm über die Schraubstock-

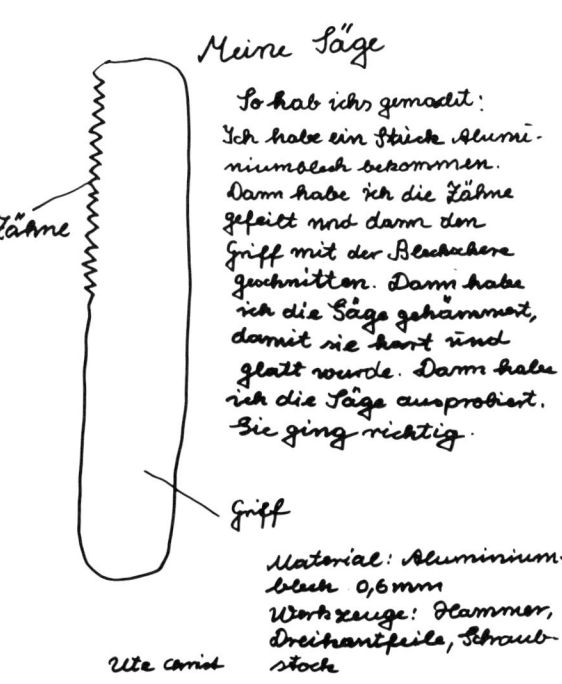

501 M 9

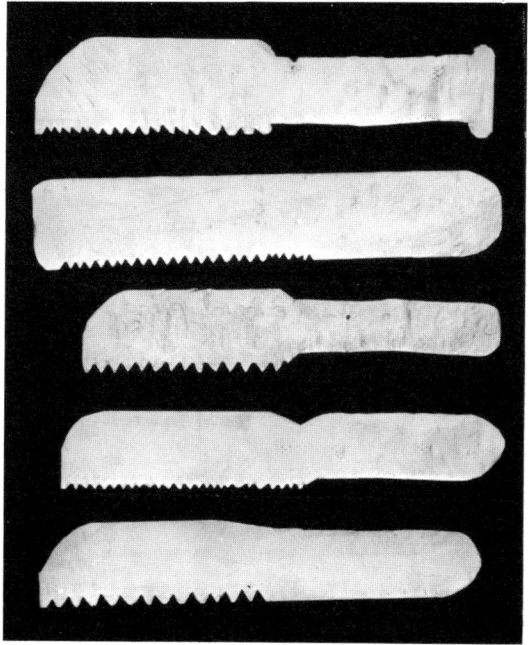

502 J, M 9–10

backen hervorsteht. Beim Feilen umfaßt die rechte Hand den Feilengriff, die linke drückt mit Finger- oder Handballen auf die Spitze des Feilenblattes. Die Feile wird waagerecht und rechtwinklig unter mäßigem Druck nach vorn geschoben und beim Zurückziehen leicht angehoben. – Von der für die Dreikantfeile typischen Werkzeugspur, dem keilförmigen Einschnitt her, läßt sich unmittelbar zum Thema überleiten. In einer Vorbesprechung werden die Funktionsteile der Säge geklärt. Die Schüler feilen erst die Zahnreihe und formen dann mit der Blechschere das Sägeblatt und den Griff. Beim Ausfeilen der Zähne aus dem Blechstreifen werden Zahnbrust und -rücken in der gleichen Weise wie beim Schärfen der Säge gefeilt, so daß ein Sägeblatt selbst aus so relativ weichem Material genügend Schärfe erlangt, um Styropor und Abachi sägen zu können. – Bei der Erprobung der selbstgefertigten Werkzeuge und im Vergleich mit richtigen Sägen können funktionale und konstruktive Details wie Größe der Zahnung, Form und Richtung der Zähne, die durch die Zahnstellung bedingte Arbeitsrichtung und ggf. auch schon die Bedeutung des Schranks geklärt werden.

496: Feilen eines Sägeblattes aus dem Blechstreifen. Im Selbstkonstruieren von Werkzeugen lernt der Schüler ihren funktionalen und konstruktiven Aufbau kennen. Die Handhabung der Werkzeuge wird damit einsichtiger und der Umgang bewußter (Pflege der Werkzeuge).
497: Erste Feilversuche an Probestücken.
498: Das selbst hergestellte Werkzeug wird erprobt. Die Säge ist so scharf, daß eine Weichholzleiste durchgesägt werden kann.
499: Dem Kinde vom Schulwerkzeug her bekannte Sägen zur Lernübertragung: Puksäge mit feingezahntem Metallsägeblatt, Feinsäge, Fuchsschwanz, Kreissägeblatt.
500: Zweiseitige Säge mit Grob- und Feinzahnung.
501: Arbeitsbericht eines Mädchens des vierten Schuljahrs.
502: Selbsthergestellte Sägen mit unterschiedlichen Zahngrößen und Griffformen.

503 J 9–10

504

G 2.6 Gießformen für Gips
(ab 4. Schuljahr)

Lernvoraussetzungen: Grunderfahrung mit der Verformung von Blech
Lernziele: Die Schüler sollen
– aus einem quadratischen Stück Blech eine Gießform für eine Gipskachel herstellen;
– das Abkanten von Blech kennenlernen und bei der Herstellung der Gießform anwenden;
– Gips ansetzen und die Form ausgießen;
– erfahren, daß beim Gießen einer formlosen Masse Gestalt gegeben wird;
– Anwendungsmöglichkeiten des Gießens kennenlernen; in Gußverfahren hergestellte Gegenstände betrachten und beschreiben.
Grundbegriffe: Gießen, Gießform, Gußverfahren, abkanten, Rand, Wandung; Gips, Gips ansetzen

Arbeitsmaterial: Quadratische Aluminiumbleche, weich 0,6 mm stark, ca. 120 × 120 mm; Goldarbeiterschere, Kunststoffhammer, Meßstab, Zulageklötzchen aus Hartholz; Gips, Plastikbecher zum Ansetzen, Löffel; Gießformen und in Gußverfahren hergestellte Gebrauchsgegenstände zur Lernübertragung
Unterrichtshinweise: Mit der hier dargestellten Aufgabe, Gipskacheln für Kratzzeichnungen im Kunstunterricht zu gießen, wird eine doppelte Zielsetzung verfolgt: Entwicklung einer für einen speziellen Zweck bestimmten Funktionsform und Kennenlernen eines Produktionsverfahrens für serielle Herstellung gleicher Formen. – Das hier angewandte Abkanten von Blech geschieht in einfachster Weise durch Einspannen in den Schraubstock und Umschlagen mit dem Kunststoffhammer. Für das Abkanten der Wandungen wird als Zulage ein Hartholzklötzchen benötigt, das auf Kantenlänge der Gießform zugeschnitten

503: Vorentwürfe aus Zeichenkarton. Am Papiermodell werden die Eckverbindungen geklärt. Für eine Papierform sind Klebefalze erforderlich. Eine Blechform kann im Schraubstock nur abgekantet werden, wenn die Ecken wie beim Entwurf unten links ausgeschnitten sind.
504, 505: Das zugeschnittene Blech wird zum Abkanten mit dem Zulageklötzchen in den Schraubstock gespannt. Das Klötzchen muß dicker sein als

die Höhe der Wandung, damit bereits abgekantete Flächen im Schraubstock nicht verdrückt werden.
505: Umschlagen des Randes.
506: Ausgießen der Form. – Gipsarbeiten gehören zu den schmutzanfälligsten Werkarbeiten und erfordern besondere Vorsichtsmaßnahmen. Der Arbeitsplatz wird mit Zeitungspapier abgedeckt. Der Gips wird am besten in einem Kunststoffbecher angesetzt, der nach dem Gießen weggeworfen wird. Die

505 M 9   *506* M 9   *507* M 9

508   *509* M 9   *510* J 10

wird. Die Schüler sollten als Vorentwürfe zunächst Modelle aus Karton falten und hierbei die Grundform, den Zuschnitt der Ecken und die Abmessungen festlegen. Der geeignete Entwurf wird auf das Blech übertragen. – Formgebung durch Urformen ist dem Kinde u. a. vom Modellieren mit Ton, dem Spiel mit der Sandform und vom Backen her bekannt. Hier lernt der Schüler das Gießverfahren kennen, bei dem einer flüssigen Gußmasse in einer Gießform Gestalt gegeben wird.
Phasen des Unterrichts: 1. Motivation und Heranführen an das Thema: Demonstration des Gipsansetzens und Gießens durch den Lehrer; Aufgabenstellung „Gipskachel", „Gießform". 2. Klären der Bedingungen: Größe und Stärke der Kachel; Vorentwurf der Gießform in Karton. 3. Herstellen der Gießform: Übertragen des Kartonentwurfs auf das Blech, Ausmessen und Anreißen; Zuschneiden der Ecken, Abkanten; Ansetzen von Gips und Ausgießen der Form. 4. Auswertung: Beurteilen der Gießformen und der Gipsabgüsse. 5. Transfer: Betrachten und Beschreiben von Gußerzeugnissen aus Metall, Glas, Kunststoff; Gießverfahren, die dem Kinde zugänglich sind (Gießen von Beton am Bau ...).

erforderliche Wassermenge wird abgemessen, das Gipspulver löffelweise ins Wasser gegeben, die Masse mit einem Holzstäbchen umgerührt.
508: Blechform mit Zulageklötzchen, fertige und ausgegossene Form. Fehlerfreie Formen sind nur durch sorgfältiges Arbeiten in allen Arbeitsgängen zu erzielen: Maßgenaues Anreißen, sauberes Ausschneiden der Ecken, genaues Einspannen am Riß, sorgfältiges Abkanten. In der Besprechung werden die Blechformen beurteilt und die Ursachen von Mängeln wie schiefe Wandung, ungleiche Höhe, hochstehende Ecken, zu breiter Spalt in den Ecken geklärt.
507, 509, 510: Die Gipsplatten werden mit schwarzer Plakafarbe für Kratzzeichnungen eingefärbt. 507: Einkratzen mit selbstgefertigten Werkzeugen. 509, 510: Fertige Kratzzeichnungen.

511 J 9

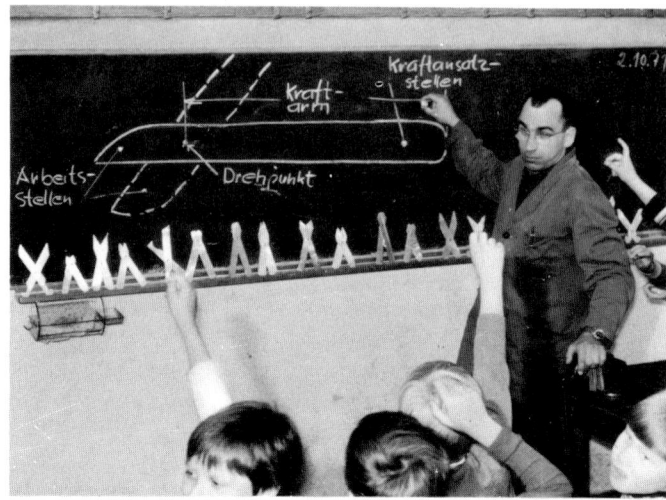
512

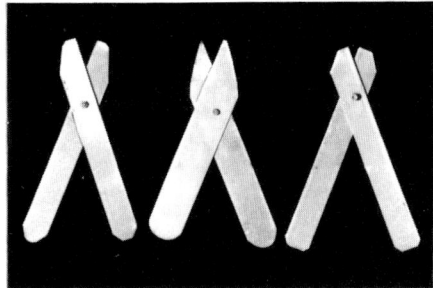
513 J, M 9–10

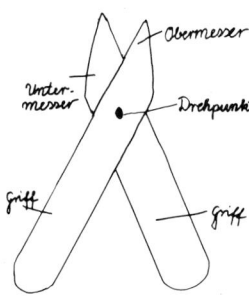
514 M 9

515 J, M 9–10

G 2.7 Scheren

(ab 4. Schuljahr)

Lernvoraussetzungen: Grunderfahrung im Verformen von Blech; Drehbar gelagerte Hebel (M 4)

Lernziele: Die Schüler sollen
- eine einfache Schere aus Blechstreifen herstellen und dabei funktionale und konstruktive Probleme von zweischneidigen Werkzeugen kennenlernen;
- die selbstgefertigten Werkzeuge erproben, beschreiben und Funktionsskizzen anfertigen;
- Papier- und Blechscheren genauer betrachten, vergleichen und ihre Unterschiede begründen.

Grundbegriffe: Schere, Scherblatt (Schermesser), Schneide, Gelenk, Griff, Obermesser, Untermesser

Arbeitsmaterial: Blechstreifen aus halbhartem Aluminium 0,5 mm stark, ca. 30 × 180 mm; Metallschrauben 3–4 mm stark mit je zwei Muttern (Gegenmutter); Handbohrmaschine, Spiralbohrer, Körner, Blechschere, Feile, Hammer, Brettamboß, Scheren und Zangen als Demonstrationsobjekte

Unterrichtshinweise: Die Schere ist eines der ersten Werkzeuge in der Hand des Kindes und sicher auch das am meisten benutzte. Bei der unterrichtlichen Behandlung von Scherwerkzeugen kann von einer reichen Umgangserfahrung ausgegangen werden, so daß die Voraussetzungen für eine praktische und theoretische Erarbeitung einiger Aspekte der recht

516 J 9

517 J, M 9–10

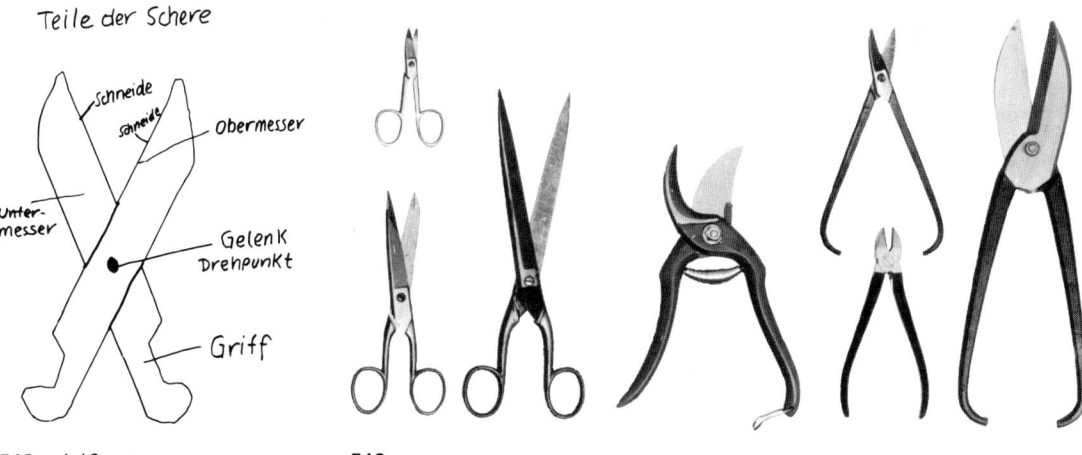

518 J 10   519

511: Erprobung der selbsthergestellten Schere. Die Werkzeuge sind begrenzt funktionstüchtig.
512: Besprechung der Arbeitsergebnisse. Am Tafelbild wird die Wirkungsweise der Schere geklärt. Begriffe wie Kraftarm, Lastarm, Drehpunkt sind den Schülern von der Einheit „Drehbar gelagerter Hebel" her bekannt.
513–515: Von Kindern hergestellte Scheren. Blechscheren mit einem „langen Arm zum Drücken" und einem „kurzen Arm zum Schneiden". Rechts „Papierscheren" mit langen Scherblättern.

516, 517: Die kraftsparende Wirkung unterschiedlich langer Hebelarme wird untersucht. Ein Buchenrundstab kann mit einem Seitenschneider nur mit großem Kraftaufwand zerschnitten werden. Der Bolzenschneider mit Hebelübersetzung und langen Griffarmen schneidet mühelos. – An verschiedenen Werkzeugen werden funktionale und konstruktive Merkmale wie das Wirkungsprinzip des Keils in der unterschiedlichen Ausprägung bei Schere und Zange und die Hebelfunktionen geklärt.
519: Gebräuchliche Scherenarten aus dem Bereich des Haushalts und der Schulwerkstatt.

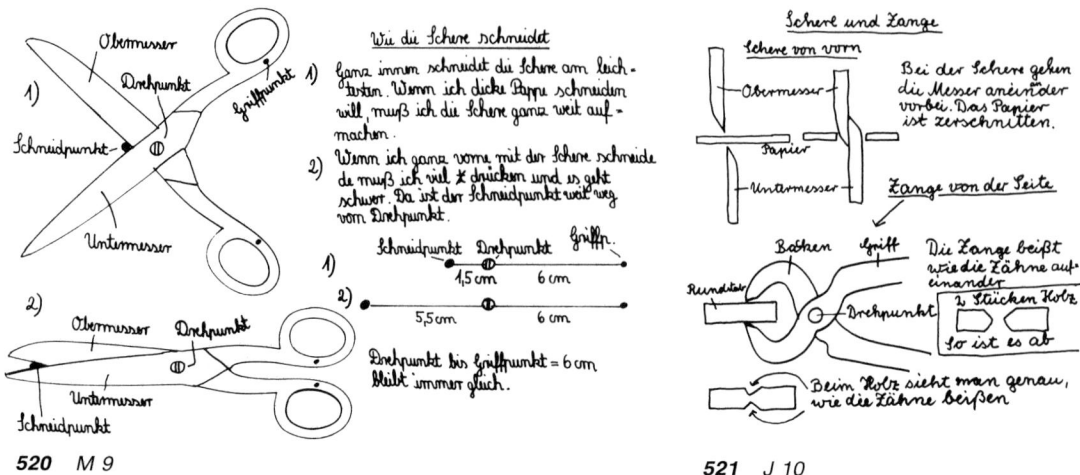

520 M 9   521 J 10

komplexen Zusammenhänge von Schervorgang und Hebelwirkung gegeben sind.
Die Hebelfunktionen werden am besten an Pappmodellen untersucht, die die Schüler als Vorentwürfe zur Klärung technischer Probleme wie Lage des Drehpunkts, Länge und Form der Scherblätter und der Griffarme anfertigen. Hierzu werden zwei gleichlange Pappstreifen übereinander gelegt, mehrfach gelocht und mit einer Musterklammer als Gelenk drehbar verbunden. Durch Umsetzen der Klammer können die Kinder verschiedene Hebelübersetzungen erkunden. — Bevor die Schüler die Schere aus Blech anfertigen, wird der Herstellungsweg zu erörtern und zu klären sein, wie eine Gelenkverbindung hergestellt werden kann (Schraube, Mutter, Gegenmutter), welche Werkzeuge benötigt und welche Verfahren angewandt werden. Als neue Arbeitstechnik lernen die Schüler das Bohren kennen. Der Lehrer zeigt die einzelnen Arbeitsschritte: 1. Ausmessen und Anreißen der Lochmitte; 2. Vorkörnen mit Körner und Hammer auf dem Brettamboß; 3. Einspannen des Blechstücks in den Schraubstock, Bohren mit der Handbohrmaschine und Spiralbohrer; 4. Entgraten der Bohrränder mit der Metallfeile oder einem stärkeren Bohrer. — Die Kinder probieren das Bohren an einem Blechstück. Arbeitsschritte bei der Herstellung der Schere: Vorentwurf eines Kartonmodells — Übertragen der Maße auf die Blechstreifen — Bohren und Entgraten des Gelenkloches — Verbinden der Blechstreifen mit Metallschraube und Mutter, Sichern durch Gegenmutter — Zuschneiden und Richten der Scherblätter und Griffarme.
Sachhinweis: Der Schervorgang, der beim Schneiden von Papier kaum zu beobachten ist, kann mit der Tischpappschere an einem Stück starker Graupappe besser veranschaulicht werden. Im Anschnitt ist zu sehen, wie das Material von Ober- und Untermesser eingekerbt, beim Abscheren abgequetscht und seitlich weggedrückt wird. Pappe als nicht dehnbares Material verformt sich nicht, anders Blech. So ist beim Schneiden von Blech zu sehen, wie das Metall ausweicht, sich verbiegt und bei schmalen Streifen sogar rollt. Beim Schneiden von stärkerem Material werden Gelenk und Scherbacken stark beansprucht. Blechscheren haben daher sehr kräftige Backen. Beim Schneiden von Pappe mit der leichten Papierschere kann demonstriert werden, wie die Pappe umschlägt, die Scherblätter auseinanderdrückt und sich einklemmt.
Am Pappmodell läßt sich im einzelnen beobachten: 1. Beim Schneiden gleiten die Scherblätter aneinander vorbei; der Schnittpunkt wandert zur Scherenspitze. 2. Der Schnittwinkel wird nach der Spitze zu kleiner. 3. Das Verhältnis Kraftarm : Lastarm ändert sich, der Kraftarm bleibt konstant, der Lastarm wird länger. 4. Die Schnittgeschwindigkeit nimmt zur Spitze hin zu.

520, 521: Analyse der Wirkungsweise von Schere und Zange; Bericht im Arbeitsheft. Die Skizzen der Werkzeuge sind als Umrißzeichnungen angefertigt.

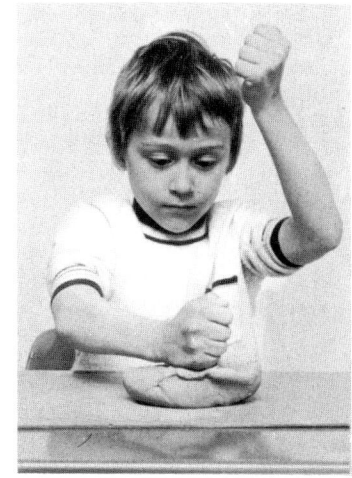

522 J 6   523 M 5   524 J 6

G 3 Gefäße aus Ton

G 3.1 Spielendes Erkunden von Ton
(ab Eingangsstufe)

Lernziele: Die Schüler sollen
- im freien ungeleiteten Tun sich mit dem Werkstoff Ton auseinandersetzen und seine Eigenschaften kennenlernen;
- erfahren, daß Ton sich von Hand auf verschiedene Weise verformen läßt;
- erfahren, daß Ton beim längeren Bearbeiten austrocknet und brüchig wird.

Grundbegriffe: Ton, Klumpen, Kugel, Scheibe, Platte, Rolle, Walze; formen, kneten, drücken, klopfen, schlagen, pressen, rollen, biegen, modellieren; weich, feucht, naß, trocken, hart.

Arbeitsmaterial: formfertiger Bauton, Hartfaserplatte als Unterlage.

Unterrichtshinweise: Für plastisches Arbeiten mit Ton sollte den Kindern stets so viel Material zur Verfügung stehen, daß sie mit beiden Händen aus dem vollen Volumen formen können. Die hier beabsichtigte spielerische Erkundung braucht nicht sonderlich motiviert zu werden. Ein auf den Tisch gelegter Klumpen Ton besitzt so starken Aufforderungscharakter, daß die Kinder sich spontan dem Material zuwenden. In der Erstbegegnung zeichnen sich in der Regel mehrere Phasen der Materialbearbeitung ab, die in ein figürliches Gestalten einmünden. Dem ersten tastenden Berühren, Befühlen, Drücken folgt gewöhnlich eine großmotorische Grobbearbeitung. Der Tonklumpen wird auf den Tisch geworfen, mit Fäusten und Handflächen geschlagen, zerteilt und wieder zusammengefügt. Diese Grobbearbeitung verfeinert sich zunehmend bis zu einer sensiblen feinmotorischen Materialbehandlung. In unmittelbarem Handkontakt lernen die Kinder vornehmlich über haptische Erlebnisse seine Eigenschaften und Formmöglichkeiten kennen; sie erfahren u. a., daß zu feuchter Ton an den Fingern klebt und schmiert und daß Ton, wenn er zu lange in der Hand geknetet wird, austrocknet und brüchig wird. – Durch Rollen und Klopfen entstehen Kugel, Platte und Walze, aus denen das Kind spontan gegenständliche Formen aufbaut. – Die Betrachtung der Tonarbeiten in den nächsten Unterrichtsstunden bietet Gelegenheit, die durch den Trocknungsvorgang eintretende Materialveränderung zu beobachten und zu untersuchen.

522–524: In der Phase der Grobbearbeitung wird der Tonklumpen auf den Tisch geworfen, mit Fäusten geschlagen, geknetet und zerkrümelt.

 **525** M 5

 **526** J 5

 **527** M 5

 **528** M 6

 **529** M 5

 **530** J 6

525–527: Im Spiel mit dem Material findet das Kind zu den drei Grundformen Kugel, Platte und Walze, aus denen figürliche Darstellungen entwickelt werden und die auch später die Ausgangsformen für keramische Gefäße bilden.

528–530: Das Kind fügt Einzelformen im allgemeinen additiv in bauender Weise zusammen. Der nachgiebige Ton bietet hierbei wie kein anderer Werkstoff die Möglichkeit einer individuellen Formgebung.

531: Gegenstandsunabhängiges Tun geht spontan in zielgerichtetes Gestalten über: das Kind verwirklicht alle in seinem Interessensgebiet liegenden Themen, vornehmlich Menschen, Tiere, Pflanzen, Häuser, Gefäße. – Die Arbeiten enthalten sowohl bildnerisch-formale als auch technisch-funktionale Aspekte. Die Ausgliederung der beiden Komponenten fällt dem Kunst- und dem Technikunterricht zu. – Bei allen Arbeiten mit Ton sollte den Kindern eine kurze Phase für freies Gestalten eingeräumt werden.

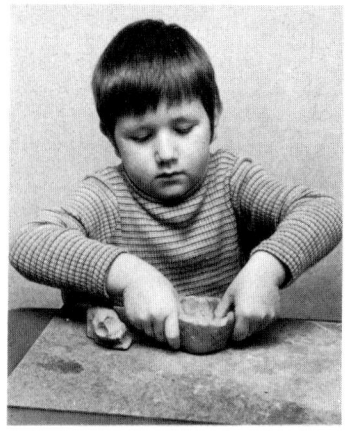
532 J 6

533 J 5

534 M 8

535 J, M 5–6

536 J, M 8–9

G 3.2 Gefäße aus dem Tonklumpen

(ab Eingangsstufe)

Lernvoraussetzungen: G 3.1

Lernziel 1 (Schale, Schüssel): Die Schüler sollen
- einen Klumpen Ton zu einer Kugel formen und aus dem vollen Volumen ein einfaches Gefäß entwickeln;
- Wand, Boden und Gefäßraum als Teile des Gefäßes unterscheiden und ihre Form und Funktion beschreiben.

Lernziel 2 (Eierbecher): Die Schüler sollen
- ein Gefäß herstellen, das einen bestimmten Zweck zu erfüllen hat;
- aus der Tonkugel einen Eierbecher mit genauer Paßform entwickeln;
- erkennen, daß Paßform und Standfestigkeit für dieses Gefäß die wichtigsten Merkmale sind.

Erweiterung: Kerzenhalter

Grundbegriffe: Kugel, Gefäß, Schale, Schüssel, Becher, Boden, Wand, Rand; modellieren

Arbeitsmaterial: Bauton, Gipsei, Kerze, Hartfaserplatte; Tongefäße zur Lernübertragung

Unterrichtshinweise: Das einfachste und für den Schulanfänger angemessene Verfahren, ein Tongefäß herzustellen, ist das modellierende Formen aus dem vollen Volumen. Ausgangsform ist die Tonkugel. Das Gefäß wird als „Daumenschale" geformt, indem mit den Daumen die Masse nach außen gedrückt und die Wandung zwischen den Fingern ausgeformt wird. In diesem Verfahren lassen sich jedoch nur kleinere Gefäße herstellen. Um ein Ausfransen der Ränder zu verhindern, wird die Schale wiederholt mit der Randzone leicht auf die Tischplatte aufgestoßen. – Die saubere Ausformung eines Gefäßes erfordert zwei Arbeitsgänge. Im ersten wird aus der weichen Tonmasse die Grundform aufgebaut. Im le-

537 J, M 9–10

538 J, M 8–9

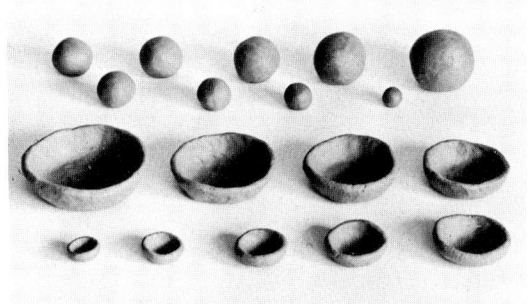

539 J 10

540 J, M 9–10

derharten Zustand erfolgt in einem zweiten Arbeitsgang die endgültige Formgebung und die Feinbearbeitung der Oberfläche. Die Form des Gefäßes kann durch leichtes Schlagen mit einer Holzleiste (Lineal), durch Aufstoßen der Rand- und Fußzone und durch Rollen der Wandung auf der Tischfläche klarer herausgearbeitet werden. Die Oberfläche läßt sich durch Reiben mit der Laffe eines Löffels glätten und „rohpolieren".

Bei Zweckformen wie dem Eierbecher werden die speziellen Funktionen des Gefäßes im Gespräch vorgeklärt. Die Paßform wird mit einem Gipsei als Formling (Patrize) eingedrückt. Da das Gefäß beim Trocknen und beim Brennen schwindet, muß der Gefäßraum etwas aufgeweitet werden.

532: Mit einem für einen Sechsjährigen beachtlich entwickelten Materialgefühl wird aus der Kugel mit beiden Händen eine Schale modelliert.

533: Beim Versuch, die Innenwandung glattzustreichen, verformt sich unter den noch unbeholfenen Händen des Fünfjährigen die Schale wieder.

535: Erste Formversuche von Kindern der Eingangsstufe.

536, 537: Sensibel ausgeformte Gefäße mit dem Formcharakter von Früchten. Das kugelförmige Gefäß ist in lederhartem Zustand durch Reiben mit der Laffe eines Löffels rohpoliert.

534: Mit dem Gipsei wird die Paßform eingedrückt. Die einzelnen Formteile sind klar nach ihrer Funktion in Fußplatte, Stütze und Gefäßform unterschieden.

539: Ein Satz Schüsseln, als Daumenschalen aus größenmäßig abgestuften Tonkugeln entwickelt.

540: Schüsseln mit einem Volumen von ca. ¼ l. Die Gefäße sind in der zweiten Bearbeitungsphase auf der Wandung gerollt und mit der Rand- und Bodenzone auf der Tischfläche geklopft.

 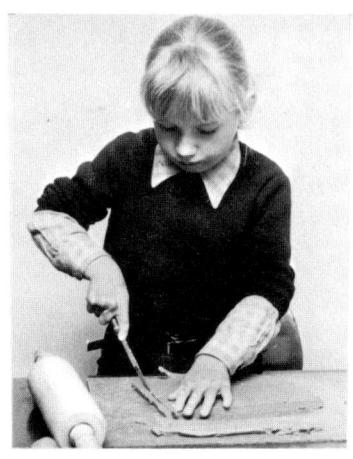 

541 M 7   542 M 8   543 M 8

544 J, M 7, 8   545 J, M 9–10

G 3.3 Gefäße aus der Platte

(ab 3. Schuljahr)

Lernziel 1 (Zylindrisches Gefäß): Die Schüler sollen
- ein zylindrisches Gefäß aus der Tonplatte herstellen;
- Wand und Grundfläche aus der gewalzten Tonplatte ausschneiden;
- erfahren, daß in den Flächenproportionen die Form des Gefäßes schon angelegt ist.

Lernziel 2 (Rechteckiges Gefäß): Die Schüler sollen
- ein rechteckiges Gefäß herstellen, das aus Tonplatten zusammengesetzt ist;
- Boden und Wandteile aus einer Tonplatte ausschneiden und in ihrer Größe aufeinander abstimmen;
- zu der Kastenform einen aufgesetzten Deckel mit Innenrand und Griff entwickeln.

Grundbegriffe: rund, zylinderförmig, kastenförmig; Boden, Wand, Deckel, Griff
Arbeitsmaterial: Bauton, Messer, Holzleiste (Lineal), Wellholz, Hartfaserplatte
Unterrichtshinweise: Der Aufbau eines Gefäßes aus der Platte ist ein grundsätzlich anderes Verfahren als das Formen aus dem Klumpen. Während beim modellierenden Formen das Haptische primär empfunden wird und formbestimmend ist, wird beim Aufbauen aus der Platte das vom haptischen Empfinden bestimmte Formen verlassen und zu einer ökonomischen Materialbehandlung und zur bewußteren Zweckform übergeleitet. Ein Modellieren führt mehr zu organischen Gefäßformen. Bei der Montage aus Plattenteilen entstehen geometrische Grundkörper mit klarer zu bestimmenden Proportionen. Für das zylindrische Gefäß wird zuerst die Grundplatte mit einer Blechdose oder einem Glas ausge-

546 J 9

547 M 8

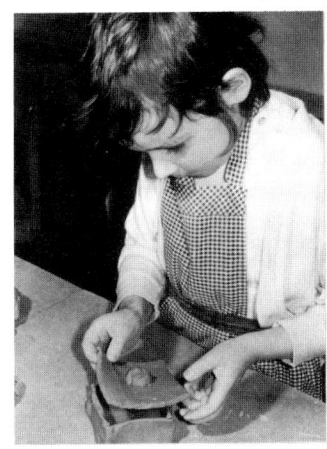
548 M 8

549 J 10

550 J, M 9–10

stochen, die Wandplatte am besten mit Hilfe einer Papierschablone ausgeschnitten. An einer um die Grundplatte gestellten Papierröhre können die Schüler den Umfang messen und die Höhe festlegen. Diese Methode bietet den Vorteil, daß die Kinder schon am Papiermodell eine räumliche Vorstellung gewinnen und die Proportionen des Gefäßes vorbestimmen können (unterquadratisch = Dosen-, quadratisch = Tassen-, überquadratisch = Kannenform). Die Wandplatte wird auf die Grundplatte gestellt, die überlappen Wandstreifen herausgeschnitten, das Gefäß innen und außen an den Nähten verstrichen. – Das kastenförmige Gefäß ist zwar schwieriger herzustellen, der Zuschnitt der Platten jedoch für das Kind leichter zu erfassen, da die Wandflächen nicht verformt werden.

541: Herstellung der Tonplatte. Ein fest geschlagener Klumpen Ton wird mit dem Wellholz gleichmäßig bis zu Fingerstärke ausgewalzt.
542, 543: Die Wandplatte wird mit dem Messer ausgeschnitten; das Gefäß wird verstrichen.
544: Aus weichem Ton aufgebaute Gefäße.
545: Aus dem Zylinder abgeleitete Gefäßformen von Schülern des 4. Schuljahrs. Die Grundformen sind in lederhartem Zustand auf der Tischfläche mit einem Brettchen gerollt, so daß sich exakte Formen mit glatter Oberfläche ergeben. Die Wandung des Bechers ist als Kreisringsegment zugeschnitten. Das zweite Gefäß wurde durch Drücken von innen aufgebaucht.
546–548: Die Kastenform wird zusammengesetzt, die Fugen werden verstrichen, der Deckel eingepaßt.
549: Plattenteile für ein kastenförmiges Gefäß. Die Seitenwände sind hier so geschnitten, daß sie um die Grundplatte gesetzt werden.
550: Rechteckige Gefäße. Das genaue Ausformen erfolgte in lederhartem Zustand durch Aufstoßen aller Gefäßseiten auf den Tisch.

551 J 9–10

552

Wie der Ton schwindet	Bauton	Drehton
feucht	148 g	108 g
trocken	136 g	97 g
Länge feucht	200 mm	200 mm
Länge trocken	192 mm	188 mm

Wenn der Ton trocknet wird er leichter, weil das Wasser verdunstet.
Die Stange aus dem fetten Drehton ist beim Trocknen etwas krumm geworden und auch kürzer.
Die Stange aus dem mageren Bauton ist grade geblieben.
Wenn der Ton gebrannt wird schwindet er noch etwas.

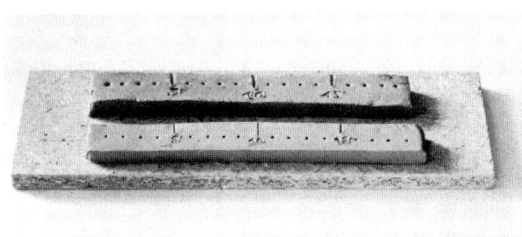

553

554 J 10

G 3.4 Untersuchung von Eigenschaften des Tons

(ab 4. Schuljahr)

Lernziele: Die Schüler sollen
– in einer einfachen Untersuchung Materialeigenschaften von Ton erkunden;
– in kleinen Experimenten und Beobachtungsaufgaben die verschiedenen Aggregatzustände vom flüssigen bis zum gebrannten Ton kennenlernen;
– aus den Materialeigenschaften auf die Verwendungsmöglichkeiten schließen.

Grundbegriffe: Drehton, Bauton, Ziegelton, Schamottemehl; fett, mager, weich, plastisch, lederhart, lufttrocken; schwinden, brennen, glasieren; porös, wasserundurchlässig

Arbeitsmaterial: Ton, Materialproben aus ungebranntem und gebranntem Ton. Tongefäße, Baustoffe aus Ton

Unterrichtshinweise: Schülern des 4. Schuljahrs ist Ton aus der praktischen Arbeit so weit vertraut, daß für eine gezielte Materialuntersuchung bereits ein bestimmtes Erfahrungswissen vorausgesetzt werden kann. Die Untersuchung sollte folgende Erkenntnisse erbringen: Ton trocknet an der Luft und wird hart. –

555

Ton schwindet beim Trocknen und verliert dabei an Gewicht. – Lufttrockneter Ton kann in Wasser gelöst und in plastischen Ton rückverwandelt werden. – Ton wird durch Brennen steinhart. Gebrannter Ton läßt sich nicht mehr in plastischen Ton umwandeln. – Ton kann porös und wasserundurchlässig (gesintert) gebrannt werden. – Gebrannter Ton kann glasiert werden.
Vorschläge für einfache Untersuchungsaufgaben zur Auswahl: 1. Das Material wird geknetet und zwischen den Fingern gerieben, dabei werden Körnigkeit und Plastizität festgestellt. 2. Dreh- und Bauton wird zu Wülsten gerollt und gebogen. Der magere Bauton bricht, der fette Drehton läßt sich biegen. 3. Ton wird in Einmachgläsern eingeschlämmt, die Bestandteile setzen sich schichtweise ab. 4. Geschlämmter Ton wird durch ein Sieb gegossen. Drehton läuft ohne Rückstände durch, beim Bauton bleiben Sandkörnchen und Schamottemehl zurück, Ziegelton hinterläßt neben Steinen und Sand auch Wurzelteile und andere Verunreinigungen. 5. Lufttrockener Ton und kleingeklopfte Ziegelstückchen werden in Wasser gelegt. Der Ton löst sich auf. Die Ziegelstückchen bleiben fest, das Ziegelmehl „sandig". 6. Ein geschrühtes und ein gesintertes Gefäß werden mit Wasser gefüllt. Das geschrühte Gefäß läßt Wasser durch und wird außen feucht. 7. Lederharter Ton wird mit dem Schneiddraht getrennt. Die Schnittfläche zeigt deutlich die Körnigkeit des Materials. 8. Lederharter Ton wird auf der Tischfläche geklopft. Selbst der grobe Ziegelton erhält eine glatte Oberfläche. 9. Lufttrockene Tonklumpen werden mit dem Messer geschabt. Der Drehton bleibt glatt, der Bau- und der Ziegelton werden der Korngröße entsprechend aufgerauht. 10. In einer vergleichenden Untersuchung an Dreh- und Bauton werden Trockenschwindung, Gewichtsverlust und Verformung festgestellt (dargestellt in den Abbildungen 551–554).

551: Von einem fest geschlagenen Tonklotz werden mit dem Schneiddraht an Anschlagleisten Tonplatten (hier die letzte) geschnitten.
552: Schneiden von Tonstreifen an der Holzleiste.
553, 554: Gleichgroße Streifen aus frischem Bau- und Drehton sind – gewogen und mit Zentimetereinteilung versehen – zum Trocknen ausgelegt. Durch vergleichende Messung im lufttrockenen Zustand werden Schwindung und Gewichtsverlust festgestellt.
555: Von Schülern mit Hilfe des Lehrers aufgebaute kleine Ausstellung von Rohmaterialien, Tonproben in verschiedenen Aggregatzuständen, Ziegelsteinen (Backstein, Gitterziegel, Klinker) und geschrühten, gesinterten und glasierten Gefäßen.

Vierter Themenkreis: **Technische Grundsachverhalte aus dem Bereich „Elektrotechnik" (E)**

Didaktische Hinweise:
Im Themenkreis „Elektrotechnik" bestehen enge Beziehungen und Überschneidungen zwischen Technikunterricht und Physik. Damit stellt sich die Frage, welche grundsätzlichen Unterschiede die naturwissenschaftliche und die technische Fragerichtung aufweisen und welchen Beitrag diese beiden Dimensionen des Sachunterrichts zur Erschließung elektrotechnischer Sachverhalte leisten können. Während die Physik als Naturwissenschaft in ihrer Fragestellung kausal gerichtet ist und die Natur im Experiment nach den ihr zugrundeliegenden Gesetzmäßigkeiten befragt, weist die Technik eine finale Struktur auf; sie geht von einem Zweckgedanken aus und verfolgt ihn über das Planen, Konstruieren, Erfinden und Herstellen bis zum fertigen Gebrauchsgegenstand. Auf Unterricht übertragen bedeutet dies, daß elektrotechnische Sachverhalte nicht einseitig unter physikalischem Aspekt, sondern ebenso unter eigenständiger technischer Fragestellung behandelt werden sollten. Auf ein konkretes Beispiel bezogen: Bei dem Thema „Schalter" (E 2) wird das Prinzip des Schließens und Unterbrechens des Stromkreises nicht an fertigen Lösungen demonstriert und erläutert, sondern als technische Problemstellung Gegenstand der handelnd-konstruktiven Auseinandersetzung. Das Lernziel heißt: Nacherfinden von Schaltern mit unterschiedlichem funktionalen und konstruktiven Aufbau.

Die erste Einheit behandelt den einfachen Stromkreis. Der Schüler lernt die elektrotechnischen Bauteile richtig zu schalten und ihre Funktion zu erfassen. In der zweiten Einheit wird das selbständige Konstruieren von Schaltern und Fassungen zum Gegenstand des Unterrichts gemacht. Die dritte Einheit setzt sich mit dem Thema „Stromkreis mit mehreren Glühlampen" auseinander. In der vierten Einheit kann der Schüler durch den Bau eines einfachen Elektromagneten und eines Styroporschneiders die Umwandlung des elektrischen Stroms in magnetische Kraft und Wärme kennenlernen.

Lernziele (Grobziele)**:**
Der Schüler soll
— elementare Sachverhalte der Elektrotechnik durch probierendes und experimentierendes Tun, durch technisches Gestalten und Konstruieren kennenlernen;
— Einsichten in Aufbau und Wirkungsweise elektrotechnischer Bauteile gewinnen; Bauelemente selbst konstruieren;
— lernen, elektrotechnische Bauteile zu schalten und verschiedene Schaltmöglichkeiten auszuprobieren; Fehlerquellen erkennen und beseitigen;
— selbstgebaute Schaltungen zeichnerisch darstellen; einfache elektrotechnische Zeichensymbole kennenlernen;
— die verschiedene Wirkungsweise des elektrischen Stroms beim Bau eines einfachen Eletromagneten und eines Styroporschneiders kennenlernen; erfahren, wie Strom in Licht, Wärme und magnetische Kraft umgewandelt werden kann;
— die Bedeutung des elektrischen Stroms in Haushalt, Öffentlichkeit und Betrieb erkennen; die Abhängigkeit des Menschen sich bewußt machen;
— die Gefährlichkeit des elektrischen Stroms und mögliche Unfallgefahren erkennen.

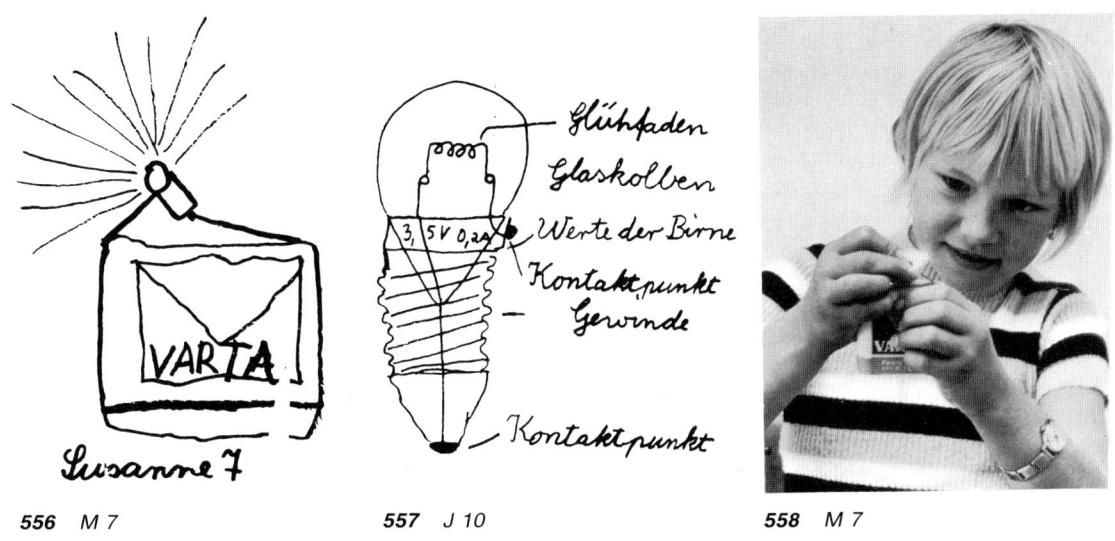

556 M 7 557 J 10 558 M 7

E 1 Einfacher Stromkreis

E 1.1 Glühlampe und Batterie

(ab 3. Schuljahr)

Lernziele: Die Schüler sollen
- eine Glühlampe so mit der Batterie verbinden, daß sie aufleuchtet;
- erkennen, daß die Glühlampe zwei Kontaktstellen hat, die mit den beiden Polen der Batterie verbunden werden müssen;
- an Hand einer Schnittzeichnung den Aufbau der Glühlampe und die Stromführung kennenlernen;
- den Wirkungszusammenhang zwischen Batterie und Glühlampe zeichnerisch darstellen und sprachlich formulieren.

Grundbegriffe: Batterie, Pole, Glühlampe, Kontaktplättchen, Gewinde, Leuchtdraht, Glaskolben, Zuleitungsdraht, elektrischer Strom

Arbeitsmaterial: Flachbatterie 4,5 V, Glühlampe 3,5 V; Tafelbild: Schnittzeichnung einer Glühlampe; zur Demonstration: eine Haushaltsglühlampe (klar)

Unterrichtshinweise: Die Motivation für die Aufgabenstellung wird durch das Bereitstellen des Arbeitsmaterials eingeleitet. Mögliche Problemstellung: Wie kann die Glühlampe an der Batterie zum Leuchten gebracht werden? Nach der Probierphase wird das praktische Tun durch Wort und Bild geklärt und bewußt gemacht. An einer Tafelzeichnung werden die Teile der Batterie und der Glühlampe benannt, die Kontaktstellen beschrieben und gekennzeichnet. Möglichkeiten der Lernerfolgskontrolle: Übertragen des Gelernten in zeichnerische Darstellung; Ergänzen unvollständiger Schemazeichnungen; Herausfinden der richtigen Lösung aus einer Anzahl fehlerhafter Darstellungen.

556: Zeichnerische Darstellung des Wirkungszusammenhangs von Batterie und Glühlampe. Die Kontaktstellen sind klar gekennzeichnet.

557: Der Aufbau einer Glühlampe mit Benennung der Teile. Zeichnung aus einem Arbeitsheft.
558: „Meine Lampe brennt!"

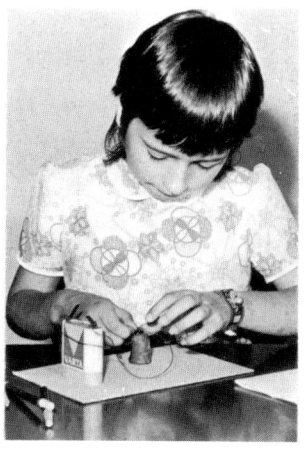
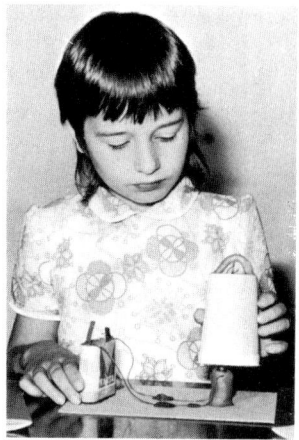

559 M 8   560 M 8   561 M 8

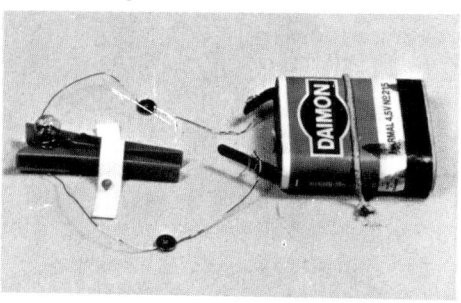

562 J 8   563 J 8   564 M 8

E 1.2 Lichtanlage mit einer Glühlampe

(ab 3. Schuljahr)

Lernvoraussetzungen: E 1.1
Lernziele: Die Schüler sollen
- eine Lichtanlage mit einer Glühlampe konstruieren und spielerisch erproben;
- lernen, die elektrotechnischen Bauteile richtig zu schalten und ihre Funktion zu erfassen;
- erfahren, daß ein Wackelkontakt entsteht, wenn die Bauteile nicht genügend fest verbunden sind und daß bei unisoliertem Draht ein Kurzschluß auftreten kann;
- die Gefahren im Umgang mit dem elektrischen Strom erkennen.

Grundbegriffe: Leitungsdraht, isoliert, unisoliert (blank), Fassung, Stromkreis, geschlossen, offen, Wackelkontakt, Kurzschluß

Arbeitsmaterial: Glühlampe, Batterie, unisolierte Leitungsdrähte aus Kupferdraht, weich, 0,5 mm stark; Montageplatte aus Weichholz, Reißzwecken zum Aufmontieren, Wäscheklammern, Plastilin, Knetwachs

559: „Taschenlampen". Arbeitsmaterial: Flachbatterie, Glühlampe, weicher blanker Kupferdraht, Plastilin für die Fassung.
560, 561: „Meine Nachttischlampe". Als Lampenschirm dient ein Kunststoffbecher.
562: Auf einem Montagebrett läßt sich die Aufgabe „Einfacher Stromkreis" mit einfachsten Mitteln durchführen. Die verwendeten Arbeitsmaterialien sind nicht nur preiswerter, sondern oft auch didaktisch ergiebiger als die von der Lehrmittelindustrie angebotenen Materialsätze.
565–567: Thema: „Leuchtturm". Lichtanlage mit einer Glühlampe. Arbeitsmaterial: Bauteile aus den fischertechnik Baukästen u-t 1 und u-t 3.

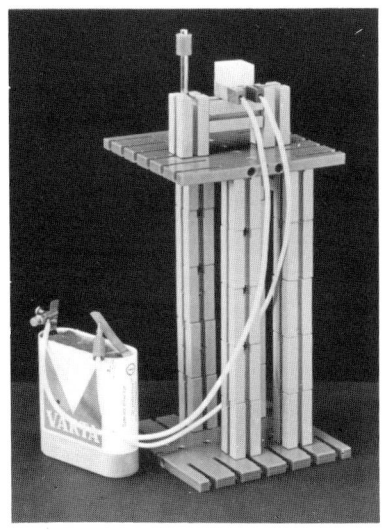

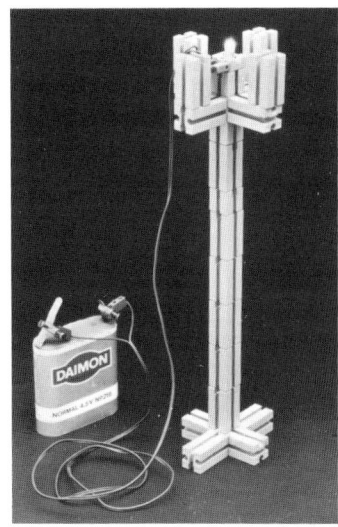

565 J 8 **566** J 8 **567** M 8

Unterrichtshinweise: Bevor die Aufgabe thematisch eingekleidet wird, sollte die Schaltung auf einer Montageplatte erarbeitet werden. Problemsituation: Eine Glühlampe soll in einer kurzen Entfernung von der Batterie zum Leuchten gebracht werden (s. Abb. 562). Als Leitungsdrähte werden zunächst blanke Drähte benutzt, weil das Abisolieren an den Anschlußstellen entfällt und die Schüler das Problem des Kurzschlusses besser erfahren können. Zur Montage auf der Fläche haben sich Grundplatten aus Weichholz gut bewährt. Auf ihnen können die Drähte mit Reißzwecken ohne Werkzeug aufmontiert werden. Als einfache Fassungen dienen zunächst Wäscheklammern; hierbei wird der eine Leitungsdraht am Gewinde, der andere unter der Glühlampe mit einer Reißzwecke befestigt. Die Klammern werden, nachdem der konstruktive Aufbau einer Fassung in weiteren Versuchen erarbeitet ist, durch industriell hergestellte Fassungen ersetzt.

E 2 Schalter und Fassungen

E 2.1 Konstruktion von Schaltern und Fassungen
(ab 4. Schuljahr)

Lernvoraussetzungen: E 1.1 und E 1.2
Lernziel 1 (Schalter): Die Schüler sollen
– selbständig Schalter konstruieren, mit denen der Stromkreis unterbrochen und geschlossen werden kann;
– konstruktive Lösungen finden, um Schalter durch Drehen, Drücken und Schieben zu bedienen;
– handelsübliche Schalter betrachten, ihre Funktion untersuchen und praktisch erproben.

Lernziel 2 (Fassung): Die Schüler sollen
– selbständig Fassungen aus Draht und Blech konstruieren und dabei den Aufbau und die Funktionsteile von Fassungen kennenlernen;
– fertige Fassungen unterschiedlicher Art betrachten und ihren Aufbau erfassen; den Stromverlauf zwischen Lampe und Fassung erkennen, leitende und nichtleitende Teile unterscheiden.

568 J 9

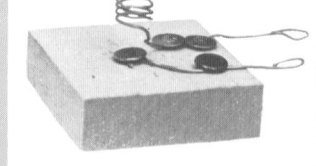
569 J 9

570 M 9

571 J 9

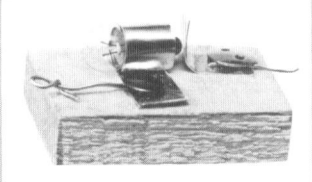
572 J 10

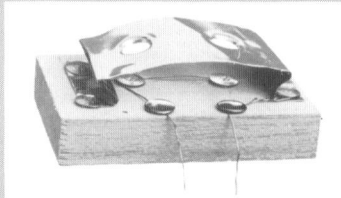
573 J 10

Erweiterung: Untersuchung verschiedener Stoffe auf ihre elektrische Leitfähigkeit

Grundbegriffe: Schalter, Dreh-, Schiebe-, Kippschalter; ein- und ausschalten, schließen und unterbrechen; Fassung; leitende und nichtleitende Teile (Leiter, Nichtleiter)

Arbeitsmaterial: Aluminiumblech, weich, 0,2 mm; Leitungsdraht aus Kupfer, weich, 0,5 mm; Leistenstücke aus Weichholz, Reißzwecken; kleine Blechschere, Vorstecher, Locheisen, Hammer, kleiner Schraubenzieher, Dämmplatte; handelsübliche Schalter und Fassungen

Unterrichtshinweise: Bei dem Thema „Schalter" werden in der Planungsphase die verschiedenen Bewegungsvorgänge, die das Öffnen und Schließen des Stromkreises bewirken können, gemeinsam erarbeitet. Die Leitungsdrähte eines Stromkreises werden mit dem Drahtschneider getrennt und mit einem Alu-Blechstreifen überbrückt. Für das Bewegen des Blechstreifens (Drehen, Schieben, Drücken) ist eine konstruktive Lösung zu finden. – Bei dem Thema „Fassung" sollte der Schüler erkennen, daß eine Fassung folgende Aufgaben hat: 1. die Glühlampe zu halten (zu fassen); 2. den Strom von den Leitungsdrähten zu den Kontaktstellen der Lampe zu führen; 3. eine Berührung zwischen zwei leitenden Teilen zu verhindern; 4. ein leichtes Auswechseln der Glühlampe zu ermöglichen.

568: Wäscheklammer als Fassung, in der Mitte mit einem Nagel auf dem Holzbrettchen befestigt und drehbar gelagert. Der eine Leitungsdraht ist unter der Glühlampe durch eine Reißzwecke befestigt, der andere um das Gewinde gewickelt.

569: Fassung aus weichem Aluminiumdraht. Der Draht ist spiralförmig um das Gewinde der Glühlampe gewickelt und mit Reißzwecken montiert.

570–572: Fassungen aus Aluminiumblech (weich, 0,2 mm). Die Bohrungen für die Glühlampen entstanden mit einfachen Mitteln: das Blech wurde auf einer Dämmplatte mit einem vierkantigen Vorstecher vorgestochen, aufgebohrt und mit einem Bleistift oder Kugelschreiber erweitert. Bei 570 und 571 sind die unter den Glühlampen liegenden Kontaktstellen der Leitungsdrähte durch Reißzwecken vergrößert. 572: Horizontale Lagerung der Lampe.

573: Doppelfassung in einem Blechstreifen mit Parallelschaltung der Lampen.

574–576: Drückschalter. Der schmale Blechstreifen federt beim Loslassen wieder zurück. Das Prinzip des Klingelschalters wird auf diese Weise erfaßt.

577: Bei diesem Schalter wird der Kontakt geschlossen, wenn der rechte Blechstreifen an das Kontaktplättchen der Lampe gedrückt wird.

578, 581: Drehschalter. Als Drehachse wird eine Reißzwecke verwendet.

579, 580, 582, 583: Schiebeschalter mit unterschiedlichen konstruktiven Lösungen.

584, 585: Kleine Programmschalter (z. B. für Ampelschaltungen). Durch aufgeklebte Papierstreifen werden beim Drehen des Deckels und der Milchbüchse die Kontakte unterbrochen. Bei 584 ist der Stromkreis unterbrochen, bei 585 geschlossen (siehe Stellung des Schleifkontaktes).

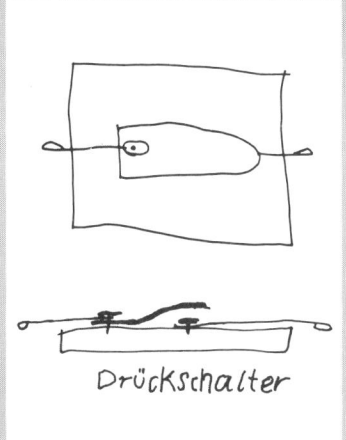
Drückschalter

574 M 9

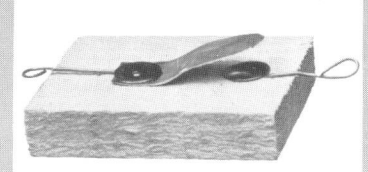
575 M 9

576 J 9

577 J 10

578 M 9

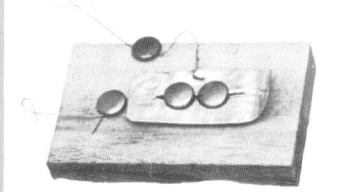
579 J 9

580 J 9

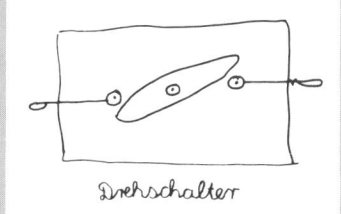
Drehschalter
581 M 9

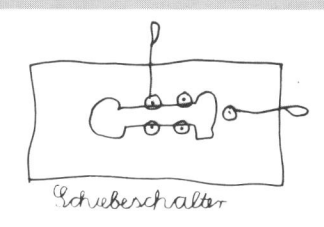
Schiebeschalter
582 J 9

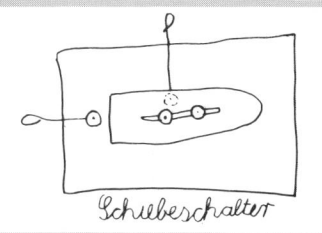
Schiebeschalter
583 J 9

584 J 10

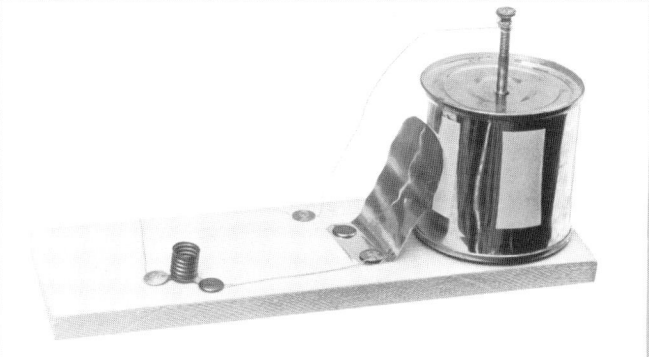
585 J 10

586 J 9

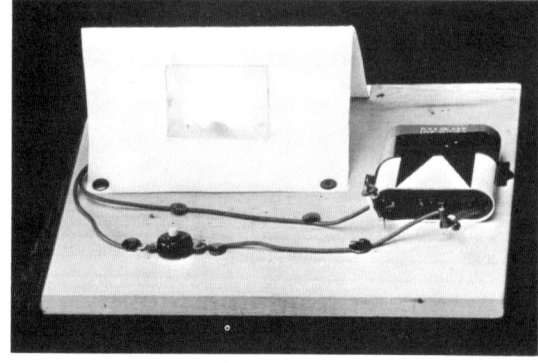

587 M 9

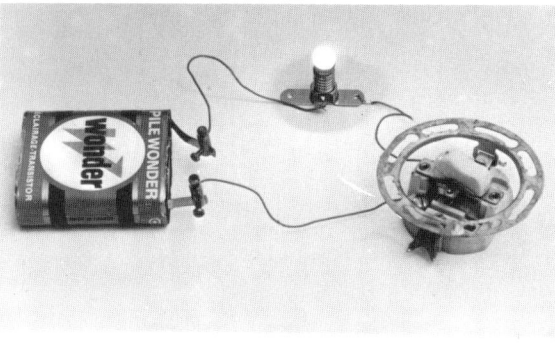

588 J 10

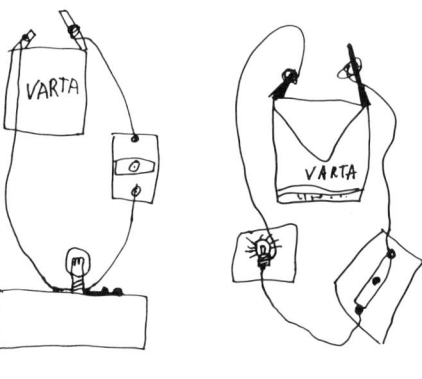

589 M 9   590 M 9

E 2.2 Herstellen von Schaltungen
(ab 4. Schuljahr)

Lernvoraussetzungen: E 1.1, E 1.2 und E 2.1
Lernziele: Die Schüler sollen
- selbständig Schaltungen konstruieren, die einem bestimmten Zweck dienen (s. Abb.), und dabei einfache Schaltungstechniken erproben;
- die Einsichten und Kenntnisse, die sie beim Bau von Schaltern und Fassungen gewonnen haben, auf handelsübliche Schalter und Fassungen übertragen;
- den Weg des elektrischen Stroms sich bewußt machen; ihre Modelle zeichnerisch darstellen.

Erweiterung: Gegenüberstellung von Kerzenlicht (offenem Licht) und Glühlampenlicht

Grundbegriffe: Schaltung, schalten, Leitungsdraht, Kerzenlicht (offenes Licht) – Lampenlicht
Arbeitsmaterialien: siehe Abbildungen
Unterrichtshinweise: Die Aufgabenstellung sollte möglichst weit gefaßt werden, damit dem Schüler ein genügend großer Spielraum für eigene Erfindungen bleibt. Die im Bild dargestellten Arbeiten sind nur Beispiele aus einer Vielzahl von Möglichkeiten. Neben der „Taschenlampe", dem „Leuchtturm" und der „Zeltbeleuchtung" kämen u. a. in Frage: Dia-Betrachter, Beleuchtung für eine Tankstelle, für eine Kartonbühne. – In dem als Erweiterung vorgeschlagenen Thema können die Kinder mit der geschichtlichen Entwicklung der Beleuchtung bekannt gemacht werden. In der Gegenüberstellung von Kerzen- und Glühlampenlicht werden ihnen die Vorteile

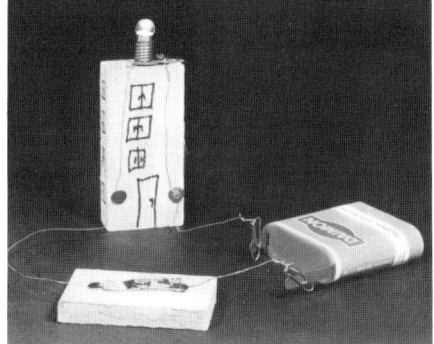

591 M 8

592 J 8

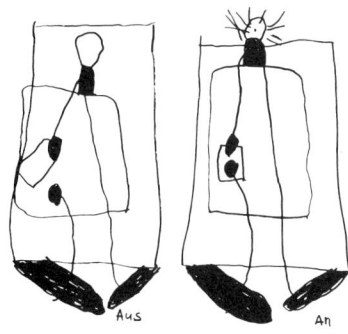

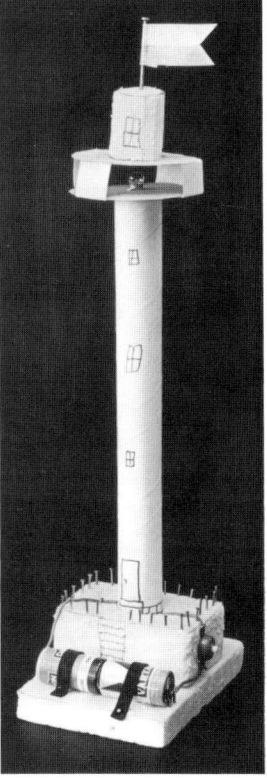

593 J 8

594 J 8

595 J 9

des elektrischen Stroms deutlich: größere Helligkeit, leichtere Bedienung, kein Ruß, keine Brandgefahr.

586: „Nachttischlampe". Als Lampenschirm dient ein Plastikbecher. Die Bauteile werden mit Reißzwecken auf dem Montagebrett befestigt; dadurch ist ein leichtes Umbauen und Korrigieren möglich.

587: „Zelt mit Beleuchtung".

588: Schaltung mit einem handelsüblichen Kippschalter. Bei dieser Aufgabe lernt der Schüler die Funktionsweise von Schaltern aus der technischen Wirklichkeit kennen.

589, 590: Schaltbilder in alterstypischer Darstellungsweise.

591: „Was ich für meine Taschenlampe brauchte." Gedankliche Durchdringung der praktischen Arbeit nach ihrer Ausführung.

592: „Kleiner Turm mit Blinklicht". Mit dem selbsthergestellten Druckschalter können Blinkzeichen gegeben werden.

594: „Taschenlampe" mit Drehschalter. Arbeitsmaterialien: Batterie, Glühlampe, Fassung, dünner Kupferdraht, Holzbrettchen aus Abachi, Alu-Blech, Reißzwecken, Ringgummi. Das Holzbrettchen dient zur Befestigung des Schalters und der Glühlampenfassung. Auf Abb. 593 hat der Schüler dargestellt, wie seine Taschenlampe aus- und eingeschaltet wird. Die zwei Zeichnungen zeigen die geöffnete und geschlossene Stellung des Drehschalters.

595: „Leuchtturm". Material: Styropor als Fußplatte, Papprohre als Turm, Karton als Plattform. Die beiden Leiter aus isoliertem Draht verlaufen im Inneren der Papprohre.

596 M 9

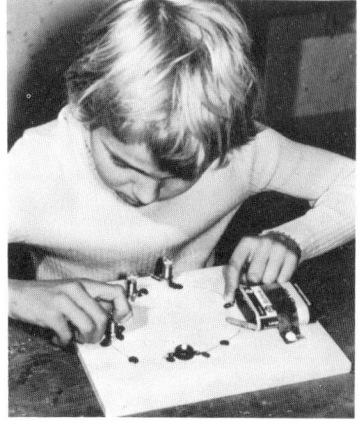
597 J 9

598 J 9

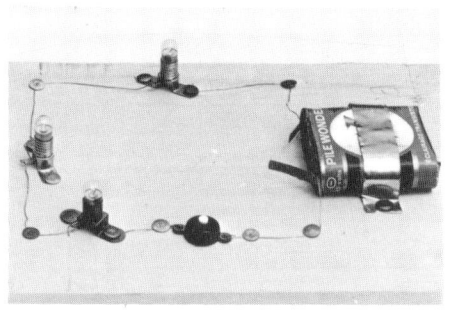
599 J 9

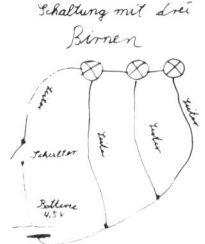
600 M 9

601 M 9

E 3 Stromkreis mit mehreren Glühlampen

E 3.1 Schaltungsversuche auf der Grundplatte

(ab 4. Schuljahr)

Lernvoraussetzungen: E 1 und E 2
Lernziele: Die Schüler sollen
- einen Stromkreis mit mehreren Glühlampen herstellen und verschiedene Schaltmöglichkeiten konstruktiv erproben;
- Parallel- und Reihenschaltung kennenlernen;
- Schaltzeichen für Batterie, Glühlampe, Leiter und Schalter kennenlernen; Schaltpläne von den gebauten Lichtanlagen anfertigen.

Grundbegriffe: schalten, Schaltplan, Schaltzeichen, Reihenschaltung, Parallelschaltung
Arbeitsmaterial: siehe Abbildungen
Unterrichtshinweise: Die konstruktive Erprobung von Schaltungen mit mehreren Glühlampen führt zu Problemen der Reihen- und Parallelschaltung. An vorbereiteten Modellschaltungen sollen die Schüler folgendes beobachten und feststellen: 1. Bei der Reihenschaltung erlöschen alle Lampen, wenn eine Lampe aus der Fassung herausgeschraubt wird; das Leuchten der Lampen wird immer schwächer, je mehr Lampen hintereinandergeschaltet werden. 2. Bei der Parallelschaltung leuchten die Glühlampen unabhängig

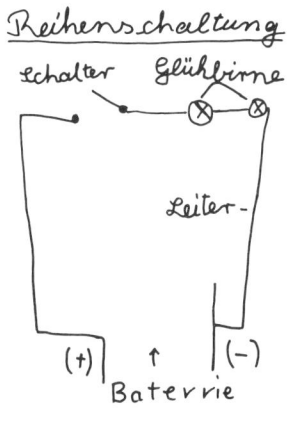

602   J 9

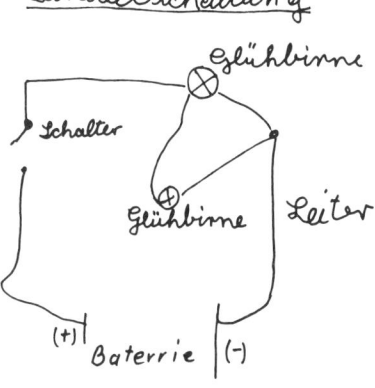

603   J 9

604   J 8–9

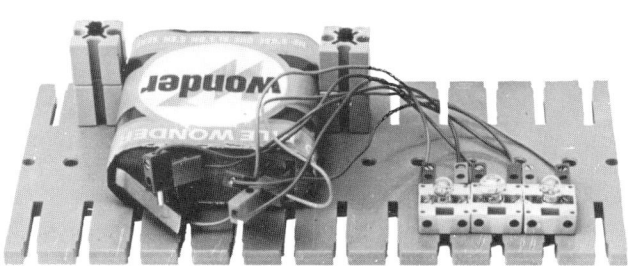

605   J 10

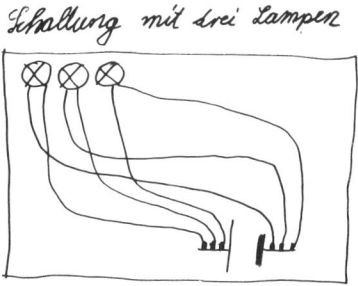

606   J 10

von der Anzahl gleichmäßig hell; beim Herausschrauben einer Lampe aus der Fassung leuchten alle anderen Lampen weiter.

596, 597: „Wir bauen eine Lichtanlage mit mehreren Glühlampen." Technisches Problem: Richtiges Schalten der Bauteile, Finden und Beseitigen von Fehlerquellen, Erkennen der Stromführung.
598: Zeichnung eines Schaltplanes. „Wir zeichnen so, wie es die Elektriker machen." Nachdem die Schüler bislang ihre Schaltungen in individueller Form gezeichnet haben, lernen sie im 4. Schuljahr die in der Elektrotechnik gültigen Symbole kennen.
599: Reihenschaltung mit drei Glühlampen.

600, 601: Schaltungsversuch auf dem Montagebrett mit zugehöriger Zeichnung. Motivation für die Zeichnung: „Zeichne so, daß man anhand deiner Zeichnung die Schaltung nachbauen kann." Die Batterie ist mit einem Blechstreifen und mit Reißzwecken auf dem Brett befestigt.
602, 603: Zeichnungen von Parallel- und Reihenschaltung nach eigenen Schaltungsversuchen auf der Grundplatte.
604: Fehlersuche. Die Glühlampen einer Schaltung, die bisher funktioniert hat, leuchten nicht mehr. Wo liegt die Ursache? Die intensive Auseinandersetzung mit dem Problem regt zur Kommunikation und zur Partnerarbeit an.
605, 606: Alle drei Lampen sind unmittelbar mit der Batterie verbunden. Diese Schaltungsart wird vom Kinde im Anfang am häufigsten angewandt.

607 M 9

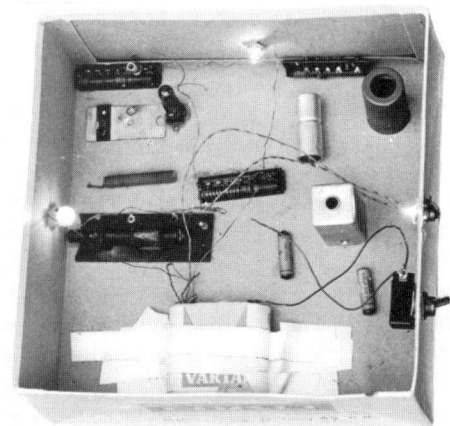

608 M 9

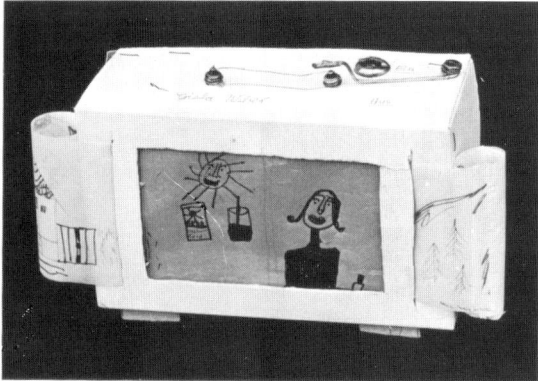

609 M 9

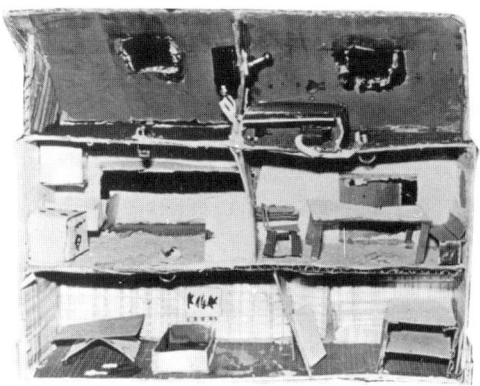

610 J 10

E 3.2 Bau elektrischer Anlagen

(ab 4. Schuljahr)

Lernvoraussetzungen: E 1.1 bis E 3.1
Lernziele: Die Schüler sollen
- die Erfahrungen, die sie beim Bau von Schaltungen mit mehreren Glühlampen gemacht haben, in konkreten Themen anwenden und vertiefen;
- elektrische Anlagen bauen, die einer bestimmten Funktion dienen;
- sich bewußt machen, wie vielseitig der elektrische Strom als Lichtquelle benutzt wird.

Grundbegriffe: elektrische Anlage, Schaltung, Reihenschaltung, Parallelschaltung
Arbeitsmaterial: Batterie, Glühlampen, Leitungsdrähte, Schalter, Kartons, Schachteln; Baukastenteile u-t 1 und u-t 3
Unterrichtshinweise: Die abgebildeten Arbeiten zeigen, daß das Thema eine große Variationsbreite besitzt. Es besteht daher die Möglichkeit, daß die Schüler sich selbst für eine Aufgabe entscheiden oder aus einem Angebot auswählen. Das Arbeitsmaterial kann sowohl aus verformbaren Materialien als auch aus Baukastenelementen bestehen.

611   M 6

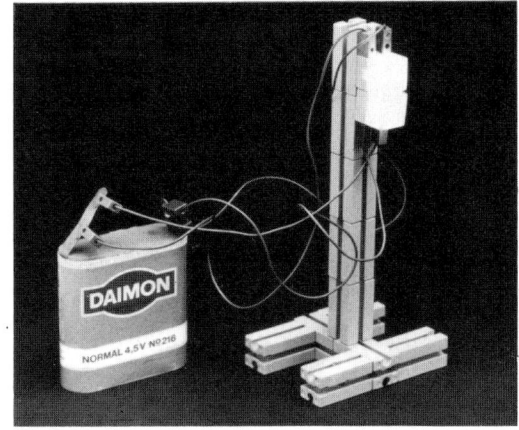

612   J 8

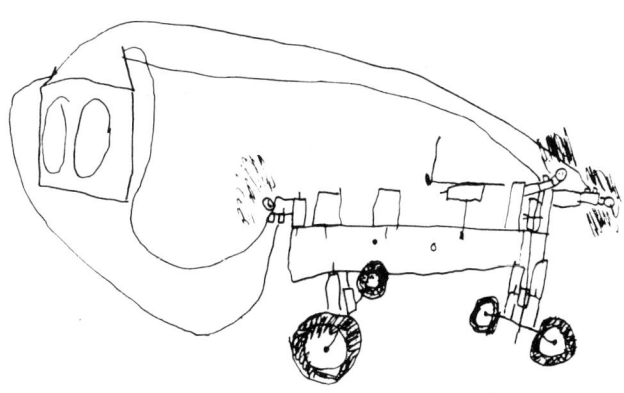

613   M 6

614   J 8

607, 609: "Fernseher". Ein Schuhkarton dient als Gehäuse. Der "Bildschirm" wird von innnen durch Glühlampen erleuchtet. Das Programm besteht aus einer Folge von Bildern, die auf ein längeres Band gemalt sind (Bildergeschichte). Der "Film" wird von links nach rechts weitertransportiert und aufgerollt. Die Aufgabe enthält sowohl konstruktive und formal-bildnerische als auch elektrotechnische Aspekte.

608: Ein Blick in das Innere des Fernsehers. Die Anlage besteht aus drei Glühlampen, einem Schalter und verschiedenen Teilen, die aus einem alten Fernsehgerät stammen und die keine Funktion besitzen. Begründung durch das Mädchen: "Es soll so aussehen wie in einem richtigen Fernseher."

610: Kartonhaus mit Innenbeleuchtung. Batterie und Schalter befinden sich im rechten oberen Dachgeschoß.

611, 613: "Auto mit Licht". Die Konstruktion und die Zeichnung des sechsjährigen Mädchens aus der Eingangsstufe zeigen, in welcher Weise sich frühe Lernanregungen positiv auswirken. Der sachstrukturelle Entwicklungsstand ist nicht so sehr vom Alter, von der Begabung oder vom Geschlecht abhängig als von der jeweiligen Anregungsumwelt. Äußerung des Kindes zu seiner Arbeit: "Mein Auto hat zwei Lichter; zwei sind vorn und eins ist hinten. Wenn ich das Licht anmachen will, muß ich die Birnchen festdrehen."

612: "Ampelanlage für Fußgänger". Die Lampen werden durch das Lösen der Kontaktklemmen an der Batterie ausgeschaltet.

614: Die technische Darstellung der Ampelanlage zeigt, daß die Funktionszusammenhänge zwischen den elektrotechnischen Bauteilen und die Stromführung klar erkannt wurden.

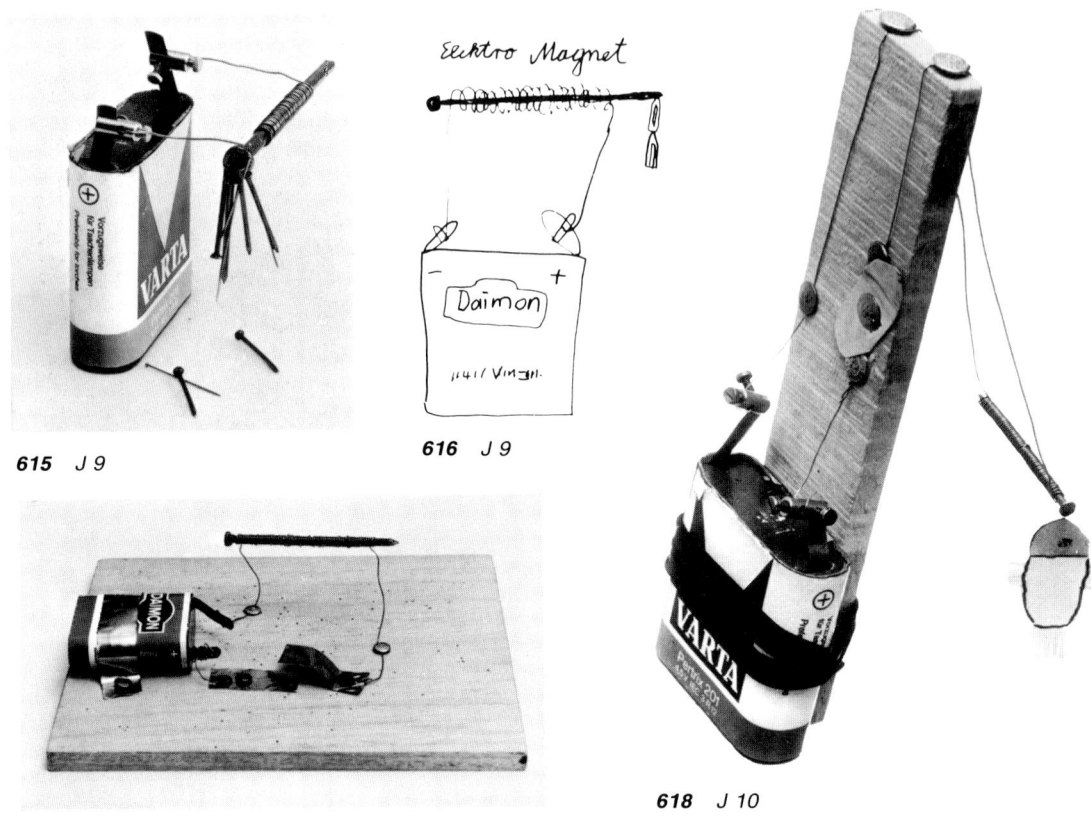

615 J 9
616 J 9
617 J 9
618 J 10

E 4 Strom erzeugt magnetische Kraft und Wärme

E 4.1 Bau eines Elektromagneten

(ab 4. Schuljahr)

Lernvoraussetzungen: E 1 bis E 3
Lernziele: Die Schüler sollen
– einen Elektromagneten herstellen, der leichte Eisenteile anzieht;
– die Bauteile des Elektromagneten, Spule und Eisenkern, kennenlernen;
– erkennen, daß der elektrische Strom magnetische Kraft erzeugt;
– erkennen, daß der Elektromagnet im Gegensatz zum Dauermagneten ein- und ausgeschaltet werden kann;
– Spielgeräte konstruieren, in denen der Elektromagnet Anwendung findet.

Grundbegriffe: Elektromagnet, Dauermagnet, magnetische Kraft, Eisenkern, Spule, Windung, isolierter Draht, Lackdraht.
Arbeitsmaterial: ca. 2 bis 3 m Lackdraht je Schüler, Flachbatterie, große Nägel (80 bis

615: Der selbsthergestellte Elektromagnet zieht Nadeln, Büroklammern und andere leichte Eisenteile an.
616: Zeichnung des Magneten aus der Vorstellung.
617: Elektromagnet mit selbstgebautem Drückschalter. Die Teile sind auf einer Grundplatte mit Reißwecken aufmontiert.
618: „Angelspielzeug". Die Batterie ist mit einem Ringgummi auf der Holzleiste befestigt. Der Elektromagnet läßt sich mit einem selbstgebauten Drehschalter ein- und ausschalten.

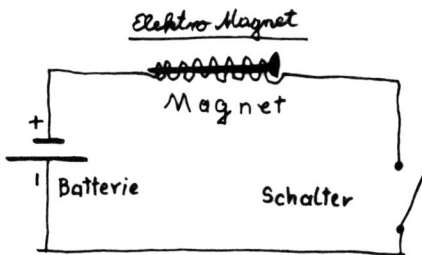

Wie ich einen Elektro Magneten baute.
Ich habe einen Nagel mit Draht umwickelt.
Dann habe ich den Draht abisoliert.
Danach habe ich den Draht an den
− Pol und + Pol der Batterie befestigt.
Dazwischen habe ich noch einen Schalter
gebaut.

619   J 9

620   J 10

100 mm lang), leichte Eisenteile, Nadeln, Büroklammern; fischertechnik-Bauelemente u-t 1 und u-t 3.

Unterrichtshinweise: Bevor die Schüler ein Spielzeug mit Elektromagnet bauen, sollten Aufbau und Funktion des Magneten geklärt werden. Zu Beginn wird am besten ein einfacher Elektromagnet vorgeführt und in seiner Funktionsweise mit einem Dauermagneten verglichen. Die Schüler erhalten hierbei die für die Herstellung notwendigen Vorinformationen. − In der nächsten Unterrichtsphase stellen die Schüler einen einfachen Elektromagneten nach Bauanleitung her (Abb. 615): Lackdraht wird in gleichmäßigen Windungen auf einen großen Nagel zu einer Spule gewickelt. An beiden Enden bleiben ca. 10 cm des Drahtes stehen. Die Drahtenden werden mit Schleifpapier abisoliert und mit der Batterie verbunden. − In kleinen Versuchen können die Kinder erfahren: 1. Der Nagel (Eisenkern) ist nur magnetisch, wenn der Stromkreis geschlossen ist; 2. Bei herausgezogenem Nagel ist die Magnetkraft der Spule nur sehr gering; 3. Die Spule muß aus isoliertem Draht bestehen; 4. Je mehr Windungen die Spule hat, um so größer ist die magnetische Kraft; 5. Der Magnet zieht keine anderen Metalle als Eisen an. − Im Mittelpunkt der weiteren Unterrichtsarbeit steht das selbständige Konstruieren von Spielgeräten, in denen der Elektromagnet als Bauteil Anwendung findet.

E 4.2 Konstruktion eines Styroporschneiders

(ab 4. Schuljahr)

Lernvoraussetzungen: E 1 bis E 3.
Lernziele: Die Schüler sollen
− aus Heizdraht und einer Batterie einen einfachen elektrischen Styroporschneider konstruieren;
− erfahren, daß elektrische Energie in Wärme umgewandelt werden kann;
− erkennen, daß Wärme entsteht, wenn elektrischer Strom durch einen Heizdraht fließt;
− die gewonnenen Erkenntnisse auf elektrische Heizgeräte übertragen.
Grundbegriffe: Styroporschneider, Styroporsäge, Heizdraht, Konstantandraht, Heizgerät.
Arbeitsmaterial: Konstantandraht, 0,2 mm, leistungsstarke Flachbatterie, Leitungsdraht, Schalter; Reißzwecken, Nägel, Grundplatte; Hammer, Seitenschneider; Styroporreste.

619: Baubericht und zeichnerische Darstellung aus einem Arbeitsheft. Für Batterie und Schalter verwendet der Schüler in der Zeichnung die technischen Symbole, die er bisher kennengelernt hat.
620: „Fahrbarer Elektrokran" aus Bauelementen der Lernbaukästen u-t 1 und u-t 3. Technisches Problem: Bau eines fahrbaren Krangestells mit Ausleger.−Konstruktion einer Schaltung mit Elektromagnet. − Das Ein- und Ausschalten geschieht hier durch Anklemmen und Lösen der Kontaktklemmen an der Batterie.

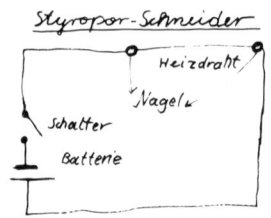
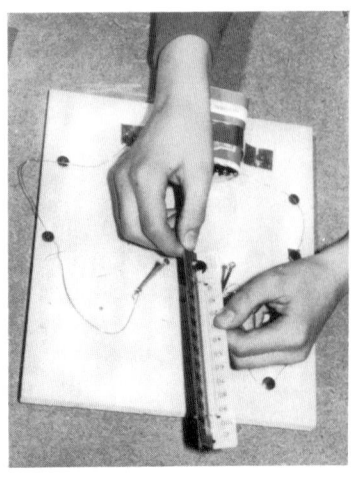

621 J 9   622 J 9   623

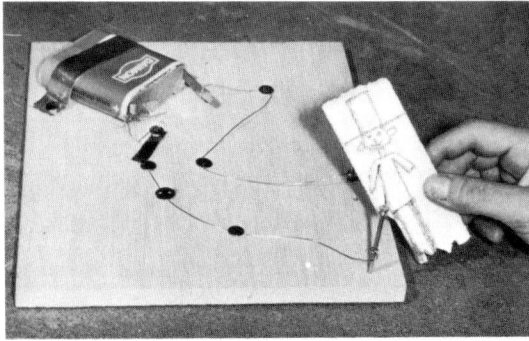
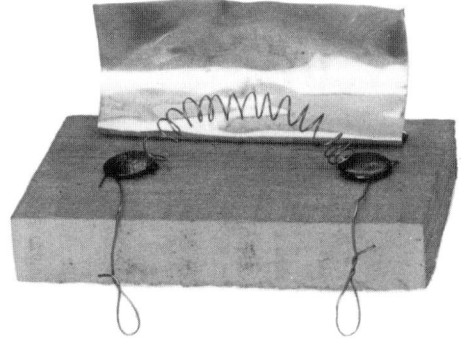

624 J 10   625 J 10

Unterrichtshinweise: Als Einstieg wird ein kleiner Styroporschneider mit Batterie, wie er heute im Handel für Kinder erhältlich ist, vorgeführt. Die Schüler lernen dabei den Aufbau des Gerätes kennen und erfahren, daß sich Styropor mit einem erhitzten Draht trennen läßt. In einem weiteren Versuch wird ein kurzes Stück Konstantandraht mit beiden Polen der Batterie verbunden. Die Schüler stellen fest, daß der Draht heiß wird. – Der Heizdraht wird in den Stromkreis wie ein Verbraucher (Glühlampe) geschaltet. – Für den Bau eines Styroporschneiders werden gemeinsame Lösungsvorschläge erarbeitet und die einzelnen Schritte des Herstellungsvorgangs geplant. – Die Schüler bauen ihre Geräte und erproben sie in kleinen selbstgewählten Schneidearbeiten. – Die gewonnenen Erkenntnisse werden auf elektrische Heizgeräte (Heizstrahler, Heizlüfter, Toaster, Bügeleisen) übertragen.

621: Erste Funktionsprobe mit dem selbstgebauten Styroporschneider. Der Schüler hat für die Schneidvorrichtung eine einfache konstruktive Lösung gefunden: der Heizdraht ist zwischen zwei längere Nägel gespannt, die jeweils mit den Polen der Batterie verbunden sind. Das Gerät wird mit einem Druckschalter geschaltet.
622: Arbeitsbericht mit Zeichnung.
623: Der elektrische Strom kann Wärme erzeugen. Mit einem Thermometer wird die Temperatur des Heizdrahtes gemessen.
624: Aus Styropor werden vorgezeichnete Figuren ausgeschnitten. Das Gerät kann durch einen selbstgebauten Drehschalter ein- und ausgeschaltet werden.
625: „Heizgerät". Die Anregung zu diesem Thema ging von der Betrachtung eines Heizstrahlers aus. Ein Stück Aluminiumblech dient als Reflektor.

Fünfter Themenkreis: # Grundsachverhalte aus dem Bereich „Polytechnik/Arbeitslehre" (P)

Didaktische Hinweise:

Die in diesem Themenkreis dargestellten Unterrichtsbeispiele sind Versuche, den Schüler der Primarstufe an Grundprobleme der heutigen Arbeits- und Wirtschaftswelt heranzuführen. Diese Aufgabe steht im engen Zusammenhang mit dem allgemeinen Lernziel des Technikunterrichts, den Schüler zu einem verantwortlichen technischen Denken und Handeln zu erziehen. Das Ziel kann nur erreicht werden, wenn der Technikunterricht über die fachimmanenten Inhalte hinaus die gesellschaftliche Funktion der Technik miteinbezieht.

Die fünf Lerneinheiten haben Vorschlagscharakter und verstehen sich als Ausgangs- und Orientierungsbasis für weitere Entwicklungsarbeit. Sie sind fächerübergreifend angelegt und integrieren technische, ökonomische und soziale Aspekte. Das geeignete Unterrichtsverfahren ist das Projekt, das epochal und in Kooperation zwischen verschiedenen Fächern durchgeführt wird. Die Formulierung der Lernziele bezieht sich auf allgemeine Situationsfelder wie Haushalt, Arbeit, Öffentlichkeit. Die Auseinandersetzung mit polytechnischen Inhalten kann in der Grundschule nur propädeutischen Charakter haben.

Die erste Einheit behandelt das Thema „Arbeitsplatz Haushalt". Hier soll der Schüler sich mit Problemen auseinandersetzen wie Arbeit der Hausfrau, Aufgabe und Funktion von Küchengeräten und -maschinen, Hand- und Maschinenarbeit, partnerschaftliche Aufteilung der Hausarbeit. In der zweiten Einheit „Arbeitsplatz Baustelle" gewinnt er durch eine Betriebserkundung erste Einsichten in technische, wirtschaftliche und soziale Bedingungen der heutigen Arbeitswelt. Die dritte Einheit setzt sich mit der Konsumwerbung auseinander. Am Beispiel „Werbung durch Verpackung" lernt der Schüler Mittel und Methoden der Werbung kennen und gewinnt erste Einblicke in die Zusammenhänge zwischen Gewinnstreben, Konkurrenz und Werbung. Die vierte Einheit befaßt sich mit Problemen moderner Produktionsverfahren. Die Aufgabe „Spielzeugautos in Fließbandarbeit" macht den Schüler mit der arbeitsteiligen Serienfertigung und den Arbeitsbedingungen der Fließbandarbeit bekannt. In der fünften Einheit erfährt er am Beispiel „Umweltschutz – Luftverschmutzung", welche Probleme die zunehmende Technisierung und Industrialisierung für unsere Umwelt aufwerfen.

Lernziele (Grobziele):
Der Schüler soll
– verschiedene Arbeitsstätten kennenlernen, die Menschen bei der Arbeit beobachten und ihre Tätigkeiten beschreiben;
– erfahren, daß es verschiedene Arbeits- und Produktionsverfahren gibt; zwischen Handarbeit, Maschinenarbeit, Einzelarbeit und Serienfertigung unterscheiden;
– erkennen, daß Maschinen die Arbeit des Menschen erleichtern und daß durch Arbeitsteilung schneller produziert werden kann;
– erfahren, daß bei zunehmender Arbeitsteilung Nachteile für den Menschen entstehen und daß er abhängig wird;
– erkennen, daß der Arbeiter am Arbeitsplatz und im Umgang mit Maschinen Gefahren ausgesetzt ist;
– erfahren, welche Stellung der Arbeiter im Betrieb einnimmt und welcher Unterschied zwischen lohnabhängiger Arbeit und Unternehmertätigkeit besteht;
– Mittel und Methoden der Werbung kennenlernen; erfahren, daß Werbung dazu dient, den Absatz zu steigern und Bedürfnisse zu wecken;
– erkennen, daß die zunehmende Technisierung unsere Umwelt gefährdet und daß der Mensch Maßnahmen zum Umweltschutz ergreifen muß.

626 M 7–8

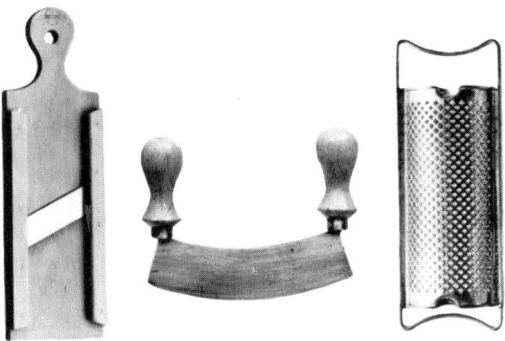

627

628 J, M 8

P 1 Arbeitsplatz Haushalt

(ab 2. Schuljahr)

Lernziele: Die Schüler sollen
— Tätigkeiten im Haushalt beschreiben;
— Küchengeräte und -maschinen in ihrer Funktion erfassen und zwischen Hand- und Maschinenarbeit unterscheiden;
— erkennen, daß bei der Verwendung von Küchenmaschinen Körperkraft und Zeit gespart werden;
— erkennen, daß bei unsachgemäßem Umgang Gefahren für den Menschen entstehen;
— erkennen, daß bei Berufstätigkeit der Frau die Arbeit in der Familie neu verteilt werden muß.

Grundbegriffe: Küchengeräte, Küchenmaschinen; Körperkraft, Zeit, Handarbeit, Maschinenarbeit

Arbeitsmaterial: Baukastenteile u-t 1; Küchengeräte und -maschinen, Handreibe, Reibemaschine mit Handkurbel, elektrisch betriebene Küchenmaschine; Zwieback, Apfel, Kartoffel zum Reiben und Zerkleinern

Unterrichtshinweise: Das Thema enthält technische, ökonomische und soziale Probleme. Damit ergeben sich für die Unterrichtsarbeit drei Ansatzpunkte: 1. Konstruktion einer Küchenmaschine aus Baukastenelementen, (technischer Aspekt), 2. Untersuchung von Haushaltsgeräten und -maschinen unter dem Gesichtspunkt der Kraft- und Zeitersparnis (ökonomischer Aspekt), 3. Partnerschaftliche Aufteilung der Hausarbeit bei Berufstätigkeit der Hausfrau (sozialer Aspekt). – Zu 1: Die Schüler konstruieren eine handbetriebene Reibemaschine mit Baukastenteilen und übertragen die gewonnenen Einsichten auf handbetriebene Küchenmaschinen. Die ausführliche Darstellung dieser Aufgabe findet

626: Eine Reibemaschine wird ausprobiert.
627: Die einfachen Küchenwerkzeuge der Großmutter üben die gleichen Werkzeugfunktionen aus wie moderne Küchenmaschinen.
628: Die Wirkungsweise einer Bohnenschneidemaschine wird beobachtet.

sich im Themenkreis „Maschine" (M 1.2). — Zu 2: In Anknüpfung an die Konstruktion der Reibemaschine wird der Vorgang des Reibens in Hand- und Maschinenarbeit vorgeführt. Für Demonstration und Versuch stehen eine Handreibe, eine handbetriebene Reibemaschine mit Kurbel und eine elektrisch betriebene Küchenmaschine mit Reibeeinsatz zur Verfügung. In drei Arbeitsgängen wird jeweils ein Zwieback (Apfel, Kartoffel) mit den verschiedenen Geräten zerkleinert. Die Schüler beobachten und vergleichen die unterschiedlichen Arbeitsvorgänge unter dem Gesichtspunkt der Kraftersparnis, der Zeitersparnis und der Bedienung. Die Ergebnisse werden in eine an der Tafel vorbereitete Tabelle eingetragen. Der Umgang mit Maschinen bietet Gelegenheit, auf die Gefahren hinzuweisen, die bei unsachgemäßer Bedienung und bei schadhaften Geräten entstehen können. — Zu 3: Die Behandlung sozialer Probleme im Situationsfeld Haushalt wird durch die vorausgegangene Beschäftigung mit Küchenmaschinen motiviert. Im Unterrichtsgespräch berichten die Schüler über Arbeiten im Haushalt: Einkaufen, Kochen, Geschirrspülen, Saubermachen, Wäschewaschen, Reparieren. Wieviele Stunden muß wohl die Mutter in einem Haushalt arbeiten, der 4 bis 5 Personen umfaßt? Wer macht die Hausarbeit, wenn die Mutter berufstätig ist? Welche Arbeiten übernimmt der Vater, wie helfen die Kinder (Jungen/Mädchen)? — In einem abschließenden Rollenspiel versuchen die Kinder Konfliktsituationen in der Familie darzustellen und Lösungen für partnerschaftliche Verteilung der Hausarbeit zu finden.

629 J, M 7–8

630 J, M 7–8

629, 630: Entsaften von Früchten mit der Handpresse und dem elektrisch betriebenen Entsafter.
631: Die Ergebnisse des Vergleichs werden im Tafelbild festgehalten.

631 J 8

632 J, M 9–10

633 J, M 9–10

632: Der Maurer zeigt, wie Steine vermauert werden; er berichtet über seine Arbeitsbedingungen wie Arbeitszeit, Stundenlohn, Unfallgefahren usw. Bei

P 2 Arbeitsplatz Baustelle
(ab 3. Schuljahr)

Lernziele: Die Schüler sollen
- eine Baustelle erkunden und erste Einblicke in die Arbeitswirklichkeit gewinnen;
- die Arbeitsweise eines Baukrans beobachten und seine Grundfunktionen erfassen;
- im Gespräch einige Berufe kennenlernen und sich über die Arbeitsbedingungen informieren;
- erkennen, daß das Arbeiten am Bau mit Gefahren verbunden ist;
- erfahren, daß es in einem Baubetrieb unterschiedliche Tätigkeiten und Positionen gibt. (Betriebshierarchie)

Grundbegriffe: Baubetrieb, Bauberufe, Maurer, Polier, Kranführer, Unternehmer, Arbeitsbedingungen, Arbeitszeit, Stellung im Betrieb

Arbeitsmaterial: fischertechnik u-t 1

Unterrichtshinweise: Betriebserkundungen vollziehen sich in der Primarstufe nach ähnlichen didaktischen und methodischen Gesichtspunkten wie in der Sekundarstufe. Da der Betrieb eine komplexe Erscheinung ist, sollte sich die Erkundung auf einen oder wenige Aspekte beschränken (Aspekterkundung); der Schwerpunkt kann dabei auf technologischen, arbeitskundlichen, wirtschaftlichen und sozialen Aspekten liegen. In der

dem Polier erhalten die Schüler folgende Auskunft: Der Polier ist für die Bauausführung verantwortlich. Er muß die Arbeit kontrollieren und einteilen und dafür sorgen, daß die Sicherheitsbestimmungen eingehalten werden. Die Bauarbeiter sind besonders unfallgefährdet; sie tragen daher Schutzhelme. Der Polier ist Angestellter der Firma; sie gehört einem Bauunternehmer.

633: Der Kranführer gibt Informationen: Der Kran hebt bei waagerechtem Ausleger (21,2 m) 1060 kg, bei mittlerem (15,9 m) 1230 kg und bei steilem Ausleger (8,5 m) 2120 kg. Er hat 8 Motoren; er ist fast 45 m hoch und hat 135 Tritte zum Hochsteigen. Bei Windstärke 9 muß die Arbeit eingestellt werden, da der Kran zu stark schwankt. Wenn er überbelastet wird, schaltet er sich automatisch ab. Der Kran kostet ca. 120 000 DM. Er ist Eigentum des Bauunternehmers.

Grundschule sind Klein- und Mittelbetriebe am geeignetsten, da sie für den Schüler überschaubar und zugänglich sind. Um den Betriebsbesuch zu motivieren, sollten praktische Eigenversuche in der Schule vorausgehen; sie dienen gleichzeitig als Erkenntnishilfe bei der späteren Erkundung. Beispiel: Konstruktion eines Baukrans vor Besichtigung der Baustelle. – Betriebserkundungen lassen sich in drei Phasen gliedern: Vorbereitung – Durchführung – Auswertung.

Die Vorbereitung des Lehrers erstreckt sich auf folgende Punkte: Auswahl eines geeigneten Betriebs; Kontaktaufnahme; Sachinformation und Klärung der zu erkundenden Möglichkeiten; Absprache mit den für die Betreuung vorgesehenen Betriebsangehörigen; Festlegung des Termins. – Für die Erkundung der Baustelle können z. B. folgende Aspekte vorgesehen werden: Beobachtung des Krans und Erfassen seiner Grundfunktionen; Vergleich mit dem selbstgebauten Kran. Gespräch mit dem Kranführer: Arbeitsbedingungen, Lohn, Arbeitszeit, Stellung im Betrieb, Unfallgefahren. Gespräch mit dem Polier: Aufgaben, Stellung als Vorgesetzter, Größe des Betriebs, Inhaber des Betriebs. Die Vorbereitung der Schüler bezieht sich dabei auf folgende Punkte: Information über die Baustelle (Bauvorhaben, Bauweise) und den Betrieb; Klärung von Begriffen wie Polier, Bauführer, Unternehmer; Orientierung über Sicherheitsbestimmungen; Zusammenstellen von Beobachtungsaufgaben und Erarbeitung eines Fragenkatalogs; Einüben in die Interviewtechnik (Rollenspiel).

Ein Betriebsbesuch sollte zeitlich begrenzt werden (ca. 30 Minuten), damit die Schüler nicht überfordert werden. Nach einer allgemeinen Einführung können die Schüler je nach Situation sich in Gruppen aufteilen und einzelne Betriebsangehörige wie Maurer, Kranführer, Polier nach einem schriftlich fixierten Fragenkatalog interviewen.

Die Auswertung der Betriebserkundung erfolgt in verschiedenen Formen: Sammeln der Erkundungsergebnisse; Berichte der Gruppen; Austausch von Beobachtungen; Klärung aufgetretener Fragen; schriftliche Fixierung in Arbeitsmappen.

P 3 Werbung durch Verpackung

(ab 3. Schuljahr)

Lernziele: Die Schüler sollen
- industriell gefertigte Verpackungen unter dem Gesichtspunkt der Werbung untersuchen; Mittel und Methoden der Werbung kennenlernen;
- erkennen, daß Werbung ein Mittel ist, um die Menschen zum Kaufen zu reizen und um den Absatz und den Gewinn zu steigern;
- Verpackungen selbständig entwerfen und dabei Probleme der Funktion, Konstruktion und Materialbearbeitung kennenlernen;
- Verpackungen werbewirksam gestalten und auf ihre Verkaufswirkung hin überprüfen.

Grundbegriffe: Werbung, Reklame, Ware, Produkt, Verpackung, Aufmachung, Design, Markenname, Werbespruch, Werbefirma, Absatz, Konkurrenz, Gewinn

Arbeitsmaterial: Styroporbälle, Karton für Schachteln, Schneidunterlage, Buchbindermesser oder Schneidfeder zum Vorritzen, Stahllineal oder Stahlmaßstab, Alleskleber, Schere, Filzstifte; zu Demonstrationszwekken: Waschmittelschachteln verschiedener Firmen

Unterrichtshinweise: Das Thema, das technische, ästhetische und soziökonomische Aspekte aufweist, gliedert sich in vier Teilaufgaben: 1. Verpacken von Bonbons als Geschenk 2. Betrachten von Warenverpackungen (Waschmittel) unter dem Gesichtspunkt der Werbung; Werbespiel 3. Selbständiges Entwerfen einer Verpackung für ein Spielzeug (Ballschachtel) 4. Überprüfen der Verkaufswirkung; Funktion der Werbung unter ökonomischem Aspekt.

Zu 1: Geschenkverpackung. Die Schüler sollen für Bonbons eine Verpackung herstellen, die sie als Geschenkpackung verwenden können. Arbeitsmaterial: leere Schachteln (Spanschachteln) zum Bemalen und Bekleben. Die Schüler lernen dabei die Gestaltungsmittel für eine Verpackung kennen (Farbe, Form, Schrift) und erfahren, daß Verpackung und Aufmachung dazu dienen, die Dinge zu verschönern.

634 J, M 9–10

635 J 9

Zu 2: Betrachtung von Waschmittelverpackungen. Die Schüler erhalten folgende Information: Bei uns gibt es viele Firmen, die Waren wie Autos, Waschmittel, Spielzeug usw. herstellen; sie sind daran interessiert, möglichst viel abzusetzen und die Leute dazu zu bringen, ihre Ware zu kaufen. Um das zu erreichen, machen sie Reklame. Es gibt besondere Firmen, die Reklame herstellen und die man Werbefirmen nennt. – Bei dem Vergleich verschiedener Waschmittelschachteln werden die Unterschiede zur eigenen Geschenkpackung deutlich gemacht und die Gestaltungsmittel und die Methoden der Werbung untersucht (Markennamen, Werbesprüche, Farbgestaltung). Ein Werbespiel im leeren Fernsehgehäuse s. Abb. 635, vertieft und erweitert die gewonnenen Erfahrungen.

Zu 3: Selbständiger Entwurf einer Verpackung. Die Schüler werden angeregt, selbst Werbefirma zu spielen und für einen Ball eine Schachtel zu entwerfen. Arbeitsmaterial: Styroporbälle und leichter Karton für die Schachtel. Die Aufgabe enthält Probleme der Funktion, Konstruktion, Materialbearbeitung und Gestaltung. Diese Fragen sollten in der Planungsphase gründlich vorbereitet und besprochen werden. Bei der werbewirksamen Gestaltung der Schachteloberfläche greifen die Schüler auf die Erfahrungen des vorausgegangenen Unterrichtsabschnitts zurück.

Zu 4: Überprüfung der Verkaufswirkung. Um die Werbewirksamkeit der einzelnen Verpackungen festzustellen, wird eine andere Schülergruppe als „Käufer" befragt. Diese Schüler beurteilen nach einem vorher ausgearbeiteten Fragebogen die numerierten Schachteln. In der abschließenden Phase des Unterrichts werden die Ergebnisse ausgewertet und Funktionen und Bedingungen der Werbung geklärt.

634: Selbständig entworfene Schachteln für Styroporbälle als Einzel- und Doppelpackung. Die Maße der Schachteln werden durch die Ballgröße bestimmt. Für die Deckelverschlüsse sind konstruktiv unterschiedliche Lösungen gefunden. Von den Kindern erfundene Werbesprüche: „Springi-Ball, er kann bis an die Decke springen"; „Feuer-Ball ist der beste"; „der Springteufel".

635: In einem leeren Fernsehgehäuse macht ein „Werbeansager" für das neue Spielzeug Reklame. In diesem Zusammenhang erfahren die Schüler, daß eine Minute Werbung im Fernsehen 60 000 DM und eine ganzseitige Werbeanzeige in einer großen Illustrierten 28 000 DM kosten. (Die Zahlen beziehen sich auf das Jahr 1969.) Die Kosten für die Werbung trägt der Käufer, weil sie auf den Preis der Ware aufgeschlagen werden.

P 4 Umweltschutz – Luftverschmutzung

(ab 3. Schuljahr)

Lernziele: Die Schüler sollen
- erkennen, daß durch die wachsende Industrialisierung und Motorisierung unsere Umwelt verschmutzt wird und daß dadurch Gefahren für den Menschen entstehen;
- erfahren, daß durch die Beseitigung von Haushaltsmüll, besonders von Kunststoffabfällen (PVC-Material), die Luft verschmutzt wird;
- überlegen, wie der einzelne dazu beitragen kann, die Umwelt zu schützen;
- überlegen, welche Maßnahmen Staat und Industrie ergreifen müssen.

Grundbegriffe: Umweltverschmutzung, Luft- und Wasserverschmutzung, Landschaftszerstörung, Lärmbelästigung, Müllbeseitigung, Kunststoffmüll; Umweltschutz, umweltfreundlich

Arbeitsmaterial: Styroporreste, Plastikbecher, Kerze, Draht. Dia-Reihe „H 44 Umweltgefährdung"

Unterrichtshinweise: Aus dem komplexen Thema „Umweltschutz" wird in dieser Einheit schwerpunktmäßig die Luftverschmutzung durch Verbrennen von Kunststoffmüll behandelt. Gliederung des Unterrichts: 1. Materialuntersuchung von Styropor und Plastik (Joghurtbecher); Nachweis, daß beim Verbrennen von Kunststoff die Luft verschmutzt wird. 2. Vorführen einer Dia-Reihe „Umweltgefährdung". 3. Herstellen von Plakaten gegen die Verwendung von Plastikverpackungen. – Zu 1: Die Materialuntersuchung, die im Zusammenhang mit Werkarbeiten durchgeführt wird, geht von der Frage aus, auf welche Weise Kunststoffe sich durch Hitzeeinwirkung verformen lassen. Mit einem über der Kerzenflamme erhitzten Draht werden Styroporreste und Joghurtbecher untersucht. Ergebnis: Styropor und Plastik lassen sich mit heißem Draht einschneiden, bohren und durchtrennen. In einer abschließenden Demonstration wird ein Plastikbecher (PVC) über der Kerzenflamme verbrannt und der Nachweis erbracht, daß die Luft verunreinigt wird (Entstehung von

636 J 9–10

637 J, M 9–10

636: Ein Plastikbecher aus PVC-Material wird über der Kerzenflamme verbrannt. Beobachtung der Kinder: „es beißt in der Nase; es stinkt; es schweben schwarze Flocken in der Luft." Den Nachweis, daß dabei salzsäurehaltige Gase entstehen, kann man dadurch erbringen, daß man den Rauch in eine Silbernitratlösung führt.

637: Die Kinder lernen ein Gerät zur Messung der Luftverschmutzung kennen, als ein eingeladener Vertreter der Meß- und Prüfstelle sie besucht. In einem Becherglas, das durch einen Drahtkäfig geschützt ist, werden die Staubniederschläge aufgefangen und später im Labor untersucht und ausgewertet.

Schwebstoffen und salzsäurehaltigen Gasen).
– Zu 2: Die Dia-Reihe „Umweltgefährdung" macht den Schüler allgemein mit Umweltverschmutzung bekannt. Die Bilder zeigen: brennende Müllkippen, Giftstoffe auf einem Müllplatz, Landschaftszerstörung durch wilde Müllablagerung, Autofriedhof, Luftverschmutzung durch Auto- und Flugverkehr, Lärmbelästigung, Wasserverschmutzung durch Industrieabwässer. Die Dia-Reihe wird ergänzt durch Zeitungsausschnitte wie „Spielplatz wegen Autoabgasen geschlossen", „Bleivergiftung bedroht Großstadtkinder". In einem abschließenden Gespräch wird die Frage erörtert, was der einzelne dazu beitragen kann, um die Umwelt zu schützen, und was Staat und Industrie tun müssen. Vorschläge der Schüler: Keine Abfälle in die Gegend werfen; beim Einkaufen anstelle von Plastiktaschen eigene Taschen verwenden; schädliche Plastikverpackungen verbieten; andere Kunststoffe erfinden; anstelle des Benzinautos das Elektroauto einführen. – Zu 3: Im letzten Abschnitt stellen die Schüler gruppenweise Plakate her, die in der Schule aufgehängt werden und die auf die Gefahren der Umweltverschmutzung durch Kunststoffmüll hinweisen.

Sachhinweis: Bei 25 % aller Bundesbürger wird kein Müll abgeholt. Von den 50 000 Müllkippen werden nur 130 ordnungsgemäß betrieben, der Rest gefährdet Boden, Wasser und Luft. Besondere Nachteile bringen die Plastikverpackungen (PVC-Material) mit sich, weil sie als Kunststoff unverrottbar sind und beim Verbrennen salzsäurehaltige Gase entwickeln (VDI-Nachrichten, Dez. 71).

P 5 Spielzeugautos in Fließbandarbeit

(ab 4. Schuljahr)

Lernziele: Die Schüler sollen
– die Fließbandfertigung als eine Form der modernen Industriearbeit kennenlernen;
– Spielzeugautos in Einzelarbeit und in Fließbandarbeit bauen und dabei den Unterschied zwischen beiden Fertigungsarten feststellen;
– erkennen, daß durch die Fließbandarbeit schneller produziert wird;
– überlegen, wie sich Fließbandarbeit auf den Menschen auswirkt und welche Nachteile dadurch entstehen.

Grundbegriffe: Fließbandarbeit, Fließband, Einzelarbeit, Serienarbeit, Arbeitsteilung, Arbeitsvorgang, Arbeitstempo, Takt.

Arbeitsmaterial: Baukastenteile u-t 1; eine Rolle Küchentuch mit Halter als Fließband. Bilder, Dias, Filme zum Thema Fließbandarbeit

Unterrichtshinweise: Das Thema schließt an das selbständige Konstruieren von Autos mit Baukastenteilen an. Auf diese Weise sind die Schüler für die Problemstellung motiviert und bringen genügend technische Vorkenntnisse mit. – Unterrichtsabschnitte: 1. Bau eines Automodells als Prototyp für die Fließbandarbeit 2. Autoproduktion in Fließbandarbeit 3. Betrachtung eines Films über Autoproduktion, Gespräch über die Arbeitsbedingungen der Fließbandarbeit. – Zu 1: Schüler des 4. Schuljahres besitzen im allgemeinen genügend Vorkenntnisse, die sie durch das Fernsehen und andere Medien erworben haben. Zunächst bauen die Schüler in Einzelarbeit das Auto, das für die Fließbandproduktion aus verschiedenen Modellen ausgewählt wird. Sie erhalten den Auftrag, beim Nachbauen zu überlegen, in wieviele Arbeitsschritte die spätere Arbeit am Fließband aufgeteilt werden könnte. Ein Arbeitsablaufplan wird gemeinsam erarbeitet und als Tafelbild festgehalten. – Zu 2: Als Fließband wird eine Rolle Küchentuch mit Haltevorrichtung auf einer langen Tischreihe ausgelegt. Ein Schüler übernimmt das Ab- und Aufwickeln des Bandes und ist für die Bandgeschwindigkeit („Takt") verantwortlich. Nach der Verteilung der Arbeits-

638 J, M 9–10

639 J, M 9–10

638: „Autoproduktion" in Fließbandarbeit. Es ergeben sich eine Reihe von Problemen, die zu Diskussionen führen. So entsteht z. B. eine Stauung, weil ein Schüler die Teile nicht richtig montiert hat, oder das Band läuft zu schnell, so daß einige Schüler nicht mitkommen. Es entstehen Konflikte zwischen „Fließbandarbeitern" und dem „Bandführer", der das Tempo des Bandes bestimmt. Einige Äußerungen der Schüler: „– du hast viel leichter arbeiten als wir – du rollst nur das Fließband auf, und wir müssen uns abhetzen."

639: Endmontage. In Einzelfertigung werden für ein Auto ca. 12 Minuten benötigt, in Fließbandfertigung dagegen nur 5 Minuten.

plätze und der Austeilung der Bauteile nach Materialliste beginnt die Produktion. Die dabei auftretenden Probleme werden im Anschluß an die praktische Arbeit zum Gegenstand eines Gesprächs über die Arbeitsbedingungen am Fließband gemacht. Beispiel: Das Tempo der Arbeit wird durch das Band bestimmt; der Mensch kann sich nicht selbst die Arbeit einteilen; er muß immer das gleiche tun; die Arbeit ist eintönig. – Zu 3: Ein Film über die Fließbandproduktion von Autos vermittelt den Schülern einen Einblick in die Wirklichkeit der heutigen Industriearbeit. Dabei werden die vorausgegangenen Erfahrungen vertieft und erweitert. In einem abschließenden Gespräch werden die Probleme der Fließbandarbeit und ihre Nachteile für den Menschen erörtert.

Hinweis: Fließbandarbeit läßt sich in der Schule nur begrenzt simulieren, da wesentliche Merkmale wie Stress, Monotonie usw. nicht erfahrbar gemacht werden können.

Anhang

Plan für die Zuordnung der Lerneinheiten zu Jahrgangsklassen

Der auf den nächsten Seiten dargestellte Plan hat Vorschlagscharakter; ihm liegt ein Zwei-Jahres-Turnus zugrunde, der bei der Lehrplangestaltung eine größere Flexibilität ermöglicht. Bei der Zuordnung sollte der sachstrukturelle Entwicklungsstand der Klasse berücksichtigt werden. Setzt z. B. der Technikunterricht erst im dritten Schuljahr ein, so findet eine entsprechende Verschiebung des Plans nach unten statt.

Lerneinheiten	Vorschulalter (ab 5 Jahre)
Bereich „Maschine" (M)	
M 1 Einfache Maschinen mit Handkurbel, Welle und Arbeitsteil	Spiele mit Handkurbel, Welle und Drehscheibe, M 1.1
M 2 Förderung von Lasten durch das Seil	Förder- und Transportspiele mit Hilfe des Seils — Konstruktion von Seilwinden I, M 2.1
M 3 Einfache Getriebe zum Weiterleiten von Drehbewegungen	Spiele mit dem Zahnradgetriebe, M 3.1 — Spiele mit dem Zugmittelgetriebe, M 3.3
M 4 Drehbar gelagerte Hebel	Spiele mit dem Hebel, M 4.1
M 5 Räderfahrzeuge	Konstruktion von Räderfahrzeugen I, M 5.1
M 6 Einfache Antriebsmechanismen für Maschinen	
M 7 Schwimmen — Schiffe	Schiffe aus Hartschaumstoff I, M 7.1
M 8 Fliegen — Gleitflugzeuge	
Bereich „Bau" (B)	
B 1 Standsicherheit und Gleichgewicht	Freies Bauen mit Bauelementen — Turmbauten I, B 1.1
B 2 Tragen und Lasten	Freies Bauen mit Bauelementen — Brückenbauten
B 3 Stabilität durch Materialumformung	Freies Bauen mit Papier
B 4 Gerüst- und Skelettbauweise	Freies Bauen mit Bauelementen (Klettergerüste, Türme)

1./2. Schuljahr	3./4. Schuljahr
Konstruktion einer handbetriebenen Reibemaschine, M 1.2 – Kurbelmaschinen mit selbsthergestellten Elementen, M 1.3	
Konstruktion von Seilwinden II, M 2.1 – Bau von Kränen I, M 2.2 – Konstruktion von Seilbahnen I, M 2.3	Konstruktion von Seilwinden III, M 2.1 – Bau von Kränen III, M 2.2 – Konstruktion von Seilbahnen II, M 2.3
Spiele und Versuche mit dem Zahnradgetriebe, M 3.1 und M 3.2 – Spiele und Versuche mit dem Zugmittelgetriebe, M 3.3 und M 3.4	Zahnradgetriebe mit unterschiedlicher Drehebene, M 3.5 – Kettentrieb am Fahrrad, M 3.6 – Maschinen mit Übersetzung ins Langsame und Schnelle, M 3.7
Karussell und Schaukel, M 4.2 – Wippe und Waage I, M 4.3 – Hebel mit Seilzug I, M 4.4	Wippe und Waage II, M 4.3 – Hebel mit Seilzug II, M 4.4
Konstruktion von Räderfahrzeugen II, M 5.1	Versuche mit der Rollfähigkeit, M 5.2 – Fahrzeuge mit einfacher Lenkung, M 5.3
Bau von Wasserrädern I, M 6.1	Bau von Wasserrädern II, M 6.1 – Konstruktion von Windrädern, M 6.2
Schiffe aus Hartschaumstoff II, M 7.1 – Dampfer mit Aufbauten aus Holz, M 7.1	Versuche mit dem Schwimmen, M 7.2
	Bau eines Wurfpfeils, M 8.1 – Konstruktion eines Wurfgleiters, M 8.2
Freies Bauen mit Bauelementen – Turmbauten II, B 1.1 – Spiele mit dem Gleichgewicht I, B 1.2	Spiele mit dem Gleichgewicht II, B 1.2
Überbrückung mit Stütze und Träger I, B 2.1 – Überbrückung mit Kragbogen I, B 2.2	Überbrücken mit Kragbogen II, B 2.2
Freies Bauen mit Papier	Träger aus Papier, B 3.1 – Stütze aus Papier, B 3.2 – Bauwerke aus Papier, B 3.3
Freies Bauen mit Bauelementen (Fortführung)	Türme und Brücken, B 4.1 – Kugelbahnen, B 4.2

Lerneinheiten	**Vorschulalter** (ab 5 Jahre)
Bereich „Gerät" (G)	
G 1 Geräte und Werkzeuge aus Holz	Ausprobieren und Erkunden der Raspel, G 1.1
G 2 Geräte und Werkzeuge aus Metall	
G 3 Gefäße aus Ton	Spielendes Erkunden von Ton, G 3.1 Gefäße aus dem Tonklumpen I, G 3.2
Bereich „Elektrotechnik" (E)	
E 1 Einfacher Stromkreis	
E 2 Schalter und Fassungen	
E 3 Stromkreis mit mehreren Glühlampen	
E 4 Strom erzeugt magnetische Kraft und Wärme	
Bereich „Polytechnik/Arbeitslehre" (P)	
P 1 Arbeitsstätten (Haushalt)	
P 2 Arbeitsstätten (Betrieb)	
P 3 Werbung	
P 4 Umweltschutz	
P 5 Mensch und Maschine	

1./2. Schuljahr	3./4. Schuljahr
Kleine Eßgeräte, G 1.2	Schraubenzieher und -schlüssel, G 1.3, G 1.5 — Werkzeug- und Materialuntersuchung, G 1.4, G 1.6
Reibe aus Aluminiumblech, G 2.1	Schabgeräte — Materialuntersuchung — Schaufeln — Sägen — Gießformen — Scheren, G 2.2 bis G 2.7
Gefäße aus dem Tonklumpen II, G 3.2	Gefäße aus der Platte, G 3.3 — Untersuchung von Ton, G 3.4
	Glühlampe und Batterie, E 1.1 — Lichtanlage mit einer Glühlampe, E 1.2
	Konstruktion von Schaltern und Fassungen, E 2.1 — Herstellen von Schaltungen, E 2.2
	Schaltungsversuche auf der Grundplatte, E 3.1 — Bau elektrischer Anlagen, E 3.2
	Bau eines Elektromagneten, E 4.1 — Konstruktion eines Styroporschneiders, E 4.2
Arbeitsplatz Haushalt, P 1	
	Arbeitsplatz Baustelle, P 2
	Werbung durch Verpackung, P 3
	Umweltschutz — Luftverschmutzung, P 4
	Spielzeugautos in Fließbandarbeit, P 5

Empfehlungen zur Grundausstattung

Ein Technikunterricht, der auf der Eigentätigkeit des Schülers basiert, setzt zweckmäßig eingerichtete Räume und eine angemessene Ausstattung mit technischen Lernbaukästen, Werkzeugen, Geräten und Materialien voraus. Die folgenden Vorschläge stellen Empfehlungen dar, die dem Unterrichtenden als Planungshilfe dienen mögen.

Der Arbeitsraum

In vielen Schulen wird der Lehrer auf die Arbeit im Klassenzimmer angewiesen sein. Der *Klassenraum* bleibt eine Behelfslösung. Hier sind praktische Arbeiten nur begrenzt durchführbar, zudem werden Lehrer und Schüler durch einen erheblichen Mehraufwand an Organisation belastet. Die Forderung geht nach dem facheigenen Raum. Im Klassenzimmer sind Baukastenarbeiten aus den Bereichen „Maschine" und „Bau", Arbeiten aus dem Bereich „Elektrotechnik" und Papierarbeiten möglich. Die Aufgaben des Bereichs „Gerät" erfordern einen besonderen Raum, der mit Schraubstöcken und Werkzeugen ausgestattet ist und auch schmutzende Arbeiten zuläßt. Im Klassenzimmer sollte zumindest eigener Schrankraum für Lernbaukästen, Arbeitsmittel und Grundwerkzeug zur Verfügung stehen.

Bessere Arbeitsbedigungen bietet ein *Mehrzweckraum* als Kombinationsraum für den naturwissenschaftlichen und technischen Bereich des Sachunterrichts. Anzustrebende Ideallösung ist der *Allzweckwerkraum* mit Maschinenraum und Materialraum. Eine Aufgliederung des Werkraumbereichs in Fachwerkstätten ist unzweckmäßig und widerspräche der Struktur des Fachs. Der Universalraum ist keine finanziell bedingte Notlösung, sondern pädagogisch begründete Forderung. Er kann bei großzügiger Planung durch einen Werkraum für Ton (Naßraum) und für schmutzende Arbeiten ergänzt werden.

Detaillierte Raumprogramme sind in der hier gebotenen Kürze nicht zu entwickeln. Wir beschränken uns darauf, die wichtigsten Forderungen für Einrichtungen und Neubau kurz zusammenzufassen.

Der Allzweckwerkraum

Raumbedarf: Werkraum, Maschinenraum, Materialraum. Lage möglichst im Erdgeschoß; Fensterfront des Werkraums nach Ost bis Nord. Als Richtmaß für die Raumgröße kann eine Grundfläche von 4 m² pro Schüler gelten. Der Werkraum sollte jedoch mindestens Klassengröße haben. Größe des Maschinenraums 30 m², des Materialraums 24 m². Direkte Zugänge vom Werkraum zum Maschinenraum und vom Maschinenraum zum Materialraum. Durchreiche vom Maschinenraum zum Werkraum.

Innenausbau: Rutschfester, nicht zu harter, leicht zu reinigender und geräuschhemmender Fußboden. Decke mit schallschluckendem Plattenbelag. Einseitige aber großzügige Belichtung; Leuchtstoffröhren als Kunstlicht. Leistungsfähige Belüftung: weit zu öffnende Fenster; zusätzlich Ventilator in Werkraum und Maschinenraum. Einbauschränke an allen freien Wandflächen; Schranktiefe 45 cm.

Installation: Flache Heizkörper an der Fensterfront. – Wasseranschluß in Werkraum und Maschinenraum mit mehreren Zapfhähnen; große mit Stopfen schließbare Ablaufbecken; großdimensionierte Abflüsse; Schlammfang für Ton. – Steckdosenringleitung 220 V in allen Räumen; Drehstromanschluß im Maschinenraum. – Gasanschluß.
Verdunklungseinrichtung für Lichtbild- und Filmprojektion; Schulwandtafel, Wandstecktafel (Dämmplatte).

Ausstattung

Arbeitstisch: Werktisch mit zwei Arbeitsplätzen, 60 × 150 cm.
Der Arbeitsplatz des Schülers muß so beschaffen sein, daß die verschiedensten Arbeiten durchgeführt werden können: Werkarbeiten mit allen Werkzeugen und Werkstoffen, Baukastenarbeiten, Zeichnen, Schreiben. Disen Anforderungen wird am besten ein schwerer Werktisch gerecht mit dicker Platte aus gedämpfter Buche oder Schichtholz auf Stahlrohrgestell (Ablagefach nicht erforderlich). Die Tische können zu größeren Arbeitsflächen und verschiedenen Sitzordnungen zusammengeschoben werden. – Als Einspannvorrichtung wird auf jedem Arbeitsplatz ein abnehmbarer Schraubstock montiert.

Sitzgelegenheit: Vierbeinhocker, stapelbar.
Schrankraum: Verschließbare Schränke im Werkraum zur Aufbewahrung von Werkzeug, Lernbaukästen, Kleinmaterial, Lehr- und Lernmitteln.
Regale: In Maschinenraum und Materialraum offene Regale zur Materiallagerung. Empfohlen werden verstellbare Regalwände aus Stahlschienen und Trägern; Mindesttiefe 45 cm. Regal für Papier und Pappe 80 × 110 cm.
Materialbehälter: Kisten in möglichst genormten Größen für Materialsammlungen; verschließbare Plastikbehälter für Ton; Abfallbehälter.

Werkzeug

Von Lehrmittelfirmen werden Werkzeugschränke mit kompletten Werkzeugsätzen in verschiedenen Ordnungssystemen angeboten. Diese Sortimente sind unterschiedlicher Qualität und enthalten zum Teil unzweckmäßige und überflüssige Werkzeuge. Wir empfehlen, Werkzeug einzeln zu beschaffen und die Ausstattung nach eigenen Bedürfnissen aufzubauen. Grundsätzlich sollte nur Qualitätswerkzeug gekauft werden.
Von den verschiedenen Ordnungssystemen hat sich nach unseren Erfahrungen das Blocksystem am besten bewährt.

Schülerwerkzeug

Wenn nicht anders vermerkt, je Schüler:

640: **Parallelschraubstock,** stahlgeschmiedet, 85 mm Backenbreite, nach vorn aufgehend. Der Schraubstock dient als Einspannvorrichtung zur Holz- und Metallbearbeitung. Bei Holzarbeiten werden Backen aus Kunststoff (640 a) oder selbstgefertigte Schutzbrettchen aus Buchensperrholz eingesetzt, um das Werkstück zu schützen und eine Beschädigung der Werkzeuge an den gehärteten Schraubstockbacken zu vermeiden. Der Schraubstock wird zur leichteren Montage mit Flügelschrauben befestigt.

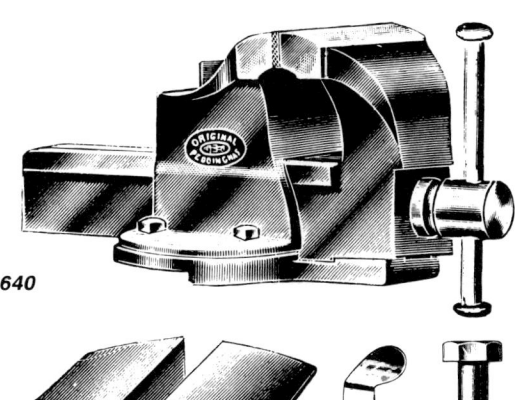

640

640a

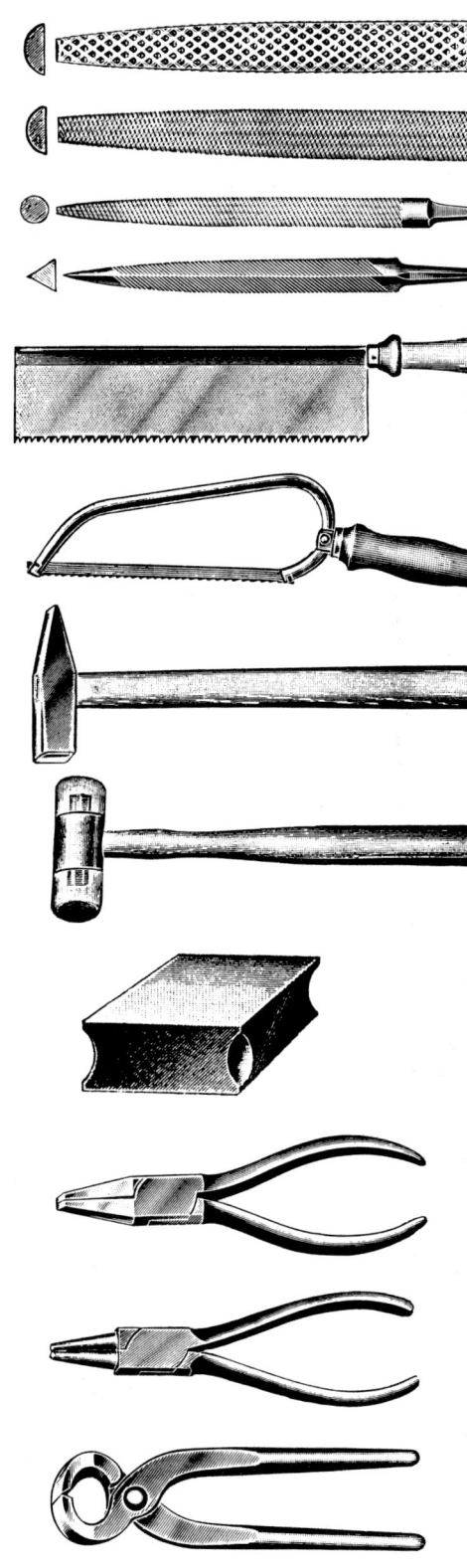

641: **Raspel,** halbrund, Hieb 2, 200 mm
Zur Grobbearbeitung von Holz

642: **Werkstattfeile,** halbrund, Hieb 1, 200 mm
Zum Glätten von Metall und zur Feinbearbeitung von Holz

643: **Rundfeile,** 200 mm
Zur Feinbearbeitung von Holz

644: **Dreikantfeile** für Metall, 120 mm
Zum Feilen von Metall und als Sägefeile

645: **Feinsäge,** 200 mm mit geradem Griff
Zum Sägen und Ablängen von Holz, für Winkelschnitte in der Schneidlade

646: **Puksäge**
Kleine Bügelsäge mit auswechselbaren Sägeblättern für Holz und Metall

647: **Hammer,** 200 g

648: **Plastikhammer** Nr. 1
Zum Richten und zum Treiben von Blech

649: **Brettamboß,** 80 × 80 mm
Richtplatte, Unterlage zum Richten und Hämmern

650: **Flachzange,** 120 mm

651: **Rundzange,** 120 mm
Zum Biegen von Draht

652: **Beißzange,** 130 mm
Zum Ziehen von Nägeln, Trennen weicher Drähte

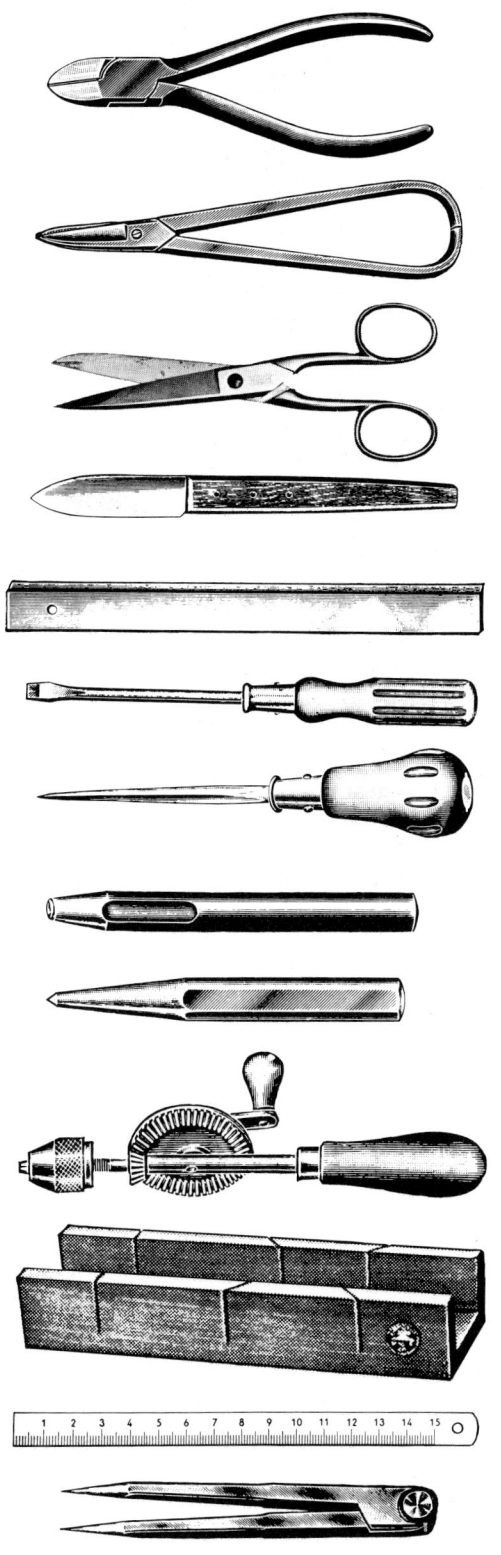

653: **Seitenschneider,** 130 mm
Zum Trennen von Draht

654: **Goldarbeiterschere**
Zum Schneiden von dünnen Blechen

655: **Papierschere,** für 1. und 2. Schuljahr ggf. mit abgerundeten Spitzen
Zum Schneiden von Papier und Karton

656: **Buchbindermesser,** kurze Klinge 60 mm
Zum Schneiden und Vorritzen von Pappe und Karton

657: **Stahllineal,** 500 mm, mit Fase je 2 Schüler
Anschlag zum Schneiden und Vorritzen von Pappe und Karton

658: **Schraubenzieher** 3,5 und 4,5 mm im Wechsel

659: **Vorstecher,** vierkant, mit Schlagplatte je 2 Schüler
Zum Vorbohren und Lochen

660: **Locheisen,** 2–6 mm je 4 Schüler
Zum Lochen von Pappe und Blech

661: **Körner,** 110 × 10 je 4 Schüler
Zum Vorkörnen von Metall

662: **Handbohrmaschine,** 235 mm je 4 Schüler
Zum Bohren von Holz und Metall mit Spiralbohrer

663: **Schneidlade,** mit rechtem Winkel und ganzer Gehrung, 250 mm je 4 Schüler
Winkliges Schneiden von Leisten

664: **Metallmeßstab,** 300 mm, rostfrei
Zum Messen und Anreißen

665: **Spitzzirkel** je 4 Schüler
Zum Anreißen

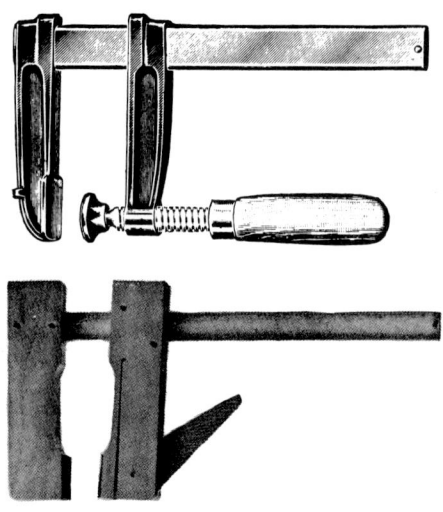

666: **Momentschraubzwinge,** 160 mm je 2 Schüler
Zum Pressen von Werkstücken beim Leimen; als Befestigungsvorrichtung, universell verwendbar

667: **Klemmzwinge** (Klemmsia) als Alternative
Durch Exzenterhebel leicht zu handhabende Zwinge aus Weißbuche mit guter Preßleistung.

Baukästen
fischertechnik-Lernbaukästen:
u-t 1 Grundkasten
u-t 2 Motor und Getriebe (je 2 Schüler)
u-t 3 a Der Stromkreis
Uhl-Bauwagen: Fahrbare Zusammenstellung von 7 Baukästen mit Holzbauklötzen

Lehrerwerkzeug:
Hobelbank 160 cm; Stecheisen 4, 6, 10, 12, 16, 20 mm; Hohleisen 10, 12, 16 mm; Schlichthobel; Doppelhobel; Abziehstein grob/fein 150 × 50 × 25 mm; Fuchsschwanz 350 mm; Gestellsäge 700 mm; Gehrungssäge 400 mm; Hammer 500 g; Beißzange 180 mm; Schraubenzieher 3, 4, 6, 7, 8 mm; Schreinerwinkel 150 × 200 mm; Holzgliedermaßstab 2 m; Bohrwinde mit Dreibackenfutter; 1 Satz Spiralbohrer 1–10 mm um $1/2$ mm steigend; Momentschraubzwingen 200, 250, 300 mm; Schraubstock 125 mm; Metallsägebogen 300 mm; Blechschere 250 mm; Hebelvorschneider 185 mm; Kombizange 160 mm; Gripzange; 1 Satz Gabelschlüssel 6/7, 8/9, 10/11, 12/13, 14/15, 16/17, 18/24, 19/22; Schieblehre; Reißnadel; Glasschneider; Revolverlochzange; Lötkolben 80 W.

Maschinen

Technik- und Werkunterricht erfordern eine umfängliche Materialvorbereitung. Der Lehrer sollte in der Lage sein, die verschiedenen Werkstoffe selbst für die Hand des Schülers zurichten zu können. Das ist nur maschinell möglich. Maschinen gehören zur Grundausstattung des Werkraums. – Die Anschaffung von Maschinen bedarf um so gründlicherer Vorplanung, als Fehlinvestitionen bei Großgeräten auf Jahre belasten und kaum mehr korrigierbar sind. Für Schulwerkstätten wird eine Vielzahl von Maschinentypen mit einer Fülle von Zusatz- und Kombinationsgeräten angeboten. Vor einer Anschaffung sollte man sich von einem Fachmann eingehend beraten lassen. Meist werden zu leichte Maschinen gekauft. Es ist besser bei schmalem Etat zunächst nur eine, dafür aber leistungsfähige Maschine anzuschaffen und langfristig zu planen, als zu kleine und zu schwache Maschinen in Kauf zu nehmen.
Kombimaschinen mit Bohrmaschine und Zusatzgeräten im Baukastensystem, wie sie für den Heimwerker angeboten werden, sind für unsere Zwecke zu leistungsschwach und au-

ßerdem unpraktisch, da sie für die verschiedenen Arbeitsverrichtungen, zum Teil recht zeitaufwendig, umgerüstet werden müssen. Einzelmaschinen sind vorzuziehen.

Als **Grundausstattung** wird empfohlen:

Tischpappschere: Schnittlänge 700–1000 mm, Tischgerät mit Handpressung oder auf Gestell mit Fußpressung (beide Hände frei). Zum Schneiden von Papier und Pappe, bei einigen Modellen auch von dünnen Blechen.

Hebelblechschere: Schnittlänge 120–160 mm. Zum Schneiden von Blechen in unbegrenzten Längen und zum Trennen von Drähten und Rundeisen.

Elektrohandbohrmaschine: Zweigang, ca. 300 W, Spannfutter bis 10 mm. Vielseitig verwendbare Maschine, empfohlene Erstanschaffung.

Zusatzgerät: Tischbohrständer mit Bohrtiefenanschlag.

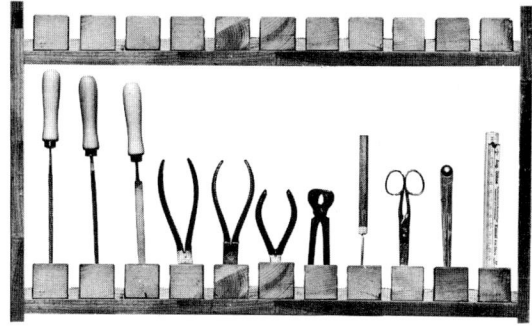

668

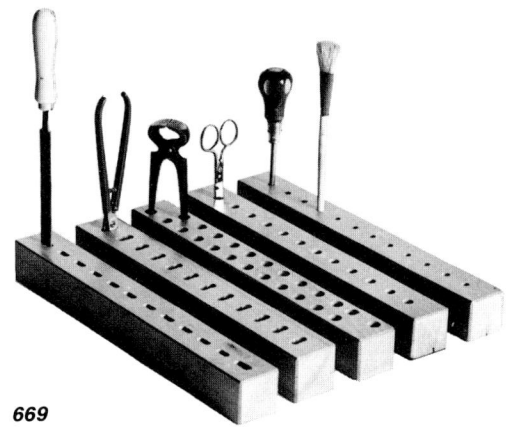

669

668–671: Werkzeugaufbewahrung im Blocksystem. In den einzelnen Werkzeugblöcken sind jeweils 12 gleiche Werkzeuge zusammengefaßt. Kleinere Werkzeuge stehen senkrecht in Bohrlöchern. Für Werkzeuge mit flachem Werkzeugteil wie Messer, Feile, Raspel... werden zwei Löcher dicht nebeneinander als Langloch gebohrt. Längere Werkzeuge wie Hammer und Säge liegen in Rahmengestellen mit entsprechenden Aussparungen.

Vorteile des Blocksystems: Übersichtliche Anordnung, einfaches Einordnen, leichte Kontrolle, raumsparende Unterbringung, Möglichkeit der Ergänzung und Erweiterung des Werkzeugbestandes; gesteuerter Einsatz der Werkzeuge im Unterricht.

668: *Ausschnitt eines Werkzeugschranks mit zwei Schrankböden. Die Werkzeugblöcke werden an Führungsleisten eingeschoben. (Der Deutlichkeit wegen ist der Hintergrund auf der Abbildung weiß gehalten.) Zur Unterbringung eignet sich jeder Schrank mit einer Mindesttiefe von 40 cm.*

669: *Blöcke für stehend aufbewahrte Werkzeuge. Blockmaße: 40 × 40 × 350 mm, gedämpfte Buche Führungsleisten: 15 × 15 × 350 mm.*

670, 671: *Rahmengestelle für Hammer und Säge.*

670

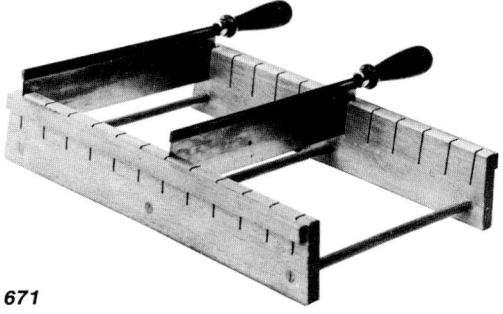

671

Elektrostichsäge: Schnittiefe 40–50 mm. Handmaschine zum Schneiden von Platten und für Kurvenschnitte. Die Maschine übernimmt die Funktion der Bandsäge. Sägeblätter mit verschiedenen Zahnungen für Holz, Metall, Kunststoff.

Tischkreissäge: Mittelschwere Maschine, Schnittiefe 60 mm. Empfohlen wird das Grundmodell einer leistungsfähigen Präzisionsmaschine, das durch Zusatzgeräte ausgebaut werden kann. Verschiedene Kreissägeblätter für Holz; hartmetallbestückte Blätter für Platten und Kunststoff.

Abrichtmaschine: Hobelmaschine mit ca. 200 mm Messerbreite. Zusatzgerät: Dickenhobelaufsatz zum Hobeln auf Dicke.

Keramikbrennofen: Elektro-Ofen mittlerer Größe, Brennkammer, 0,1 bis 0,15 m³, bis 1100 °C brennend. Halbautomatische Schaltanlage. Einbauplatten und Stützen.

Weitere Maschinen nach Bedarf: Tischbohrmaschine, Bandsäge, Bandschleifmaschine, Handkreissäge, Drehbank.

Werkstoffe

Ein planvoller Unterricht ist nur möglich, wenn der Lehrer jederzeit auf einen Grundbestand an vorrätigen Materialien zurückgreifen kann. Eine entsprechende Lagerhaltung der wichtigsten Werkstoffe und Hilfsmittel ist auf längere Sicht zu planen und zu organisieren.

Bei dem beschränkten Etat der Schulen wird die Materialbeschaffung oft zum Problem. Um so überlegter muß eingekauft werden. Um Preisvorteile des Großeinkaufs nutzen zu können, sollte man sich auf wenige Materialarten und Handelsformen beschränken; Holz: als Bohlen und Bretter, Sperrholz und Plattenarten als ganze Platten in Sägewerk und Holzhandlung; Papier und Karton in Rollen und Großpackungen, Pappen nach Gewicht; Leime, Kleber, Farben in Großgebinden. – Der Materialbestand wird durch eine Sammlung von Schachteln, Büchsen, Dosen, Kunststoffbechern, Garnrollen, Bindfäden ergänzt.

Papier

Papier: Schreib- und Zeichenpapier 70–100 g/m².

Karton: Verschiedene mittelschwere Kartons wie Zeichenkarton, Aktendeckelkarton, Fotokarton. 150–300 g/m².

Graupappe: Hochwertige, zähe, biegsame Pappe. Stärken 25er, 50er, 100er Pappe, in Tafeln 70 × 100 cm. (Pappe wird nach Gewicht gekauft. Die Zahlen bezeichnen die Anzahl der Tafeln auf 50 kg. – Die 100er-Pappe ist demnach die dünnste; die Tafel wiegt 0,5 kg).

Holz

Von den verschiedenen Holzarten kommen als Werkmaterial in erster Linie Weichhölzer in Betracht, die leicht zu bearbeiten sind. Harthölzer werden nur zu vergleichenden Materialuntersuchungen herangezogen.

Weichholz: Einheimische Hölzer: Pappel, Linde, Erle, Fichte, Tanne. Afrikanische Hölzer: Limba, Abachi, Wawa. – Empfohlen wird Abachi, das in Holzhandlungen preisgünstig zu haben ist.

Hartholz: Buche, Eiche, Esche. Buche findet als Werkmaterial in Form von Rundstäben Verwendung.

Rundstäbe: Dübelstäbe aus Buche; in Stärken von 2 mm an aufwärts im Handel. – Verwendung vornehmlich als Achsen und Wellen. Empfohlene Stärken: 3–8 mm.

Querholzplättchen: Vorgefertigte Holzscheiben zum Ausdübeln von Astlöchern. – Gut geeignet zur Herstellung von Rädern; preisgünstig. (Der Mittelpunkt der Scheibe läßt sich mit einem „Zentrierwinkel" festlegen. Mit der Tischbohrmaschine werden am Anschlag die Achslöcher gebohrt.)

Fabrikat: Querholzplättchen „facett", Buche, Kiefer; 8 und 10 mm hoch, 15–50 ⌀ mm; 1 kg-Packung.

Platten: Als Werkmaterial sind Furnierplatten (Sperrholz), Tischlerplatten, Spanplatten bekannt. – Weichfaserplatten (Dämmplatten) werden verwendet als Unterlage zum Treiben, als Stecktafel für Hebelspiele und als Wandstecktafel; Hartfaserplatten als Arbeitsunterlagen.

Metall

Aluminiumblech: Weiches dehnfähiges Blech, das sich leicht schneiden, biegen und treiben läßt. Es kann beim Kaltschmieden mehrfach überschlagen werden, ohne daß es ausgeglüht werden muß. Stärken und Härtegrade:
Al 99, weich, Stärke 0,2 mm, Breite 300 mm, gerollt (Schalter und Fassungen, Wasserräder, Reiben).
Al 99, weich, Stärke 0,6 mm, in Tafelform geschnitten 500 × 500 mm (Sandförmchen, Gießform, Kratzwerkzeuge).
Al 99, halbhart, Stärke 0,5 mm, in Streifenform 30 × 1000 mm (Sägeblätter, Scheren).

Aluminiumdraht: weicher, zäher Draht, der sich auch ohne Werkzeuge mit der Hand biegen läßt.
Stärken: 1 mm und 1,5 mm, weich, in Ringen.

Bindedraht: (Wickeldraht): Weicher, geglühter Eisendraht, dessen Oberfläche durch die Oxydschicht blau gefärbt ist.
Stärken: ca. 0,4 bis 0,8 mm, aufgewickelt und gestreckt in Stangenform.

Verzinkter Eisendraht: Härterer Draht, mit Werkzeugen zu biegen.
Stärken: ab 0,2 bis 1,2 mm, in Ringen (Drahtspinnen) und als Stangendraht.

Kupferdraht: Als Leitungsdraht für elektrotechnische Aufgabenstellungen.
Stärke: 0,5 mm, weich, auf Holzrolle.

Kupferdraht, isoliert (Lackdraht): Für Elektromagneten und elektrische Schaltungen.
Stärke: 0,6 mm, Länge 20 m auf Rolle.

Konstantandraht: Heizdraht, Widerstandsdraht. Verwendung bei Aufgaben, in denen elektrischer Strom Wärme erzeugen soll.
Stärke: 0,2 mm, Länge 100 m auf Rolle.

Ton

Bauton: Mit Schamottemehl gemagerter Ton in Korngröße 0,0 bis 1,5 mm zum Aufbauen von Gefäßen und zum Modellieren.
Der geeignetste Ton für praktische Werkerbeiten.

Drehton: Sehr feinkörniger, fetter, plastischer Ton zum Drehen von Gefäßen auf der Töpferscheibe.

Zum Modellieren und für vergleichende Materialuntersuchung.

Beschaffung: Gebrauchsfertige Tone, Bauton als „Schollenton", von Ton- und Steinzeugwerken.
Frischer Ziegeleiton. Der Ton muß verlesen, d. h. von Steinen und Verunreinigungen gereinigt und durchgeknetet werden.
Tonmehle, fertige Mischungen in Säcken verpackt von Tonwerken.

Aufbereitung: Tonmehl wird in einer Wanne mit Wasser zu einem schlanken Brei verrührt und mindestens 3 Tage zum Ziehen stehengelassen. Das über der Masse stehende Wasser wird abgeschöpft, der Tonbrei schichtweise zwischen Gipsplatten ausgelegt. Der Gips entzieht dem Ton sehr rasch die Feuchtigkeit, so daß er in kurzer Zeit plastisch formbar wird. Gipsplatten sind in Baustoffhandlungen erhältlich oder werden selbst gegossen.

Aufbewahrung: Tonkiste, mit Zinkblech ausgeschlagene Holzkiste; Plastikwanne mit Deckel; Plastikeimer mit Deckel; Kleinmengen in Plastik-Gefrierbeuteln.

Gips: Stuckgips, in Säcken verpackt, in Baustoffhandlungen erhältlich.
Beim Ansetzen wird das Gipspulver in das Wasser eingestreut (nie Wasser auf Gips!) und nur wenig gerührt, bis ein dünner Brei entsteht. Mengenverhältnis Gips : Wasser etwa 1 : 1,8. Da Gips sehr schnell abbindet, muß die Gußmasse sofort in die vorher bereitgestellte Form gegossen werden. Gießformen werden vorher mit einem Trennmittel (Seifenwasser, Hautcreme) ausgestrichen, damit der Gips nicht anbindet.
Gipsplatten werden auf einer Unterlage aus Glas, Linoleum oder auf einer Kunststoffplatte gegossen. Zur seitlichen Begrenzung genügt ein aus Leisten behelfsmäßig gefertigter Rahmen, der von außen mit Bauton abgedichtet wird.

Kunststoff (Styropor)

Der als Werkmaterial verwendete Hartschaumstoff Styropor ist ein „zähharter", sehr leichter Schaumstoff aus aufgeschäumtem Polystyrol. Styropor ist leicht zu bearbeiten, läßt sich mit Holzwerkzeugen sägen, feilen, schleifen, kann genagelt, geschraubt und mit

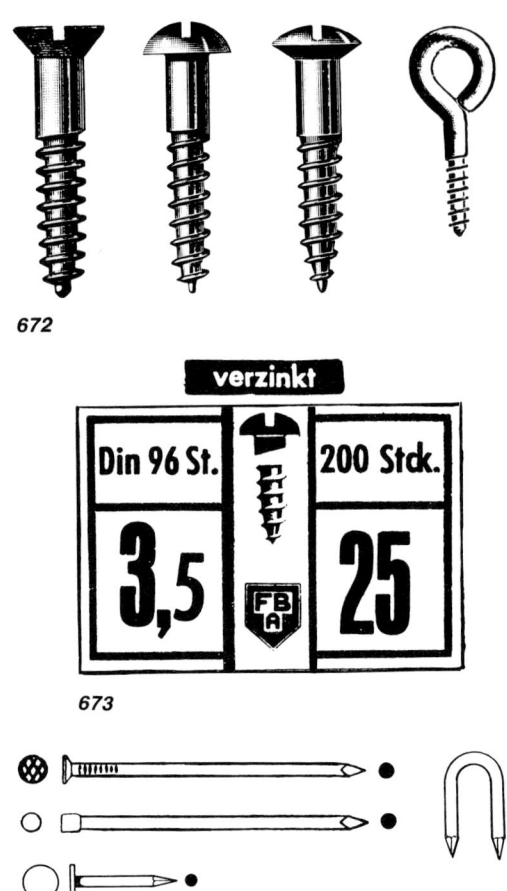

672

673

674

675

einem Spezialkleber geklebt werden. Dieses vielseitig verwendbare Material wird damit zu einem idealen Werkstoff für den Grundschüler.
Styropor wird in „Rohdichten" von 15 kg/m³ an bis zu 100 kg/m³ für spezielle Zwecke hergestellt. Das für Verpackungen verwendete Material (ca. 15 kg/m³) ist nur beschränkt brauchbar. Zur Verwendung als Werkstoff sind Rohdichten von mindestens 25 kg/m³ erforderlich. Styroporplatten können mit der Tischkreissäge und der Bandsäge bequem zugeschnitten werden.
Poresta: Erzeugnis der Correkta-Werke. Harschaumstoffplatten als Dämm- und Isolierplatten in Rohdichten von 15, 20, 25, 30, 35 kg/m³ und mehr. Dicke von 20 bis 100 mm, Plattengröße 1000 × 500 mm.
Roofmate: Englisches Erzeugnis. Homogenes, feinporiges, festes Material von bläulicher Farbe. Als Werkstoff hervorragend geeignet.
Roofmate FR: Raumgewicht 35–40 kg/m³. Dicke 20–60 mm, Plattengröße: 1250 × 600 mm.
Styrofoam HD 300: Raumgewicht 50 kg/m³. Dicke: 40, 50, 80 mm, Plattengröße 2000 × 500 mm.
Styroporplatten und Kleber sind in Baustoffhandlungen erhältlich.

Hilfsmittel

Nägel (Drahtstifte): Senkkopf-, Stauchkopf-, Flachkopfnägel. Im Unterricht werden vornehmlich Senkkopfnägel und Kammzwecken (Blaukappen) verwendet. Nägel werden nach Gewicht gekauft.
Holzschrauben: Flachkopf-, Rundkopf-, Linsenkopfschrauben; Ringschrauben. Verwendung bei Holz und Hartschaumstoff. Rund-

672: Flachkopf-, Rundkopf-, Linsenkopfschraube, Ringschraube.
673: Klebezettel eines Schraubenpäckchens. Der Inhalt von Schraubenpaketen wird durch verschiedenfarbige Aufkleber gekennzeichnet. Die Abbildung bedeutet: Das Paket enthält 200 verzinkte Rundkopfschrauben von 3,5 mm Dicke und 25 mm

Länge. (Die Dicke ist hierbei der Durchmesser des Schraubenschaftes. Die Länge wird unterhalb des Schraubenkopfes gemessen.) Verschiedentlich ist die Bezeichnung „FLAKO" = Flachkopfschraube, „RUKO" – Rundkopfschraube, „LIKO" = Linsenkopfschraube hinzugefügt.

kopfschrauben als Achsen; Ringschrauben zu Seilführungen und zur Lagerung von Achsen und Wellen aus Rundstäben.
Handelsform: Packungen zu 200 Stück.
Metallschrauben: Kleine Gewindeschrauben mit Muttern. Nur für einige Arbeiten notwendig (Scheren).

Leim, Kleber
Alleskleber: Wichtigstes, universell verwendbares Klebemittel (Uhu, Rudol... Kontaktkleber: Pattex, Uhu-kontakt...)
Styroporkleber: Spezialkleber für Hartschaumstoffe auf Polystyrolbasis (Uhu-por, Technicoll...)
Weißleim: Kunstharzleim für alle Holzverbindungen, sowie für Pappe und Papier (Racoll, Ponal...)
Handelsformen: Tuben, Dosen, Kanister, Plastikeimer.
Leime und Kleber aus Großgebinden werden vorteilhaft für die Hand des Schülers in kleine Plastik-Ölfläschchen mit Spritztülle abgefüllt.

Schleifmittel
Schleifpapier: Zum Schleifen von Holz. Körnung 100–180.
Schleifpapier, Schleifleinen: Zum Schleifen von Metall. Körnung 300–400.
Stahlwolle 00: Feine Wolle zum Schleifen von Metall.

Oberflächenmittel
Zellulose-Hartgrund (Einlaßgrund): Zur Oberflächenbehandlung von Holz. Grund für Holzlacke. Füllen der Poren, Schutz gegen Verschmutzen und gegen Feuchtigkeit.
Zaponlack: Überzugslack für Metalle gegen Oxydation.
Handelsformen: Flaschen, Kanister.

676

677

674: Senkkopf-, Stauchkopfnagel, Blaukappe oder blaue Kammzwecke, Krampe.
675: Aufkleber eines Nagelpaketes. Angegeben werden das Bruttogewicht in kg, die Nagelart und die Abmessungen. Die erste Zahl bezeichnet die Nageldicke in $^1/_{10}$ mm, die zweite die Nagellänge in mm. Hier: Flachkopfnagel (Senkkopf), 2,5 mm dick, 55 mm lang.

676, 677: Beispiele für selbstgefertigte einfache Vorrichtungen zur Materialaufbewahrung. Lagerbock mit Joghurtbechern als Behälter für Nägel, Schrauben und anderes Kleinmaterial. Der Bock ist auf die Schrankmaße abgestimmt und wird wie die Werkzeugböcke an Führungsleisten eingeschoben. Aus Papprohren gefertigter Behälter für Rundhölzer und Stangendraht.

Farben
Plakafarbe: Kasein-Emulsionsfarbe von hoher Deckkraft; trocknet wasserfest auf.
Handelsformen: Gläser, Dosen, Eimer.
Amphibolinfarbe: Gut deckende auf allen Materialien haftende wasserfeste Farbe (Dispersionfarbe); preisgünstig.
Handelsform: Große, durchsichtige Kunststofftuben von ½ kg.

Arbeitsmaterialien für Elektrotechnik
Flachbatterien 4,5 V; Glühlampen 3,5 V; einfache Fassungen, kleine Schalter (Puppenstubenschalter); Klemmen; Leitungsdraht, Lackdraht, Konstantandraht; Montagebrett aus Weichholz (Abachi), ca. 200 × 300 mm; kleine Schraubenzieher.
fischertechnik-Lernbaukästen u-t 3 (Schalten und Steuern) oder u-t 3 a (Der Stromkreis).

Bezugsquellennachweis

Fischer-Werke, 7241 Tumlingen
 fischertechnik Lernbaukästen
Dusyma-Werkstätten 7061 Miedelsbach
 Uhl-Backsteinbaukästen
Westdeutsche Max Cochius GmbH, 6 Frankfurt 19, Kleyerstraße 70/72
 Metallhalbfabrikate, Alu-Bleche, Drähte
Phywe AG, 33 Göttingen, Postfach 665
 Bauteile für Elektrotechnik, Lackdraht, Konstantandraht
Stockmar KG, 2358 Kaltenkirchen,
 Postfach 146.
 Knetwachs
Carl Jäger, 541 Höhr-Grenzhausen
 Keramikbedarf, Rohstoffe, Hilfsmittel
Conrad Naber, 2804 Lilienthal
 Keramikbrennöfen und Zubehör

Literaturhinweise

1. Zur Didaktik der technischen Bildung und zum Technikunterricht in der Primarstufe

Beiträge zum Werkunterricht, Bd. 2: Beiträge zur Didaktik der Technischen Bildung, bearb. v. H. Sellin und B. Wessels, Weinheim 1970.

Beiträge zum Werkunterricht, Bd. 3: Werkunterricht als Technische Bildung, bearb. v. G. Uschkereit, O. Mehrgardt und F. Kaufmann, Weinheim 1969.

Breunig, W. / Maier, H. / Ruckwied G. / Wiederrecht, H., Technische Elementarbildung in der Grundschule, Tumlingen 1973.

Dinter, H., Einfache Statik und Festigkeitslehre, Ravensburg 1972.

Fleßing, G., Hinweise zum Werkunterricht, Klasse 1–3, Berlin 1967; Klasse 4–6, Berlin 1967.

Kaiser, F.-J., Arbeitslehre, Bad Heilbrunn 1971.

Klafki, W., Unterrichtsbeispiele der Hinführung zur Wirtschafts- und Arbeitswelt, Düsseldorf 1970.

Mehrgardt, O., Die Werkaufgabe, Wolfenbüttel o. J. (erscheint fortlaufend).

Raabe, H. / Schietzel, C. / Vollmers, C., Unterrichtsbeispiele zur technischen Bildung in der Grundschule, Tumlingen 1972.

Rahmenrichtlinien für die Primarstufe, Sachunterricht naturwissenschaftlich-technischer Aspekt (Hessen).

Richtlinien und Lehrpläne fü die Grundschule in Nordrhein-Westfalen; Technisches Werken im Sachunterricht, Wuppertal 1969.

Sellin, H., Werkunterricht-Technikunterricht, Düsseldorf 1972.

Stührmann, H. J. / Wessels, B., Lehrerhandbuch für den Technischen Werkunterricht, Band 1: Maschinentechnik in Unterrichtsbeispielen, Weinheim/Berlin/Basel 1970.

Versuche Werkunterricht Klassen 1–3, Berlin 1966; Klassen 4–6, Berlin 1969.

Wessels, B., Die Werkerziehung, Bad Heilbrunn 1969.

Werken, Klasse 1, 2, 3 und Klasse 4, 5, 6; Autorenkollektiv, Berlin 1965.

2. Handbücher, Nachschlagewerke

ABC Technik und Naturwissenschaft, 2 Bände; Frankfurt o. J.

Brockhaus der Naturwissenschaft und Technik, Wiesbaden 1965.

Grundwissen Werkunterricht für Lehrer (Technologie, Maschinenkunde, Techn. Zeichnen, Elektrotechnik, Fertigungstechnik, Stoffkunde), Autorenkollektiv, Berlin 1972

Technisches Grundwissen für Lehrer, Autorenkollektiv, Berlin 1968.

Wie funktioniert das? Meyers erklärte Technik, Mannheim 1967.

3. Zeitschriften

Die Arbeitslehre. Zeitschrift für die Didaktik der technisch-ökonomisch-politischen Aufgabe der Schule (früher „Dortmunder Hefte"); Stuttgart.

technica didactica. Zeitschrift für Didaktik der Technik und Arbeitslehre; Bad Salzdetfurth.

tu. Zeitschrift für Technik im Unterricht (früher „Technik und Wirtschaft im Unterricht" Ravensburg); Villingen-Schwenningen.